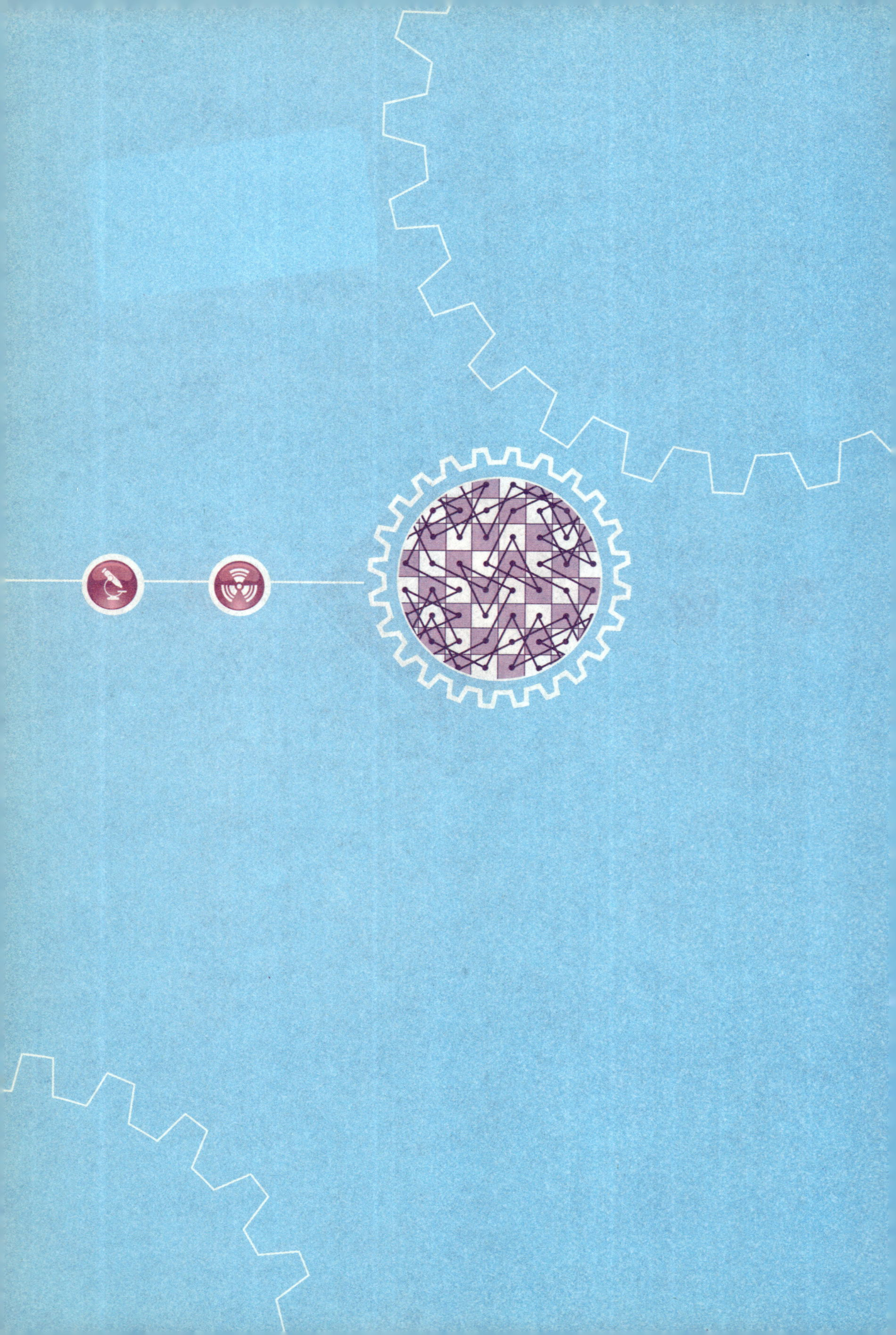

哈佛教授给青少年的600个全脑思维游戏

武瑛娟○编著

最爱玩最聪明系列

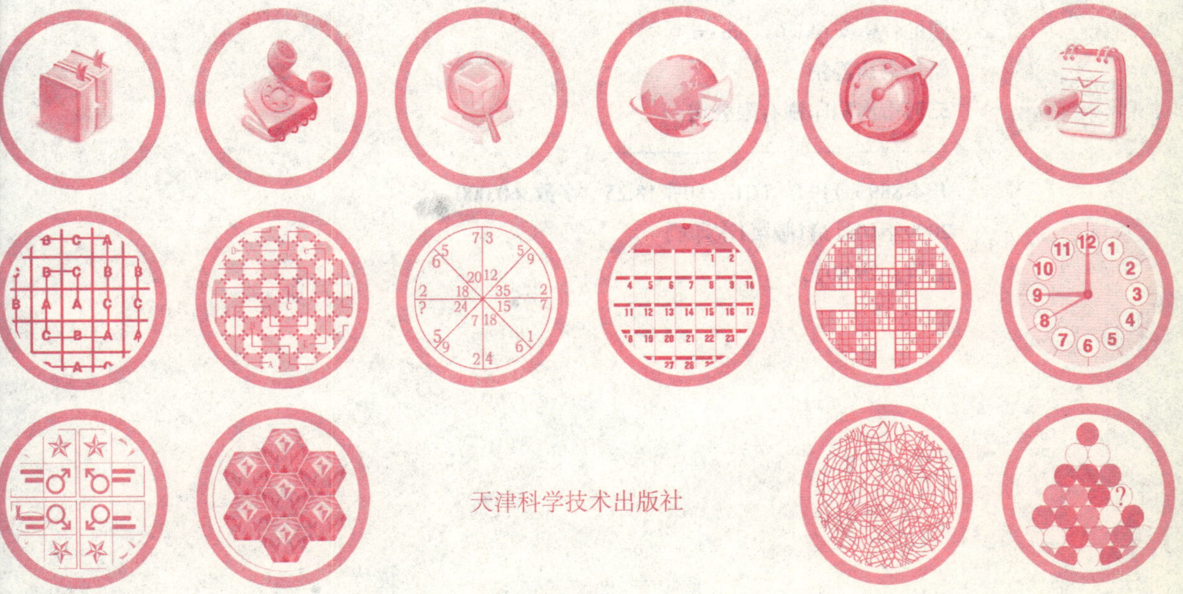

天津科学技术出版社

图书在版编目（CIP）数据

哈佛教授给青少年的600个全脑思维游戏 / 武瑛娟编著.
—天津：天津科学技术出版社，2009.7
ISBN 978-7-5308-5202-6
Ⅰ.哈… Ⅱ.武… Ⅲ.智力游戏–青少年读物
Ⅳ.G898.2
中国版本图书馆CIP数据核字(2009)第113707号

责任编辑：范朝辉　吴岘
责任印制：王　莹

天津科学技术出版社出版
出版人：胡振泰
天津市西康路35号　邮政编码：300051
电话：(022)23332390(编辑室)　23332393(发行部)
网址：www.tjkjcbs.com.cn
新华书店经销
三河市南阳印刷有限公司

开本889×1194　1/16　印张18.25　字数360 000
2009年10月第1版第1次印刷
定价：29.80元

◎ 前 言 ◎

全脑思维——开启智慧大门

在现在权威的智力测验中，人的智商达到120以上的仅仅有10%，大多数人的智商是在90~120。因此全面发展的天才还是少数，即便是那些人人仰慕的哈佛学子也是如此。但是人的聪明智慧仅仅靠智商这个标准来衡量是远远不够的，“多元智能理论”是美国哈佛大学著名教授霍华德·加纳德提出的一个新观念，根据多元智能的理论，每个人都可以寻找到自己的长处，展现自己独特的一面。

逻辑推理的抽象思维、图形图像的发散思维、突破惯性的逆向思维等都是一个真正的聪明人所必备的。当然，单靠这些抽象的理论是不能说服人的，更多时候，我们需要的是真正能提高自己智力的实战经验与新鲜例证。本书精选了600个哈佛大学教授给学生的测试题目，既有暗含机关的巧思妙解、诙谐幽默的脑筋急转弯，又有别出心裁的逻辑挑战、公认权威的心理测试。虽不能说包罗万象，但在你阅读之后，绝对会有意想不到的惊喜和提高。

每个人了解的知识都是有限的，但每个人蕴含的智慧潜力是无限的，只要你学会开发的方法，找到挖掘的工具，任何人都会有新的收获。思维是最敏感，也是最富有生命力的东西，经常改变思维的角度和方式，是一种良好的习惯，同时，你也会获得无比的舒畅与快乐。

阅读本书，不一定让你立刻变成无所不能的天才，但是，在阅读过程中，一定会让你开动脑筋，充分体验到思维的乐趣。

编 者

2009年7月

目　录

第一部分　逻辑推理思维游戏

第二部分 观察探索思维游戏

第三部分　挑战惯性思维游戏

第四部分　分析辨别思维游戏

第五部分　自我测试心理游戏

第六部分 快速反应思维游戏

第一部分

逻辑推理思维游戏

根据现有的客观条件，从一件事推及到另外一件，从一条线索分析出另一条，逐渐理顺，让整个脉络逐渐清晰。

1 罗沙蒙德迷宫

这是被称做“罗沙蒙德秘密基地”的有名迷宫。道路相当复杂，到处有死巷，周围有许多入口。请找出通往秘密基地的路线。

2 有趣的字母迷宫

	I		E		
E		O			L
	E	V		O	
	L		U	V	
L			I		V
		E		L	

不管怎么样，我想有一句英文你应该懂：I　LOVE　U（我爱你）。好吧，请你把I　LOVE　U这6个字母填入左面6×6的格子里，使每一行、每一列以及每一个分隔的小六宫格里都必须包含I　LOVE　U这6个字母。你说容易吗？

注：u，即英文的you。

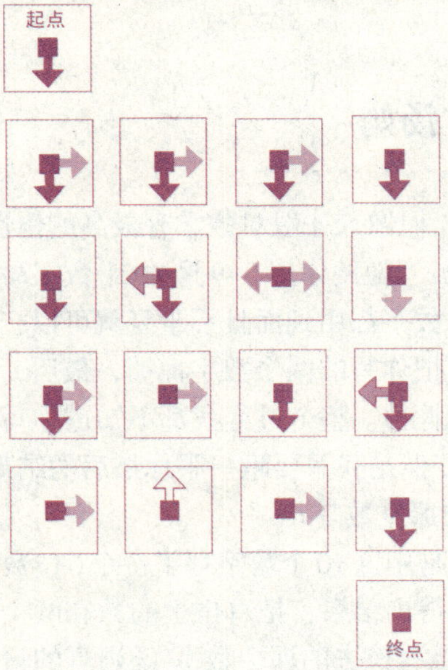

3

共有多少条路径

依照左图中的箭头方向，从起点走到终点共有多少条路径？

1

复杂的国际象棋

将16个国际象棋的士兵放进棋盘的方格里，要求每一行、每一列或任何一条斜线上的棋子加起来都不超过2个，并且一个格子只能放一个棋子。

5

有名的数学谜题

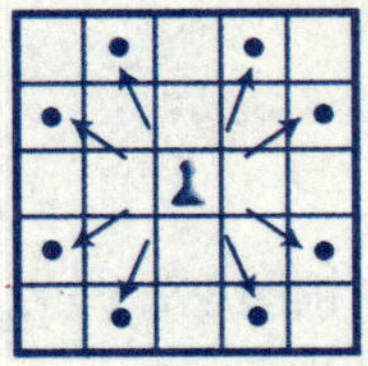

图 1

“周游的骑士”是一道很有名的数学谜题。

“骑士”这个棋子的走法，只能往前后左右移动一格后，再往斜方向移动一格（如左图1）。

用“骑士”将8×8国际象棋盘上的每一格都恰好走过一次，然后回到原点。同一格不可停留两次。怎么走？

××××××
\+ ××××
398 27

6 小天才汤姆

汤姆虽然才 12 岁，但像天才般对数学有极高的悟性。有一天，他向我夸口说："随便你用 0~9 这 10 个数字写成两个数，只要你把每个数字都用到而且不重复就可以，然后把两个数加起来，再把你写的两个数字擦掉，最后，你把得数里的任何一位也擦掉。整个过程我都不知道你写的是什么数，结果是多少，但是我只要瞅一眼你最后的结果，我就知道你最后擦掉的那位数是几。"

我当然不相信，于是用这 10 个数字写了一个 6 位数和一个 4 位数，加起来后得出结果，把百位上的数和两个加数都擦掉，得到这样一个数：398 □ 27（□是我擦去的那个数）。汤姆真的只看了一眼，就说出了我擦掉的数。

真的很神奇！你能告诉我，汤姆是怎么知道那个数的吗？

7 寻找五角星

你能在左图中找到一颗标准的五角星吗？

8 巧妙的构图

A、B、C、D、E、F 六幅图中，哪两个是无法用右面的布局设计构成的？

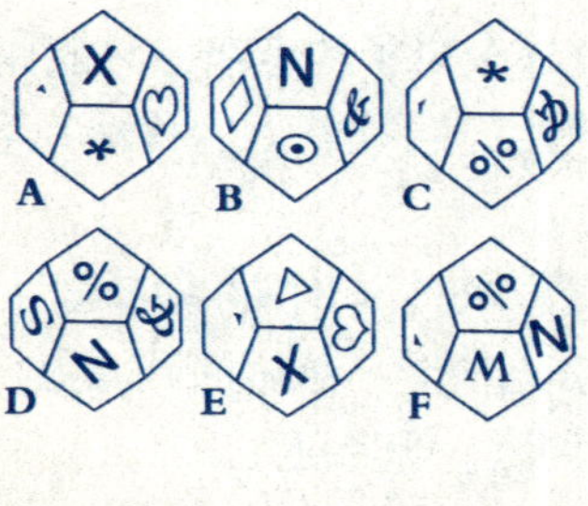

9 寻宝地图

这是一幅寻宝地图。寻宝者在每一个方格里只能停留一次，但通过次数不限；到每一方格后，下一步必须遵守其箭头的方位和跨度指示（如4↓表示向下走4步，4↗表示沿对角线向上走4步）；有王冠的方格为终点。请问寻宝的起点在哪里？在寻宝过程中，有些方格始终不必过境或停留，这些方格会呈现出一个两位数，是什么数呢？

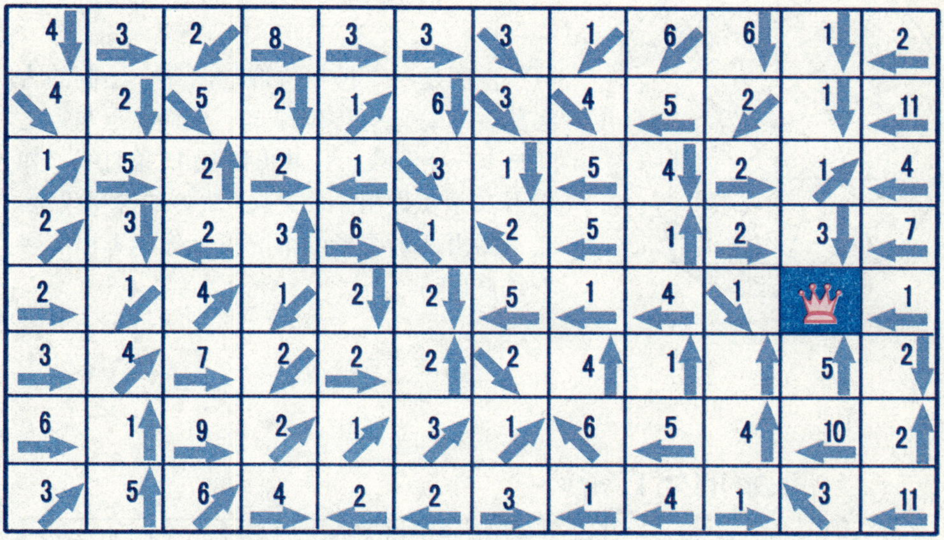

10 放多少个"王后"

我们知道，在国际象棋中"车"可以向方格的四个方向移动，而"王后"可向八个方向移动。在国际象棋的棋盘上最多只能摆8个"王后"，才能避免她们互相厮杀。有一种六边形的棋盘（如右图），但它的"王后"只能沿六个边向六个方向移动。你能在这种六边形的棋盘上最多放多少个"王后"，才能避免她们相互厮杀？共有几种方法？

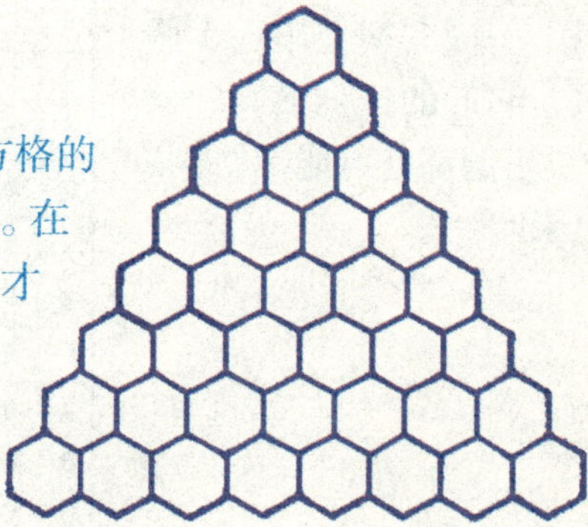

11 哪一个图案是多余的

哪一个图案是多余的？你知道它为什么多余吗？

12 神秘的玫瑰

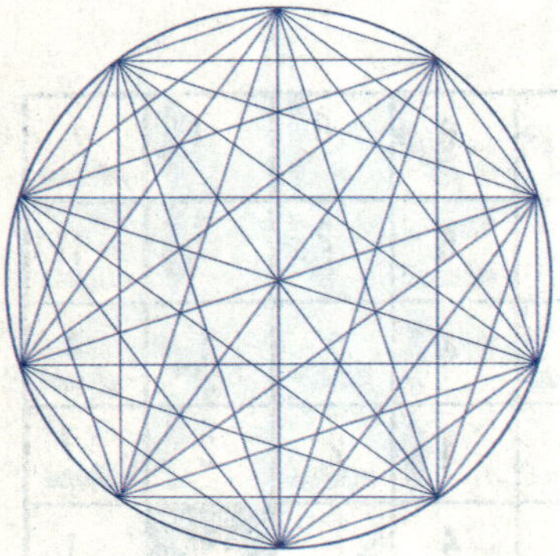

左图是一个神秘玫瑰的图形，绘制的方法是在圆周上点出10个点，然后在点与点之间画上一条直线，一共可以画45条直线。如果用20个点做出一个更大、更好的神秘玫瑰，在不画出这个图形的情况下，你能算出有多少条直线吗？

13 难解的死亡密码

右图中DAED（死亡密码）一词完整地出现了两次，它们的排列横竖、斜正、正倒都有可能。你能找出来吗？

E	A	E	D	E	A	A	D	E	D	E	E	A	D	E	A
A	E	D	E	D	A	D	D	A	D	E	E	D	A	D	E
D	D	A	E	E	D	A	A	D	A	A	D	E	A	E	D
E	D	D	E	A	E	A	A	A	E	D	A	D	D	A	D
A	D	A	D	E	A	E	D	A	A	D	A	A	D	E	A
E	D	D	A	D	A	D	E	D	A	A	D	A	E	A	D
D	A	E	E	E	E	A	A	D	E	E	D	A	D	E	A
A	D	E	A	A	D	A	A	A	D	E	A	A	E	A	D
A	D	A	D	A	A	D	A	A	D	D	A	D	D	A	E
E	D	A	A	D	E	D	A	A	D	D	A	A	D	A	E
A	D	D	A	D	A	D	A	A	A	A	E	D	E	A	E
D	A	D	D	A	D	A	D	A	D	A	D	A	D	A	D
E	D	D	A	D	D	E	D	E	A	D	D	A	A	D	A
A	E	A	D	A	A	A	E	A	D	D	A	E	A	A	D
E	A	D	A	A	A	D	D	E	A	E	A	D	D	E	D
D	E	D	A	D	D	A	E	A	D	A	E	E	A	E	A

14

环环相扣

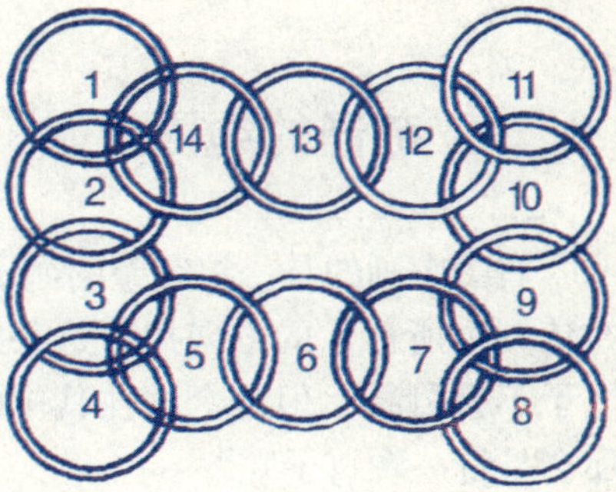

请你先仔细观察右面14个连在一起的铁环。看看哪几环可动手解脱，之后可使其他环都脱离？

15

如何造马圈

牧马人有5匹马，他想把它们圈在一个正方形的马圈中，并在马圈内用栅栏隔成4个小马圈，使每个马圈里马匹的数量都相同。你能帮牧马人造出来吗？

16

复原图形

这是一个被打乱了的图形，你仔细观察一下，该怎样复原这个图形呢？从下到上分别该是哪几块拼板呢？你如果拼对了，拼板左边的字母会告诉你答案。

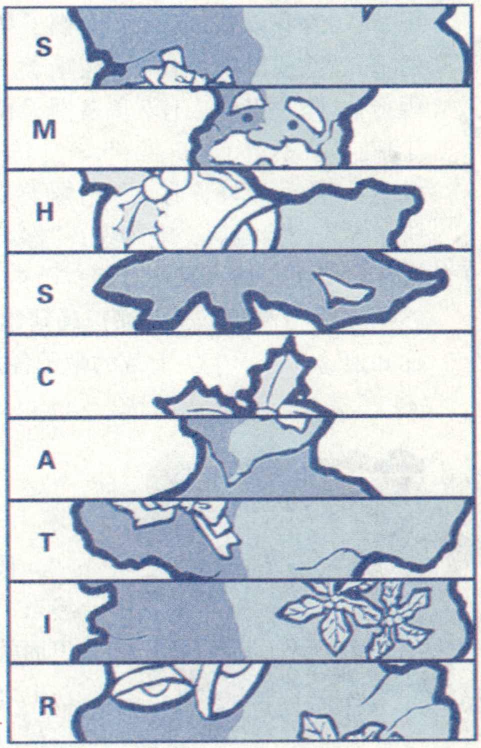

17 奇怪的绳圈

右图中画的是一根完整的绳子，如果我现在依图中所标示的方向拉下这条绳子的两端，绳子不会打结，但是会缠住其中的一颗钉子。那会是哪一颗钉子呢？

18 帽子游戏

课间休息时，老师和同学们做了一个游戏。他拿来5条手绢将5名学生的眼睛蒙上，然后分别给他们戴上或白或蓝的帽子，说："你们每人都戴有一顶帽子，要么是白色的，要么是蓝色的。你们先猜一猜，除自己以外，有几人戴了白帽子？有几人戴了蓝帽子？"

甲猜："除我以外，有1顶蓝帽子和3顶白帽子。"

乙猜："除我以外，有4顶蓝帽子。"

丙猜："除我以外，有3顶蓝帽子和1顶白帽子。"

丁猜："我不猜了。"

戊猜："除我以外，有4顶白帽子。"

听了5人的猜测后，老师说："你们5人中戴白帽子的人猜对了，戴蓝帽子的人都猜错了。请大家接着猜自己头上戴的是什么颜色的帽子。"

在第二次猜测中，5人都正确猜出了自己戴的帽子的颜色。

你知道这5名学生头上戴的帽子各是什么颜色吗？

19 数字迷宫

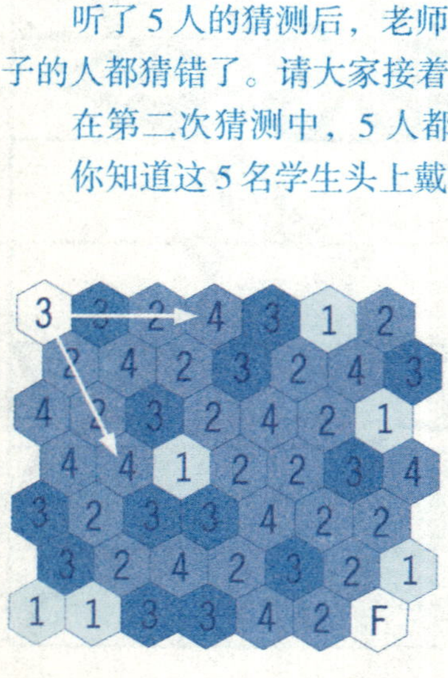

你要在这个迷宫中，走到标示着"F"的终点，并且你只能直线前进，图中每个格子里面的数字代表下一步你左可以走几格。从左上方的"3"处开始，如左图所示，下一步你只有两种走法。

20 数数看

右图中从上到下，每层各有多少个三角形？

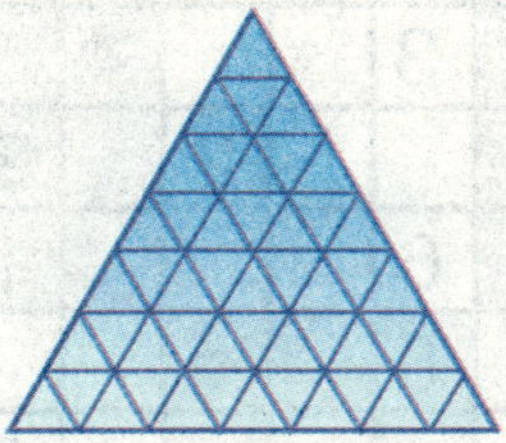

21 寻找巡逻路线

下图是宫殿的平面图，上面标明了有 8 × 8 共 64 个房间，A、B、C、D、E 是 5 个巡逻队员的位置。每天下午 6 点整，钟楼的钟声会敲响，A 就得穿过房间从 a 出口出去，同样，B 从 b 出口出去，C 从 c 出口出去，D 从 d 出口出去，然后 E 需要从目前的位置走到 F 标记的房间。

上面的规定说不上有什么道理，但是自作聪明的巡逻队长还要求 5 个巡逻队员走的路线绝对不准相交，也就是任何一个房间都不允许有一条以上路线穿过，巡逻队员从一个房间到另一个房间都必须经过图上所标识的门。

你能帮巡逻队员们找出他们各自的路线吗？

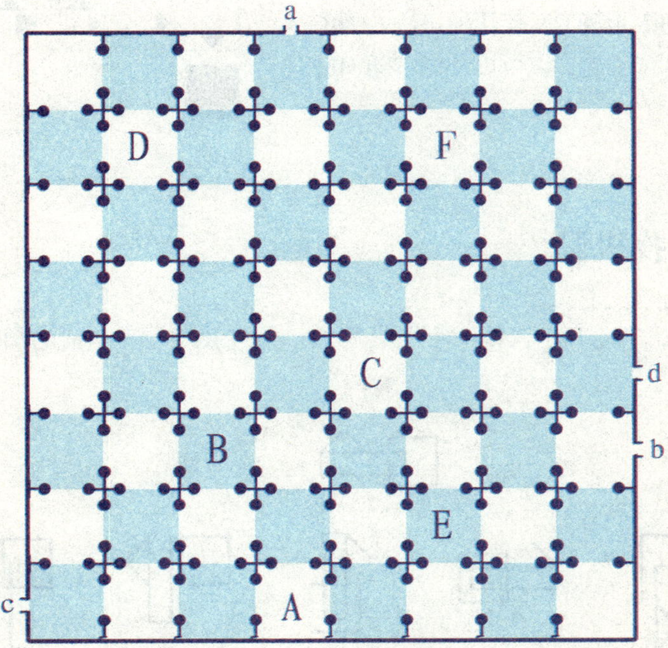

9			3			4		5
7	4				2		3	
			6				1	
	1		8		6			
4	9						8	3
			4		1		9	
	2				9			
	7		1				6	9
1		9			3			7

22 数字游戏

这是一个比一般数字游戏难一点的数字游戏。要求不仅每一行、每一列和每一个九宫格里必须包含1～9这9个数字，而且还要求在两条主对角线上也必须包含1～9。

23 遥控器游戏

在这个遥控器上，“播放”键表示前进一格，“快转/倒回”键表示前进或后退两格，那么从OFF走到ON有几种走法？要有系统地解决这个问题，你可以从最靠近OFF的按键开始。

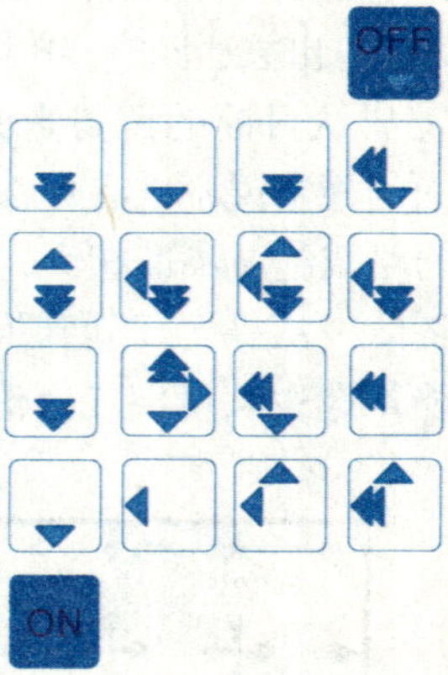

24 找相似

A、B、C、D、E中，哪一个图只需加一条直线就与最上面的图形相似？

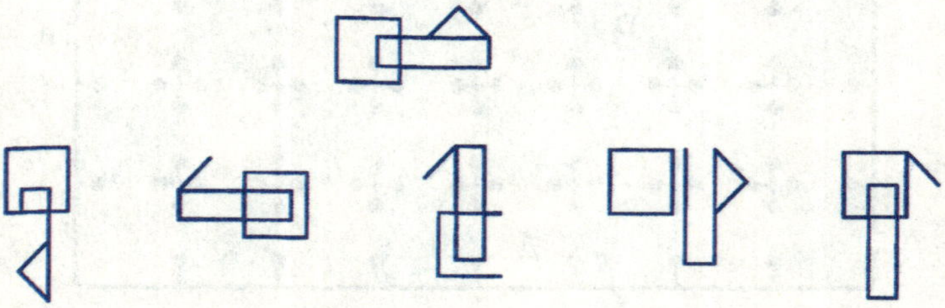

A　　B　　C　　D　　E

25

拼独特的图案

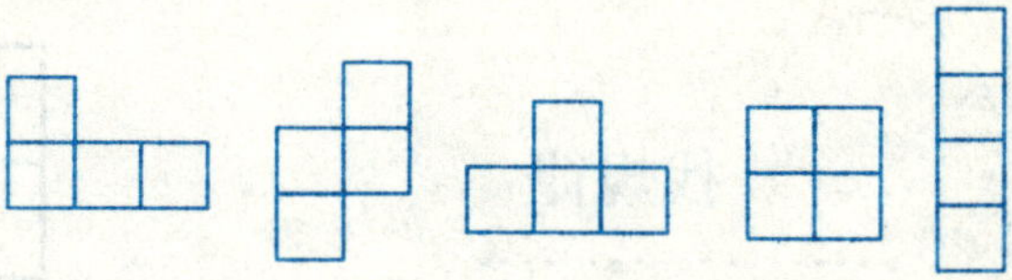

四格拼板是用 4 个小正方形组成不同的形状，共可以组成 5 种图案（如上图）。五格拼板则是用 5 个小正方形拼起来的图案。

请问：五格拼板可以拼多少种独特的图案呢？

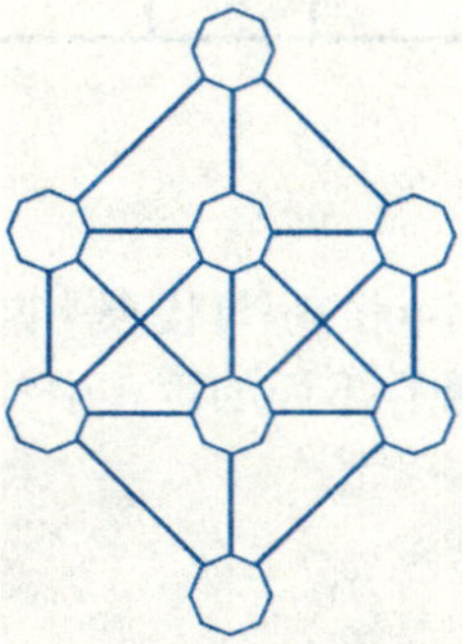

26

巧填八角格

你能将 1 ~ 8 的自然数填入左图中的八角格中，使大小顺序相邻的两数之间没有直线相连吗？

27

75 层高的扑克房子

用 15 张扑克牌可搭成一座 3 层高的扑克房子，要搭一座 10层高的扑克房子，就要用 154 张扑克牌。如果搭一座 75 层高的房子，一共要用多少张扑克牌？

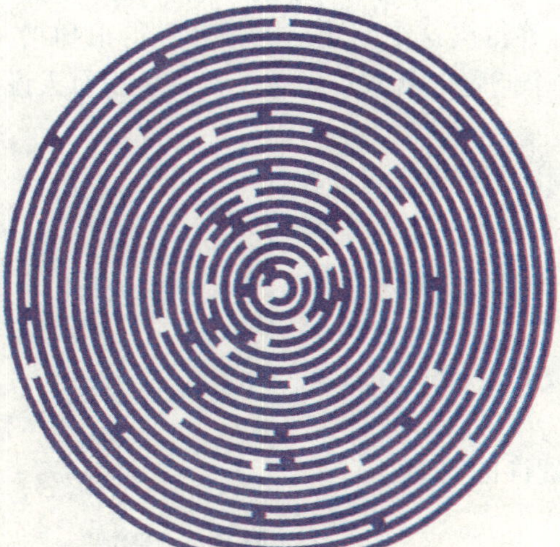

28

迷宫

眼睛盯着这张图，同时将本书绕着转，你应该会看到好几条奇怪的辐射线条。如果你觉得还不够难，试着走出这个迷宫看看。

29

找规律

右图5×5的方格中，数字的排列是有系统有规律的，你能找出它们的规律，填出空缺的数字吗？

	10		20	
4		12	16	20
	6	9		
	4			
1			4	

30

奇怪的算式

下列算式中，每个字母代表0～9的一个数字，而且不同的字母代表不同的数字。你知道0～9这10个数字有哪一个数字不会出现在下面的算式中？

$$AB + CD + EF + GH = III$$

31

池塘里共有几桶水

一个大名鼎鼎的老学者，居住的小屋旁边有一个池塘，因此想到一个奇怪的问题：这池塘里共有几桶水？这个问题问得稀奇古怪。几桶水？就像问一座山有多少斤重一样，谁答得准确？学者的弟子都是出了名的年轻学者，但没有一个能答上来。老学者很不高兴，便说："你们回去考虑三天。"

三天过去了，弟子中仍无人能解答得出这个问题。老学者觉得很扫兴，干脆写了一张布告，声明谁能回答这个问题，就收谁做弟子——免得有人说他的弟子都是一帮庸才。

布告贴出后，一个女孩子大大咧咧地走进老学者的授课大殿，说她知道这水池有几桶水。弟子们一听，觉得好笑，小孩子懂什么。老学者将那问题讲了一遍后，便示意一名弟子领女孩到池塘边去看一下。不料，女孩子笑道："不用去看了，这个问题太容易了。"她眨了几下眼睛，凑到老学者耳边说了几句话。

老学者听得连连点头，露出了赞许的笑容。

那么你能说得出有几桶水吗？

32 找相同的立方体

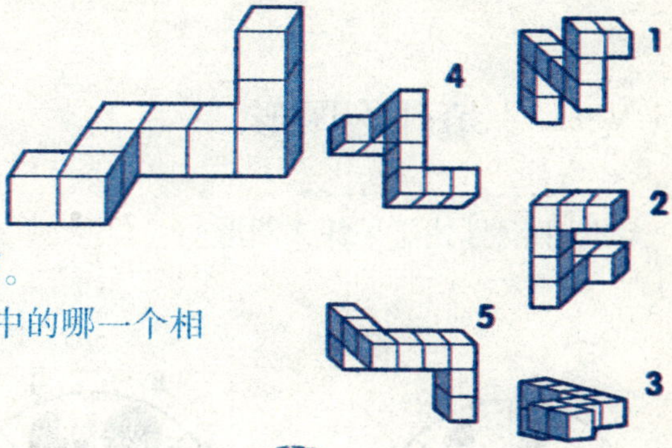

这是一个观察立方体的问题。

左面的图形和右面5个图形中的哪一个相同？

33 奇怪的时钟

琳达买了一台奇怪的时钟，它的时针行走正常，可是它的分针不仅倒着走，而且每小时会走80分钟。已知6点半，时钟的显示是正确的（如左图），请问下一次是在什么时候这时钟会再一次正确显示时间？

34 翻转符号

请问最少需要上下翻转几列，才能使每一行所包含的符号种类和数量完全相同？

35 找差别

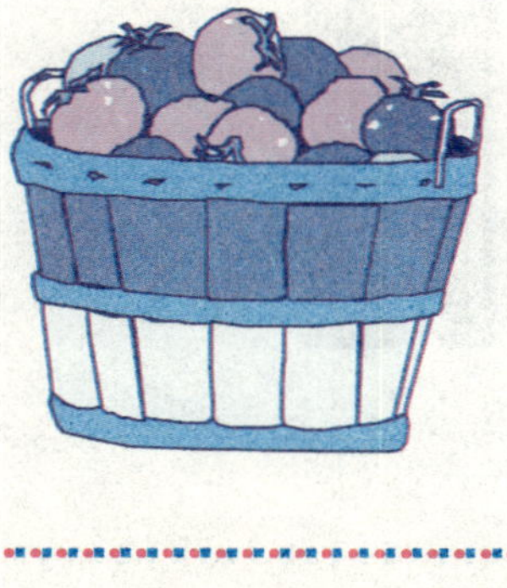

有10筐苹果，每筐里有10个，共100个。每筐里苹果的重量都是一样，其中有9筐每个苹果的重量都是0.5千克，另一筐中每个苹果的重量都是0.45千克，但是外表完全一样，用眼看或用手摸无法分辨。现在要你用一台普通的大秤一次把这一筐重量轻的找出来。

36

填什么图形

图中问号处应是什么图形？

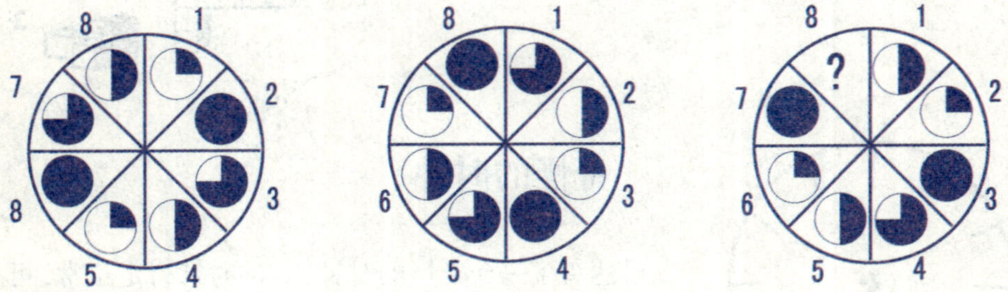

37

聪明的将军

有一位将军特别善于调配士兵，一次他带了360名士兵守一座小城池。他把360个士兵分派在城的四面，每面城墙壁上有100名士兵。战斗打得好激烈，不断地有士兵阵亡，每减少20人，将军便将守城的士兵重排了一下，使敌人看到每面城墙上依然有100名士兵。士兵的人数已降为220人了，四面城墙上仍有100名士兵。敌人见守城的士兵丝毫没有减少，以为他有大量的后备军，便撤军了。

你知道将军是怎样巧妙布置士兵的吗？

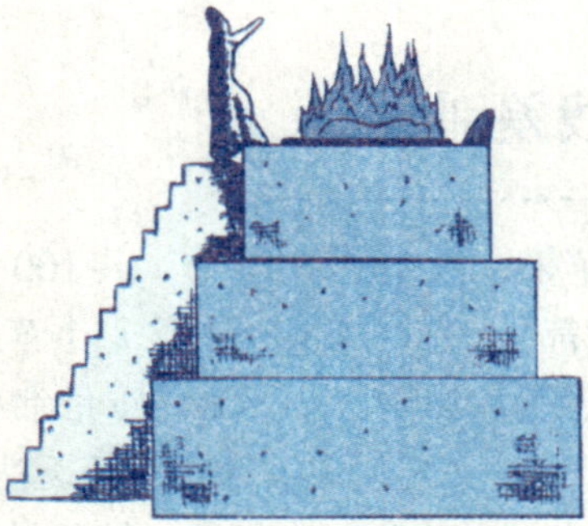

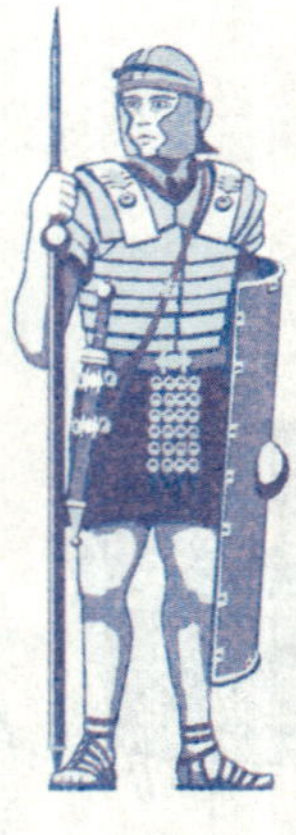

38

设计三角形骨牌

右图中是一种游戏用的三角形骨牌，每一个骨牌的三角上都有一个数字，这种骨牌有56张。我们想请你设计一个规模较小的三角形骨牌，其中只用到0，1，2，3这四个数（请观察图中的三角形骨牌）。如果设计这样的三角形骨牌，这种骨牌会有多少个？

39

有多少种走法

这些砖块都是四四方方的矩形，虽然它们看起来像是歪歪的。如果从砖块A到砖块B要经过8个白色砖块和9个咖啡色砖块（包括A和B本身），请问有多少种走法？

40

该填什么符号

请问第三块正方形右下角应是什么符号？

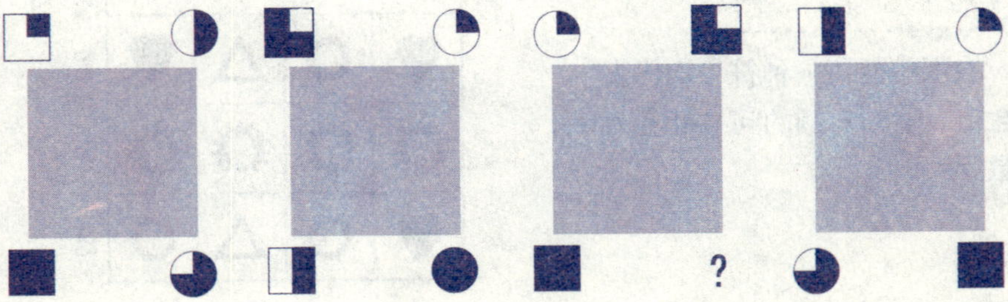

41 猜名字

老师在手上用圆珠笔写了A、B、C、D 4个人中的一个人的名字，他握紧手，对他们4人说：“你们猜猜我手中写了谁的名字？”

A说：“是C的名字。”

B说：“不是我的名字。”

C说：“不是我的名字。”

D说：“是A的名字。”

4人猜完后，老师说：“你们4人中只有一人猜对了，其他3人都猜错了。”

4人听了后，都很快猜出老师手中写的是谁的名字了。

你知道老师手中写的是谁的名字吗？

42 要多少块地板砖

如左图所示，用41块咖啡色和白色相间的地板砖可摆成对角线各为9块地板砖的图形。如果要摆成一个类似的图形，使对角线有19块地板砖，总共需要多少块地板砖？

43 符号与数字

右图中的每一种符号均代表一定数值。请问右侧的问号处应为什么数字？

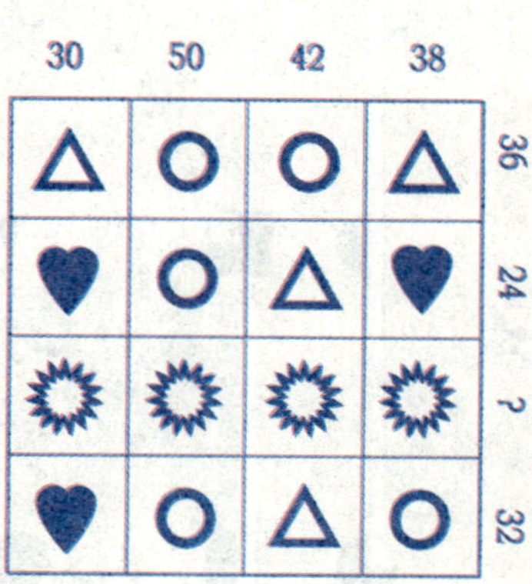

44

怎样修路

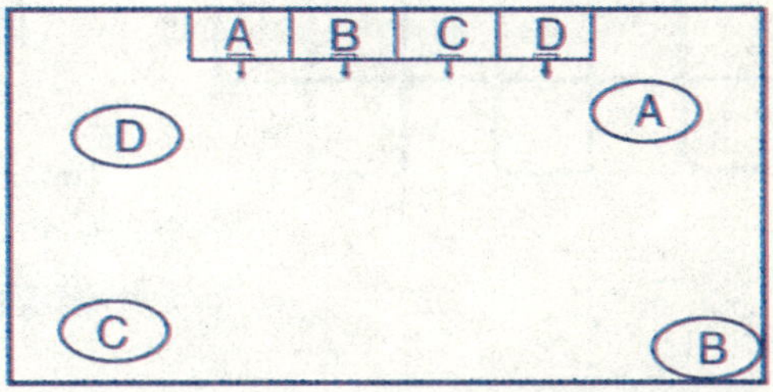

现在有些人常为一些鸡毛蒜皮的小事闹得不可开交，以至互不往来，但愿你的心胸能豁达些、谦让些，能很好地与朋友、邻居相处。这不，住在同一个大院里的4户人家A、B、C、D，就因为牛在院里的进出问题产生了矛盾，搞得大家彼此不相往来，结果只好各修了一条通往牛栏的路，两两还不能相交，以免见面又发生摩擦。你知道他们是怎样修路的吗？

45

袋子里的苹果

一个炊事班长出去采购，他把买来的100个苹果分装在6个大小不一的袋子里，每只袋子里所装的苹果数都是含有数字6的数。请你想一想，他在每只袋子里各装了多少个苹果？

46

幸运轮盘

想出该如何在这个幸运轮盘中放入右面6种水果。要做到这一点，下面3个线索所提供的信息可能不够多，但你要是能够加上一些自己的思考的话，你就可以想出答案了。不过，你最好能够注意一下轮盘上箭头的方向。

线索一：橘子在菠萝后面，相距2个位置。

线索二：桃子的位置在葡萄和草莓的中间，但不知道顺序。

线索三：石榴在葡萄后面，相距3个位置。

47

码正方形

用24根火柴码正方形，可以分别码成6个、9个、16个，最多的甚至可以码成50个大小相等的正方形。你试试看？

48

星形数

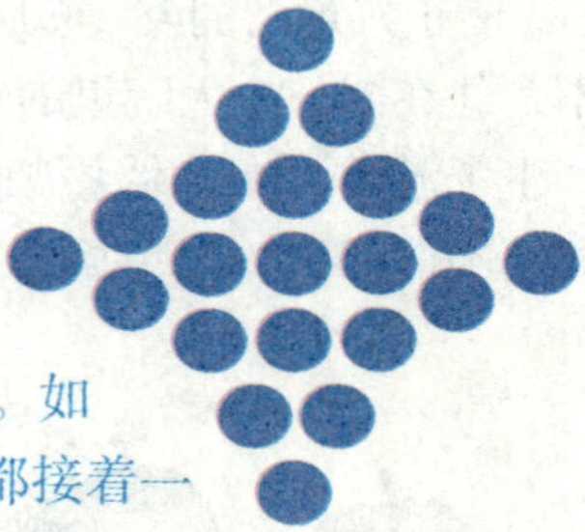

3 = 1 + 2，6 = 1 + 2 + 3，10 = 1 + 2 + 3 + 4，15 = 1 + 2 + 3 + 4 + 5，21 = 1 + 2 + 3 + 4 + 5 + 6……其中3，6，10，15，21……叫星形数。如右图，这样的数表示的方法是一个正方形的每一边都接着一个三角形。你能推算出第一个超过100的星形数是多少吗？

49

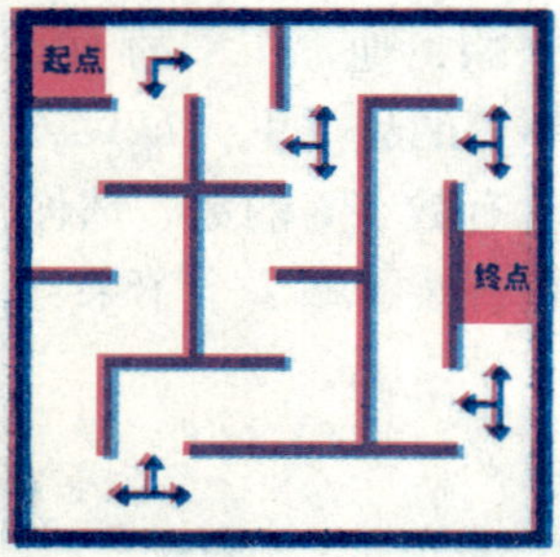

不走重复路

假设你走在这个迷宫里，会搞不清楚自己的位置。你在每个T字路口随机选择下一步的方向，但不能选择回头。如果同一个地方走过两次你就出局了，抵达终点才算赢。你赢的概率有多少？

50

不打自招的凶手

侦探小说作家A先生，有一晚在家里写小说时，被人用棒球的球棒从背后击毙。书桌上的一盏台灯亮着，窗户紧闭。

报案的是住在对面公寓里的张某。他向赶到现场的警方所做的说明是这样的：“当我从房间向外看时，无意间发现A先生书房的窗口有个影子高举着木棍，我感觉不妙，所以赶紧给你们打电话。”

但聪明的刑警听了以后却说：“你说谎!你就是凶手！”说罢便将张某逮捕归案。

张某说谎的证据在哪里？

51 找对应

（A）和（B）对应，那么（C）可对应于（D）、（E）、（F）、（G）中的哪一个？

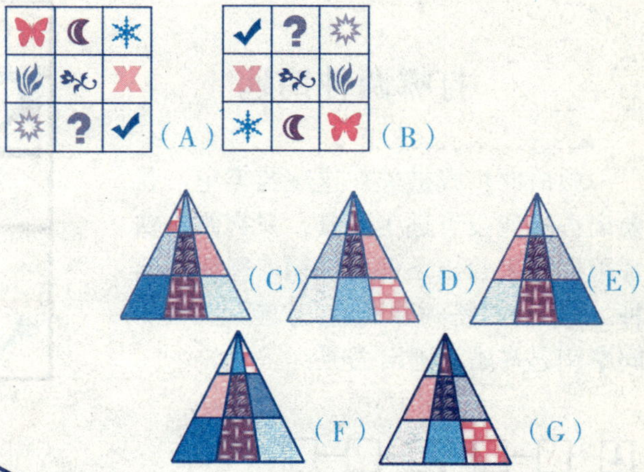
（A） （B）
（C） （D） （E）
（F） （G）

52 找正六边形

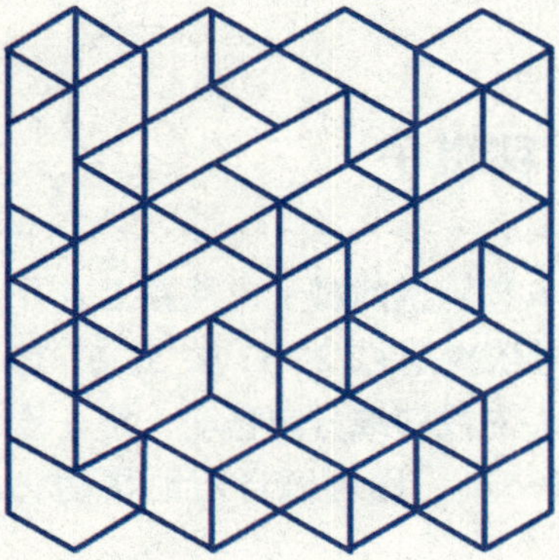

这是由三角形与菱形组成的图案。

事实上，在这个图案中藏有一个正六边形，请问在哪里？

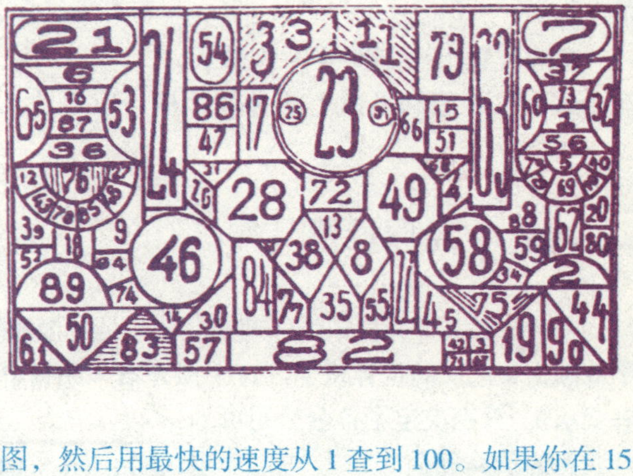

53 智力检测表

想知道你的记忆力有多好，你的注意力有多集中吗？那么，请你仔细看上图，然后用最快的速度从1查到100。如果你在15分钟内找完，说明你的记忆力和注意力very good；如果在25分钟内找完，说明你还行；如果你超过了35分钟，那你的记忆力和注意力就有问题哟。怎么样？赶快来测一下！

54

打哪两种钥匙

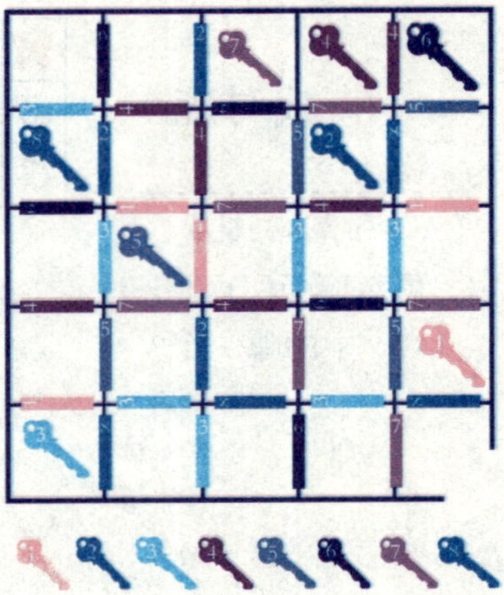

救命啊！我被关在这座监牢里，我要出去！我没有逃生工具，只有两块铁片可以用来打出下面8种钥匙里面的两种。我应该打哪两种钥匙，才能到其他房间拿钥匙并顺利逃出去呢？

55

移棋子

在左图中有6枚跳棋的棋子，从左上方开始数，它们的序号依次是1，2，3，4，5，6。它们可以往上下、左右或斜线方向移动，每一枚棋子移动一格算一步。你可以自由地移动它们，但最后的排列结果要符合下面的两个条件：

不论上下、左右或斜线上任一方向，都不能有两枚以上的棋子在同一排；

A的位置上一定要有一枚棋子。

那么，要想满足以上的条件，最少应移动几次？

56

经理投票

A、B、C三个分公司的经理在总公司的年度预算会议上，投票表决如何分配总额为4亿元的预算资金。这个预算案一共有甲、乙、丙 三个提案（如下表所示），分别决定了各分公司可以获得的预算资金。

议员	甲案	乙案	丙案
A	2亿	1亿	0亿
B	1亿	0亿	2亿
C	1亿	3亿	2亿

首先甲、乙两案进行表决，胜出的再跟丙案进行表决。

如果你是A公司的经理，你该怎么投票？

57

找长方形

右图中一共可以找出多少个长方形?

58

找图形

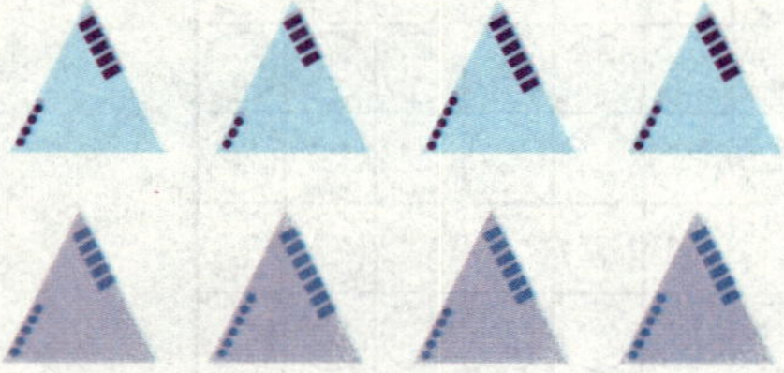

A B C D

A、B、C、D中，哪一个是上排图形中的一个?

59

经理女儿的年龄

一位经理有3个女儿，3个女儿的年龄加起来等于13，3个女儿的年龄乘起来等于经理的年龄。有一个下属已知道经理的年龄是36岁，但仍不能确定经理3个女儿的年龄。经理说有两个女儿参加滑冰学习了，然后这个下属就知道了经理3个女儿的年龄。请问：经理3个女儿的年龄分别是多少？为什么？

60

48变50

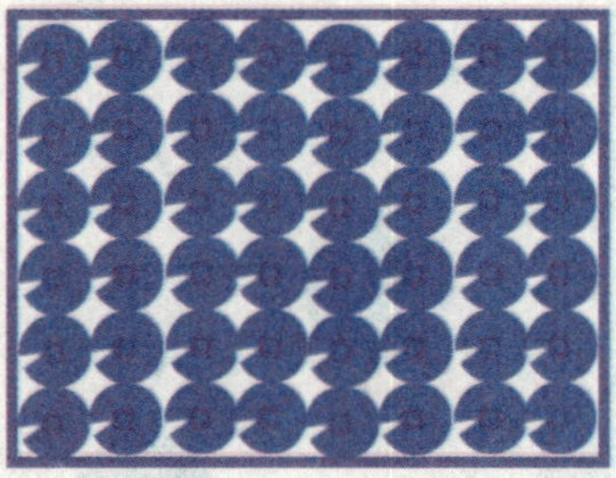

“清泉矿泉水公司”生意很不错，不过最近有一件麻烦的事：公司最初设计的纸箱可以每排放8瓶，共6排，一箱可放48瓶，但是现在客户都反应放48瓶不好计算，必须改成每箱50瓶。如果要满足客户的需要，公司只能把做好的几千个箱子不用，再重新做新的箱子，造成很大的浪费。一个负责洗瓶子的工人却说其实原来的箱子也可以放50瓶的，但没有人相信。如左图，你认为这个箱子真的能放50个瓶子吗？

61 表情填空

按照图中大方格中符号排列的逻辑，图中空缺的一块应该填上哪些符号？

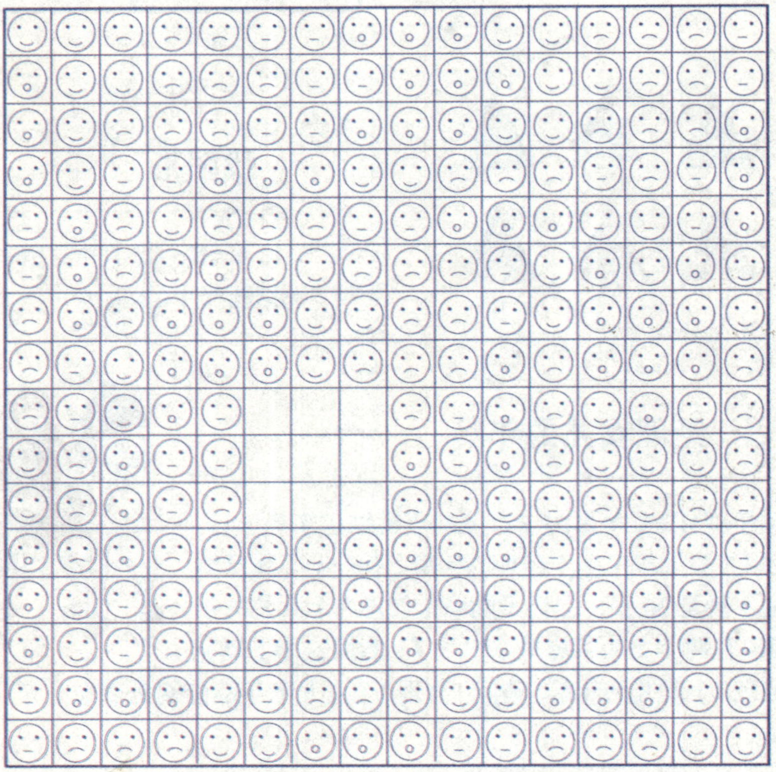

62 怎么走才能抵达终点

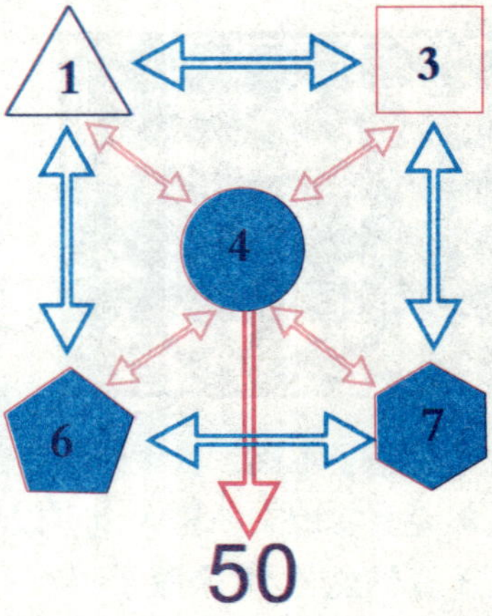

从三角形出发，并加上沿途经过的数字。你要依照“一个蓝色箭头，两个红色箭头”的图形来走，但是相同的路线不能连走两次。要怎么走才能在加到50的同时抵达终点呢？

63

哪个字母不见了

这里原本应该有 26 个字母，但事实上少了1个，你能看出哪一个字母不见了吗？

64

不存在的图像

如果你选到 3 个“正确的”区块，遮住其余的，你将会看到一个原本不存在的图像。

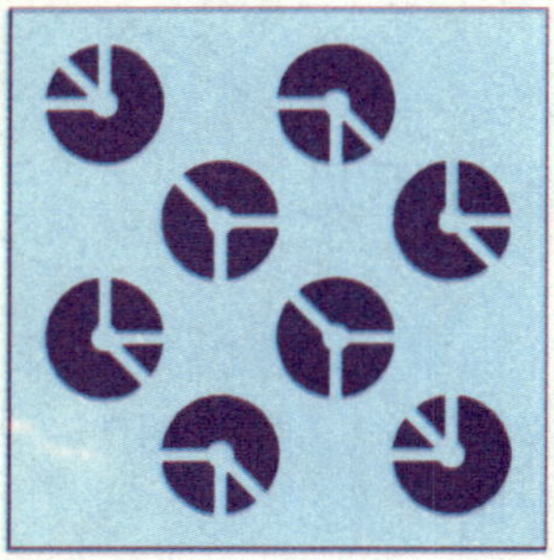

65

图形转转转

将左图中4个圆圈转动180度，形成一个常见的几何图形。

66

等式背后的逻辑

你能否看出右边这些等式背后的逻辑，然后找出一个字母完成最后的等式？（可能有两个答案）

D + M = R

X – N = C

（K+R）÷ R=T

（B × W）+E=Y

R × N × A=H+X

（X ÷ G）+F–K=?

67

怀特先生的难题

轮盘赌局到了最后决定胜负的关键时刻。

现在占第一位的是木材商怀特先生，他非常幸运地赢了700个金币。占第二位的莎文小姐稍稍落后，她赢了500个金币。

其余的人都已经输了很多，所以这最后一局就只剩下怀特先生和莎文小姐来一决胜负了。

怀特先生还在犹豫着，要将手上筹码的一部分押在“奇数”还是“偶数”上？赢的话他的赌金就会变成现在的两倍。

另一边莎文小姐已经把所有的筹码都押在了“3的倍数”上，赢的话赌金就会变成现在的三倍，如果幸运，她就可以反败为胜了。

想想，怀特先生到底应该怎么下注才好呢？

68

怎样移棋子

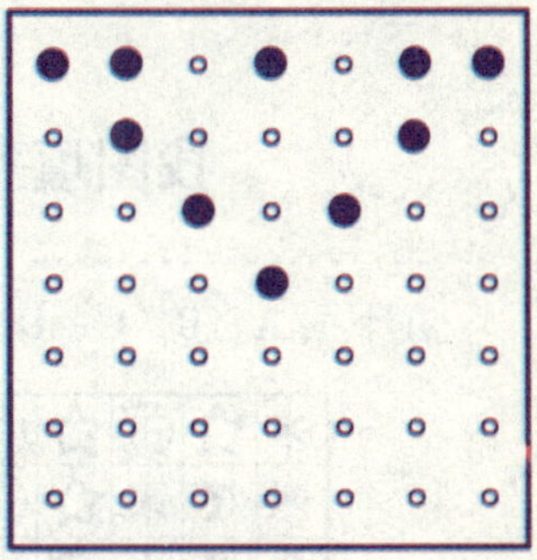

在这幅棋盘上有10颗棋子。你能移动其中的3颗，使这10颗棋子分别排成5条直线，并且每条线上有4个棋子吗？

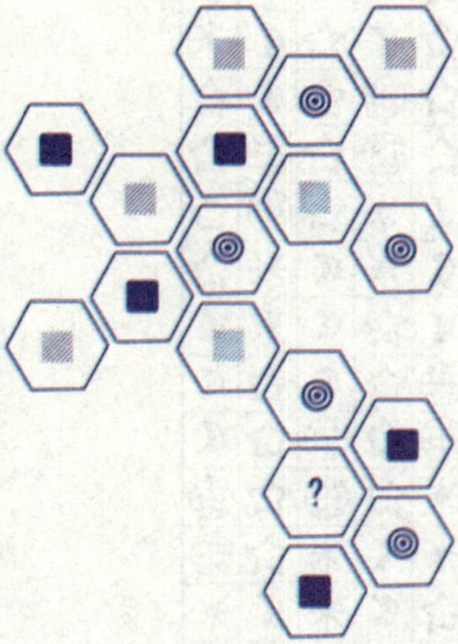

69

选图填空

观察这个由六边形组成的图案，找出空白的六边形里应该填什么图案。

70

一次通过

这是一幢旧式洋房。你能一次通过所有的门，最后到达⑧号房间吗？

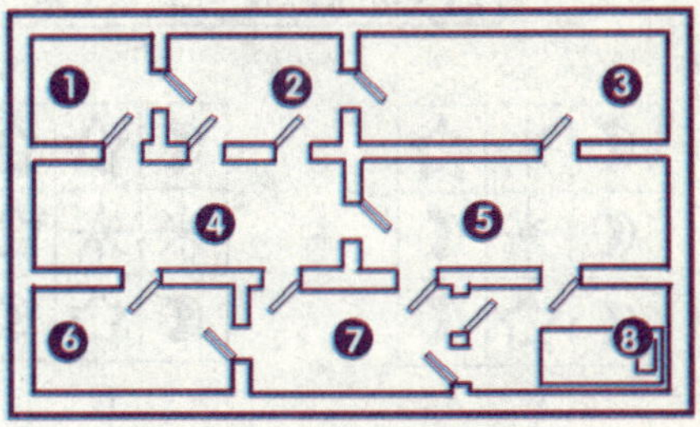

71

找缺失的部分

这4块图形若拼凑得当，应能构成一个圆形，但现在缺了一块。请从A、B、C、D中找出缺失的那一块。

72

找图填空

在下面 A、B、C、D 4 种图案中，哪一种符合大图案中的空白部分？

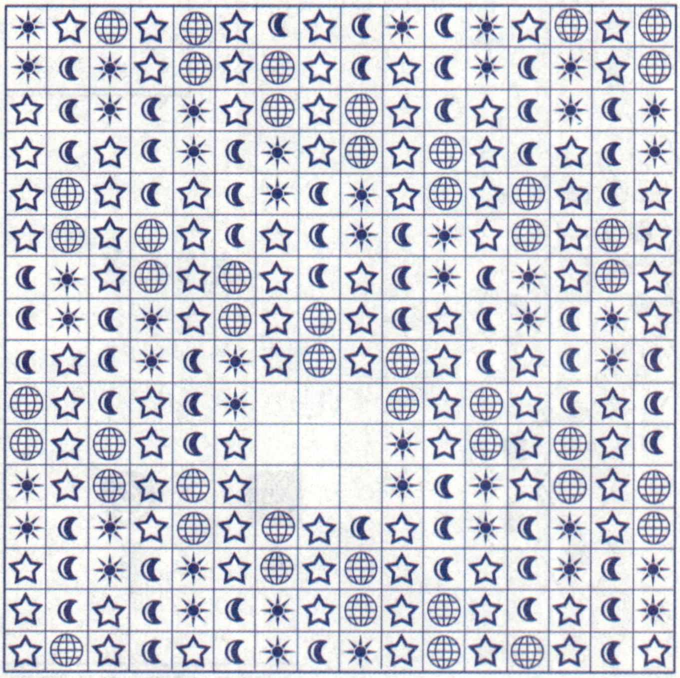

A

B

C

D

73

旋转的图形

①

②

③

④

⑤

⑥

左图 6 个图形中，有 4 个图形可由同一图形旋转不同的角度得到，但有2个不能，你能找出不能的 2 个图形吗？

74

有多少块积木

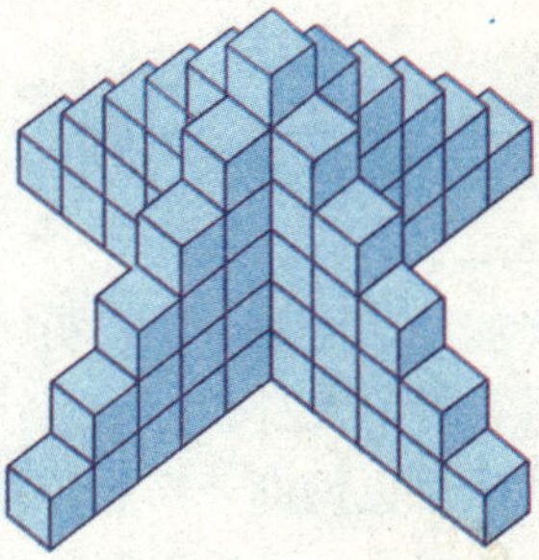

右图是一座有6块积木高度的塔，你能数出它总共用了多少块积木吗？

75

布加勒斯特

B			H	E				
A			U	B				
							E	T
		E		C				B
	A						U	
T				S		A		
H	C							
				A	B			E
				T	H			R

罗马尼亚的首都布加勒斯特（Bucharest）刚好由9个不重复的字母组成。请你在9行、9列共81个宫格组成，并区分为9个九宫格的迷宫里填上Bucharest，要求是在每一行、每一列、每一个九宫格里都包含有Bucharest这9个字母。

76

数字金字塔游戏

数字金字塔共有6层，最底层6个数字，这6个数字靠近的两个相加得到上一层的5个数字，同样这5个数字靠近的两个相加得到再上一层的4个数字。现在这个金字塔有些数字已经看不到了，你能根据已有的数字推出其他的数字吗？

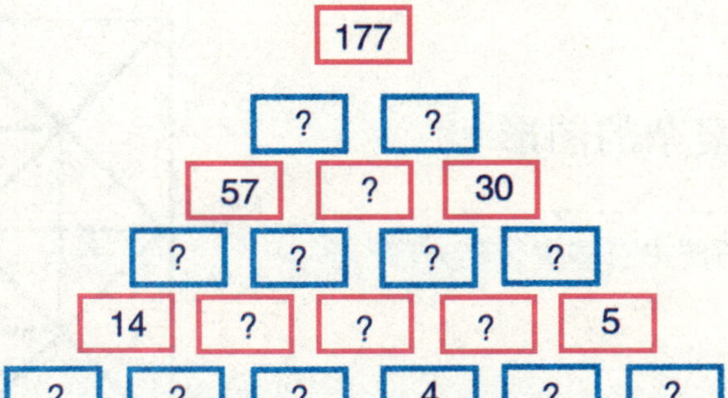

77 复杂的判断

所有参加足球比赛的运动员，都要进行兴奋剂检查；所有参加兴奋剂检查的人，同时获得了人身意外保险；有些参加足球比赛的运动员兼做商业广告；有些业余的歌手也做商业广告；所有业余的歌手都未获得人身意外保险。

问题一：如果上述断定都是真的，则除了以下哪项，其余的断定也必定是真的？

A. 所有参加足球比赛的运动员都获得了人身意外保险。

B. 没有一个业余歌手参加过兴奋剂检查。

C. 有些参加足球比赛的运动员是业余电影演员。

D. 有些兼做商业广告的人没有进行兴奋剂检查。

按上述方法，先画关系图，对照条件进行比较选择。

问题二：以下哪个人的身份不可能符合上述题干所做出的断定？

A. 一个参加了兴奋剂检查的人，但并非是业余电影演员。

B. 一个获得了人身意外保险的人，但没有参加过兴奋剂检验。

C. 一个参加过兴奋剂检查的人，但并非是参加马拉松比赛的运动员。

D. 一个参加了兴奋剂检查的人，但并非不是业余电影演员。

78 复杂的图形

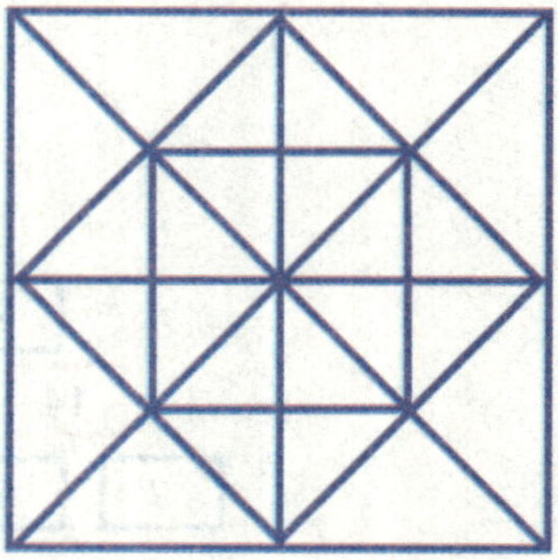

数一数右图中有多少个正方形？多少个三角形？

79

骰子构图

在A、B、C、D、E五个骰子中，哪一个是左下方的骰面无法构成的？

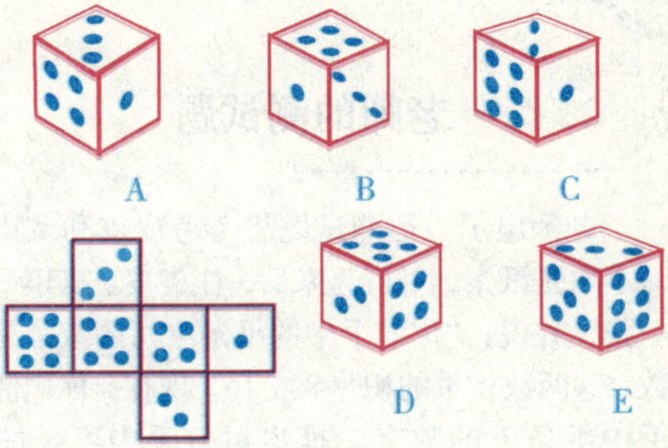

80

走迷宫

我们来看一下这座迷宫。目标是从下方的入口出发，到达标有大黑点的区域。

注意：走迷宫时，你要一直抬头往前看，看脚下的这条路是否通向“死胡同”哦！

81

一共有多少对

图中有若干对靠在一起的两个数字相加恰好等于10。这些成双的数字，或横或竖或斜地靠在一起。请找找看，一共有多少对？

7	1	1	8	7	4	7	5	5	3	1	8	1	6	4	3
2	9	6	7	5	9	2	5	3	6	3	1	4	8	4	8
1	6	5	6	2	4	3	6	8	5	6	6	3	9	7	5
3	2	7	8	1	5	9	6	1	8	7	1	5	8	6	2
5	9	2	1	3	3	4	2	2	4	5	7	7	6	7	2
3	4	3	4	8	6	2	4	7	9	8	4	1	6	3	9
8	3	8	9	5	3	1	7	5	7	5	8	5	1	8	7
3	7	5	4	8	9	1	4	2	7	4	3	1	5	6	5
5	1	8	7	1	6	8	7	8	4	3	8	3	3	6	7
2	6	7	4	5	3	5	4	8	5	3	4	8	1	8	5
3	2	6	2	1	8	4	3	9	4	2	4	1	3	5	3
1	4	5	2	7	1	3	5	2	8	5	2	1	8	1	4
8	3	9	9	6	7	2	6	8	1	2	6	9	7	6	4
5	4	3	2	5	9	3	9	8	3	2	6	2	5	9	6
2	9	4	2	4	8	6	6	6	9	6	5	6	1	8	3
3	5	2	7	8	5	1	5	3	7	7	8	7	2	9	5

82

老师的测试题

老师出了一道测试题想考考皮皮和琪琪。她写了两张纸条，对折起来后，让皮皮、琪琪一人拿一张，并说："你们手中的纸条中写的数都是自然数，这两数相乘的积是8或16。现在，你们能通过手中纸条上的数字，推出对方手中纸条的数字吗？"

皮皮看了自己手中纸条上的数字后，说："我猜不出琪琪的数字。"

琪琪看了自己手中纸条上的数字后，也说："我猜不出皮皮的数字。"

听了琪琪的话后，皮皮又推算了一会儿，说："我还是猜不出琪琪的数字。"

琪琪听了皮皮的话后，重新推算，但也说："我同样推不出来。"

听了琪琪的话后，皮皮很快地说："我知道琪琪手中纸条的数字了。"并报出数字，果然不错。

你知道琪琪手中纸条上的数字是多少吗？

83

大帅共有多少个兵

民国时期，某大帅是一位非常迷信的土军阀。有一次，他要领兵出征，攻打另外的一个军阀。出发前要来一次检阅，他命令士兵每10人一排排好，谁知排到最后缺1人。他认为这样不吉利，就改为每排9人，可最后一排又缺了1人，改成8人一排，仍缺1人，7人一排缺1人，6人一排缺1人……直到两人一排还是凑不齐。该大帅非常沮丧，认为这都是自己时运不济，不宜出兵，于是只好收兵不再出战。

这当然不是他的时运不济，也没有人恶作剧，只怪该大帅数学差，他的兵数正好排不成整排。你能猜出大帅共有多少兵吗？

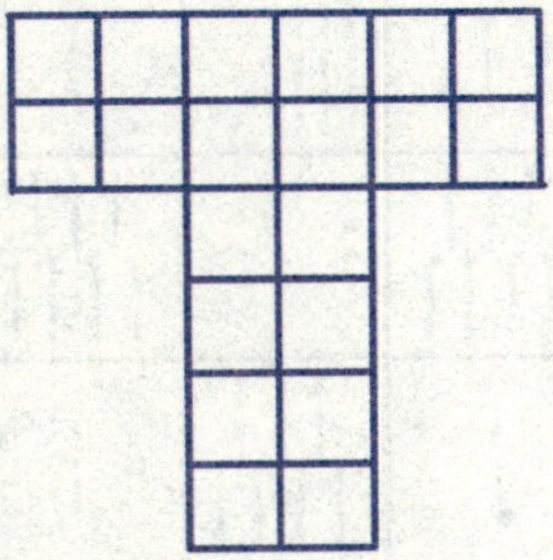

84

你来分分看

你能将左图分成大小、外形完全相同的4个小图形吗?

85

填色游戏

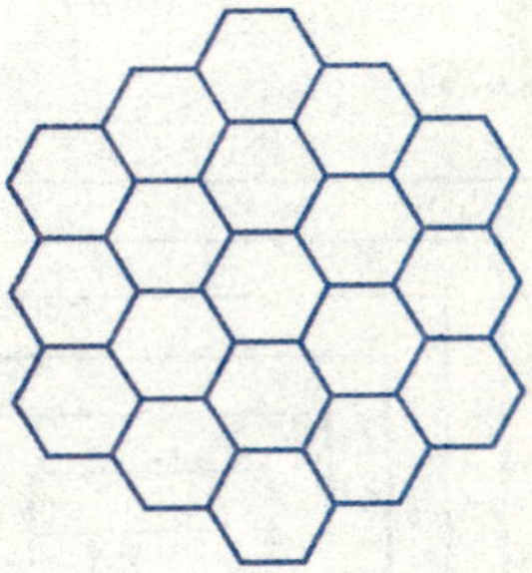

将这些六边形分别涂上红、黄、蓝和绿色，使得:

(1) 每种颜色的六边形至少有3个;

(2) 每个绿色六边形都正好和3个红色六边形相接;

(3) 每个蓝色六边形都正好和2个黄色六边形相接;

(4) 每个黄色六边形都至少各有一边分别和红色、绿色和蓝色六边形相接。

86

经验丰富的警长

在森林公园的深处发现一辆高级的敞篷车，车上有少量树叶，一个老板模样的人死在车里。警方封锁了现场。

“发现了什么线索?” 警长问。

“法医估计已死亡两天。没有发现他杀的迹象，死者手边有氰化钾小瓶，所以初步认定是自杀。”

“有没有发现第三者的脚印?”

“没有，地面上落满了树叶，看不到什么脚印。”

“请大家再仔细搜查现场，排除自杀的主观印象。这不是自杀，而是他杀后移尸到这里。估计罪犯离开不到一小时，他一定会留下线索的。”

大家又投入到仔细搜查，果然发现了许多线索，追踪之下，当天便抓获了杀人犯。

请问：警长为什么认定不是自杀而且罪犯没有走远呢?

87 你该怎么做

32根火柴放在图中6个方格内，要求去掉其中4根，其余火柴位置做适当调整，使横行、竖行的和都是9。第二次再去掉4根，第三次再去掉4根，使横行、竖行的和仍是9。

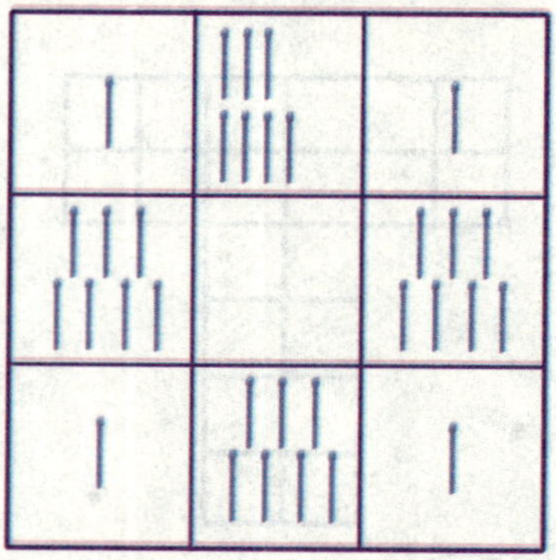

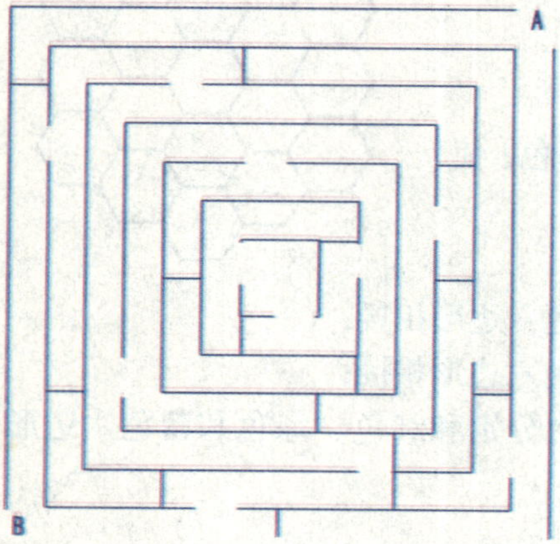

88 简单的迷宫游戏

非常简单的迷宫，你能从A走到B吗？能有多少种路线？

89 该放哪一种水果

在图中的25个空格里，有苹果、草莓和桃子3种水果。这3种水果按照一定的规则有序地摆放在空格里。请你好好看看它们摆放的顺序，说出问号处空格里放的是哪一种水果？

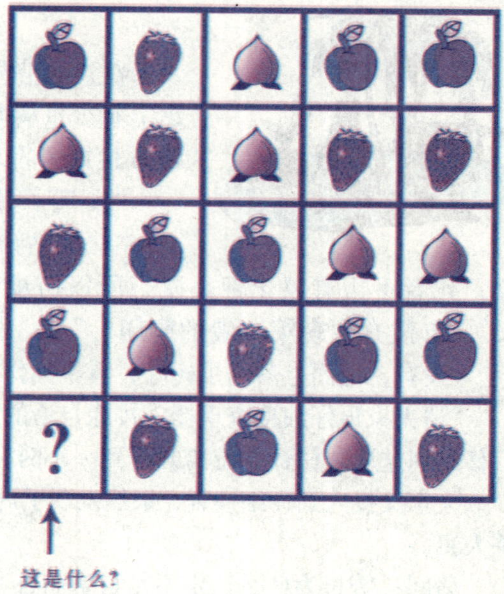

90

超难的数字迷宫

这是一个超难的数字迷宫，要求每个大九宫格里每一行、每一列以及每一个小九宫格都必须包含1～9这9个数字。现在你需要的是时间和超级的推理思维。

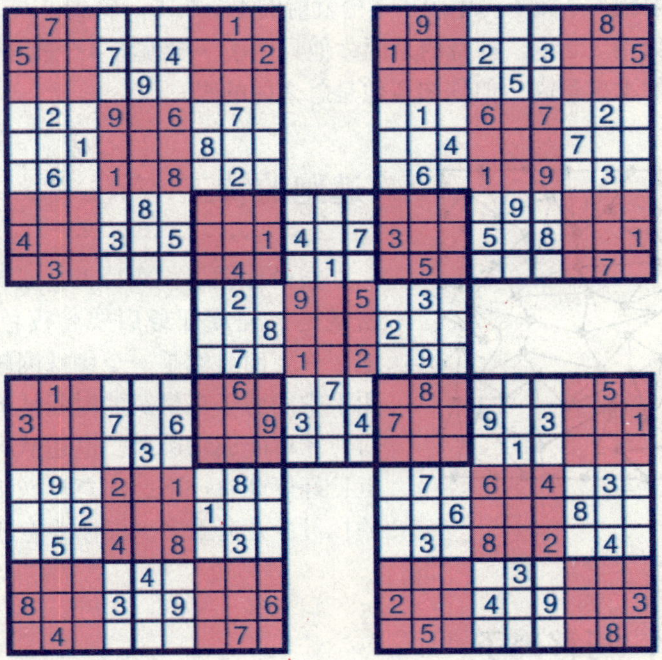

91

聪明的士兵

某班有1名班长和12名士兵，他们负责守卫一个古老的城堡，城堡外是一片山林。班长在城堡四面每面派出3名士兵，有4个 望口可以查看哨兵的情况。每天他都从各 望口查看一遍，都能看到有3个士兵在来回巡视，他非常满意自己的士兵能坚守岗位。可是，没过几天有人告发他的士兵天天在城堡外面的山林里打猎。为此，他特地到4个 望口查看，发现每面都有3名士兵。“人怎么可能会少呢？他们全站在那儿呀！”班长想。你知道为什么每面仍有3名士兵，而每天都有士兵去打猎吗？士兵们是怎么糊弄班长的？

92

本领最高的神枪手

如图，一张只有3条腿的桌子上有4个瓶子，3位神枪手聚在一起，欲比一比谁的本事大，他们打算用最少的子弹射倒4个瓶子。甲用了3枪就射倒4个瓶子。轮到了乙，他只用了2枪。神奇的是丙，他只用了一枪就将4个瓶子射倒了。当然，最后丙的本事最高，但你知道他是怎么射的吗？

93

逃跑的特工

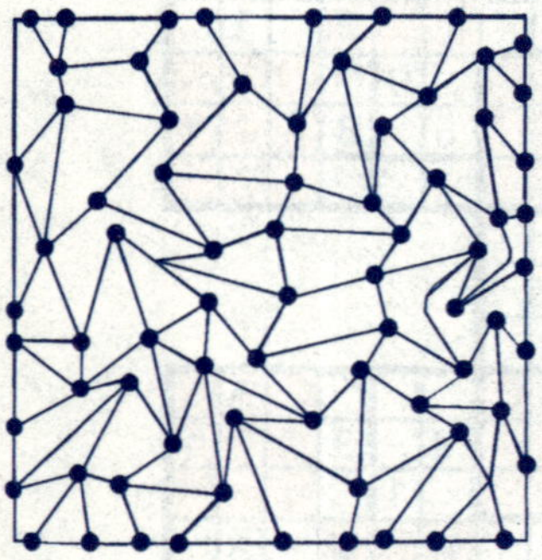

假设你做了一次特工，成功混入敌人的秘密基地，完成任务后要趁夜色的掩护逃离基地。你要面对的是一个蜘蛛网般的围栏。只有用手中的剪子在最短的时间从上到下剪开一个口，才可能成功逃离。巡逻队的脚步声越来越近！好好观察一下，注意！网结上你是剪不动的！最少要剪断多少根你才能逃出？

94

巧移碟子

有A、B、C三张桌子，A桌上有4个从上到下、从小到大叠起来的碟子。现在要把A桌上的碟子移到C桌上，要求每一次只能移动任何桌子上的一个碟子，每桌上有两个或两个以上碟子时，碟子必须重叠放置，任一碟子不能放在比它小的碟子上。

怎样移才能又快又简便呢？

A　B　C

95

智力拼图

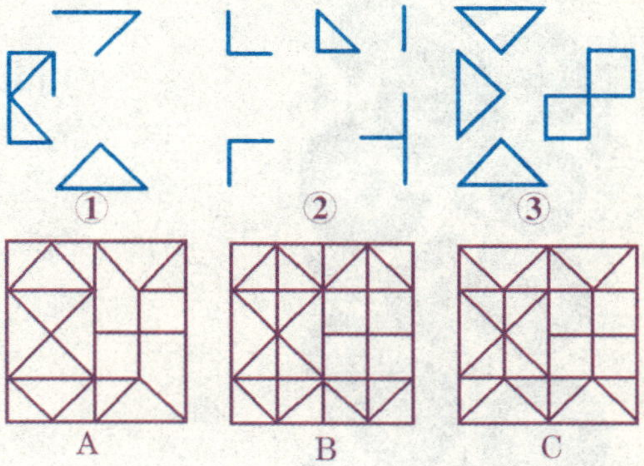

给出的3个零散图形可拼成下图的哪一图形？

96

列车到站时间

张教授乘坐高速列车去北京参加一个学术会议。他怕耽误了开会时间，就问列车上的乘务员："火车什么时候到达北京站？"

"明天早晨。"乘务员答道。

"早晨几点呢？"

乘务员看张教授一副学者气派，有意试试："我们准时到达北京时，车站的时钟显示的时间将很特别：时针和分针都指在分针的刻度线上，两针的距离是13分或者26分。现在你能算出我们几点到吗？"

张教授想了一会儿，又问道："我们是北京时间4点前还是4点后到呢？"

乘务员笑了一下："我如果告诉你这个，你当然就知道了。"

张教授回之一笑："你不说我也知道了，这下我就可以放心了。"

请问，这列火车到底该几点几分到达北京站？

97

填字母

根据表格中字母的排列规律，想一想问号处该填什么图形。

A	B	C	A	A
C	B	C	B	B
B	A	A	C	C
A	C	B	A	A
?	B	A	C	B

98

可以看出几个靶子

这是叠放在一起的很多个靶子，假如每一个靶子都至少有一部分能让你看见，在这里你最多可以看出几个靶子？

99

猜数字游戏

老师在一张纸上写了4个数字，对甲、乙、丙、丁4位同学说："你们4位是班上最聪明，最会推理、演算的学生。今天，我出一题考考你们。我手中的纸条上写了4个数字，这4个数字是1，2，3，4，5，6，7，8中的任意4个。你们先猜猜各是哪4个数字。"

甲说："2，3，4，5。"

乙说："1，3，4，8。"

丙说："1，2，7，8。"

丁说："1，4，6，7。"

听了4人猜的结果后，老师说："甲和丙两同学猜对了2个数字，乙和丁同学只猜对了1个数字。你们知道了各自猜的结果了，能推算出纸条上写了哪几个数吗？

100

无限接近10

用6个"3"和6个"."，你能组成几个数，使它们的和能无限接近10？

101

重排地砖

要如何重新排列甲、乙和丙地砖的组合，才能使上面的英文字母能正确联结到下面的英文字母，使A联结到A，B联结到B，C联结C，D联结D？

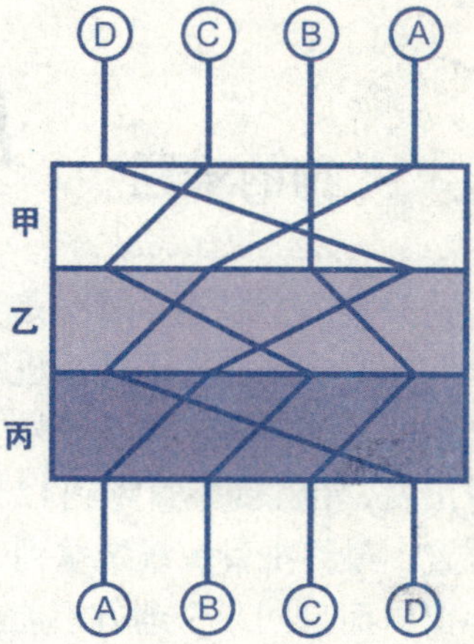

102

多少条鱼

厨房负责采购的师傅昨天一共花了3600元买来一些鱼，根据账目记载，青鱼130元一条，刀鱼104元一条，鳜鱼78元一条，鲤鱼170元一条。请问：鲤鱼有多少条？

103

找相同的布局设计图

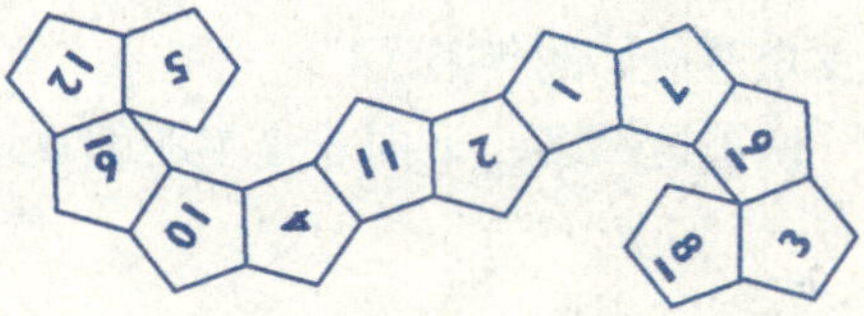

A、B、C、D、E、F中，哪两个是按照上面的布局设计图构成的？

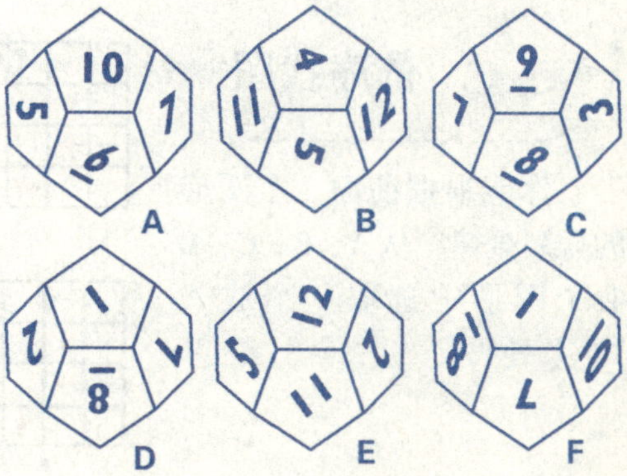

104 狗的难题

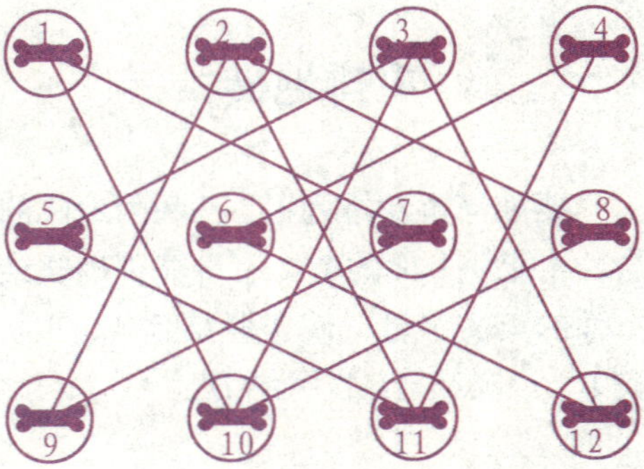

这只是一个游戏，骨头是不会动的，但狗要拿到所有的骨头也不是那么简单的。如右图，狗从1号骨头的位置出发，沿红线一直跑到12号骨头的位置，最终把骨头统统拿到，一根也不留，而且同一个地方不能去第二次。它该怎么走？

105 数学迷的游戏

亨利和杰克是一对数学迷，有一天两人一起碰上亨利的3个熟人A、B、C。杰克问起那3个人的年龄，亨利说："你很喜欢数学，我告诉你几个条件：①他们3个人的年龄之积等于2450；②他们3人的年龄之和等于我们两人的年龄之和（杰克当然知道亨利的年龄）。现在，你能算出他们的年龄来吗？"杰克根据这两个条件算了好一阵，摇摇头对亨利说："我算不出来。"亨利笑了笑说："我知道你算不出来，我再给你补充一个条件，他们3人都比我俩的熟人露斯——你当然知道露斯的年龄——要年轻。"杰克马上回答说："现在我知道他们的年龄了！"

说了这么多，下面才是本题的真正问题：露斯的年龄是多少？

106 依序找图

你能根据前面3个图形的排列规律，从A、B、C、D 4个图形中选取一个放入"？"处吗？

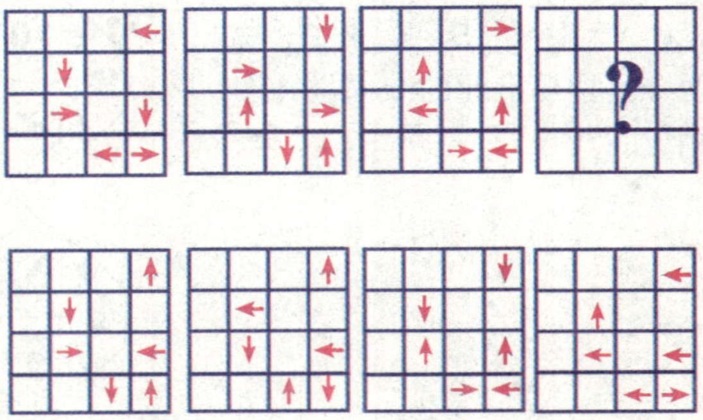

A　B　C　D

107

考考你的注意力

你的注意力能长时间地集中在某种事物之上吗？还是做一道题，来测试一下你注意力的稳定性吧！

不许用铅笔或其他的工具，只用你的眼睛尽可能快地追踪下图中的每一条曲线对应的字母。

108

漂洗海绵

皮皮将一块海绵放进墨水瓶内，蘸墨水画墨水画。画完后，他想将海绵中吸入的墨水挤出来。可是怎么挤，海绵中总要残留一些墨水。假定这块海绵对于密度在 1 左右的溶液（即墨水、清水、墨水溶液）的存留量为 10 克。如用 100 克的清水对这块吸有 10 克墨水的海绵进行漂洗，即将海绵放入 100 克清水中，经充分搅拌，取出挤压后，海绵中留存的墨水溶液的浓度是多少？容易算出，是 10 ÷（100+10）≈ 9.1%。皮皮想，能不能只用 100 克清水，使漂洗后的海绵中墨水的浓度在 0.3% 以内呢？

109

小蚂蚁搬家

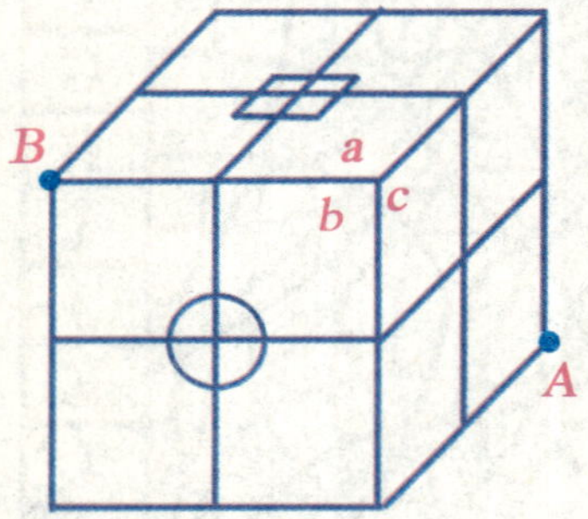

下大雨了，可怜的小蚂蚁又要搬家。又饿又累的它要从立方体的 A 点到 B 点，你能帮它设计一条最短的路线吗？

110

奇妙幻星

你能将 1 ~ 19 的数字填入右图六角星的 19 个交点上，构成一个幻星，使每一条直线上的 5 个数字之和都相等吗？

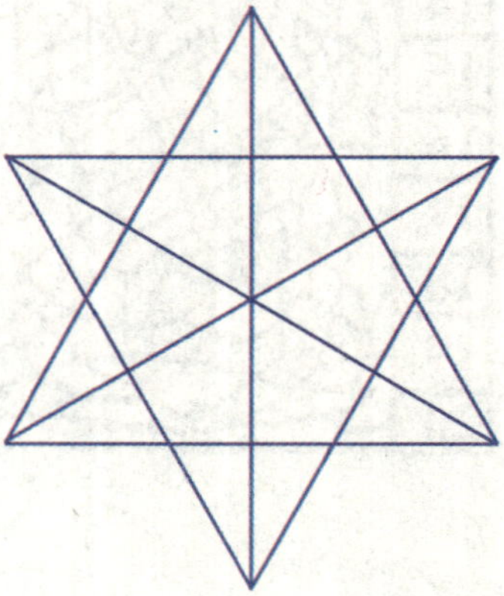

答案及解析

1. 罗沙蒙德迷宫

尝试把所有的死巷都涂上颜色，这样就可以找出如下图中所示的正确道路了。

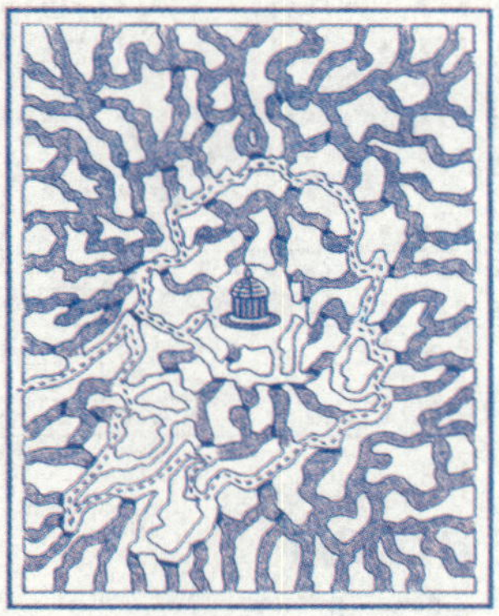

2. 有趣的字母迷宫

V	I	L	E	U	O
E	U	O	V	I	L
U	E	V	L	O	I
O	L	I	U	V	E
L	O	U	I	E	V
I	V	E	O	L	U

3. 共有多少条路径

15 条。下面这个 4 × 4 的矩形显示图中每一点各有几条路可到：

1	1	1	1
3	2	1	2
3	8	10	2
3	3	13	15

4. 复杂的国际象棋

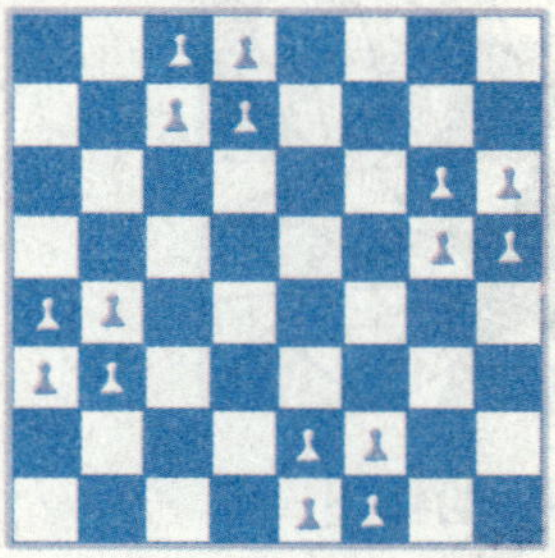

5. 有名的数学谜题

这是一道超难的题！除了图中的答案外，还有许多走法，即便回不到原点，也算正确！

6. 小天才汤姆

我擦掉的数是7。其实秘密很简单，0 到 9 这 9 个数相加等于 45，是 9 的倍数，不管这 10 个数字怎样排列，得出的两个数，其和也是 9 的倍数。所以只要把答案中能看到的数字加起来，用与这结果最接近但比这结果大 9 的倍数一减，得到的数就是被擦去的数字。在此例中，3 + 9 + 8 + 2 + 7 = 29，比 29 大的最接近的 9 的倍数是 36。所以，擦去的数为 36 − 29 = 7。

7. 寻找五角星

8. 巧妙的构图

D 和 E。

9. 寻宝地图

起点是左上角的格子 4 ↓。那些未走过的方格呈现的数字为 31。建议倒过来从终点找起。

10. 放多少个"王后"

最多可放 5 个"王后"，有 3 种放法，见下图。

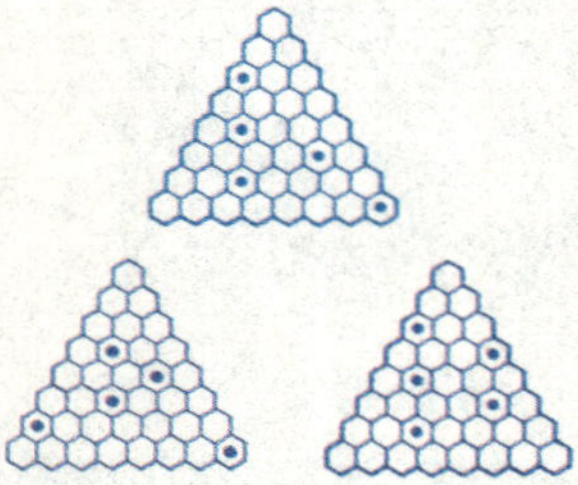

11. 哪一个图案是多余的

12. 神秘的玫瑰

190 条直线。如果用 20 个点，那么第一个点要与其他 19 个点联结，这样就有 19 条线；第二个点可以和 18 个点联结，有 18 条线……所以可以用 19 + 18 + 17 + … + 1 = 190。

13. 难解的死亡密码

如下图。

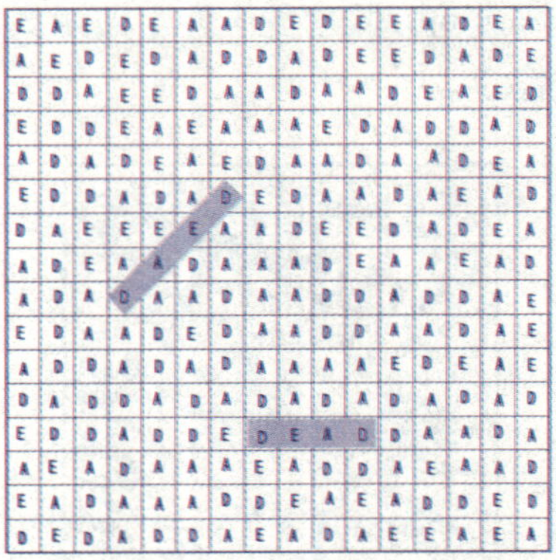

14. 环环相扣

只要把 3，5，7，10，12，14 六个环脱开，所有的环便都开了。

15. 如何造马圈

如果你够聪明，肯定已经想到用层层嵌套的方法：把一个马圈套在另一个马圈里头，如下图所示。

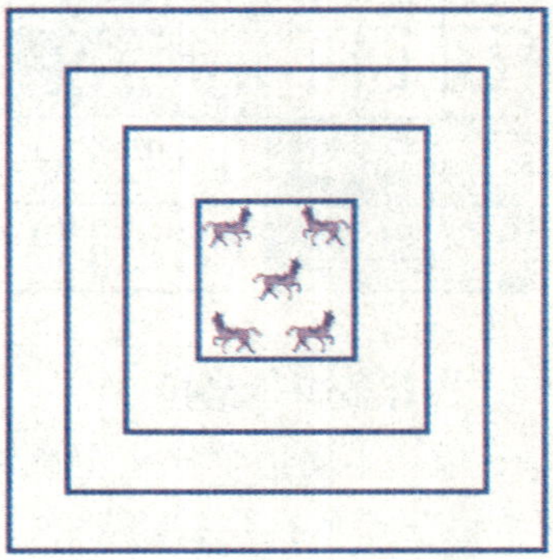

16. 复原图形

如果正确，图案是一棵圣诞树。组合完成后，可拼出 CHRISTMAS（圣诞节）。

17. 奇怪的绳圈

右上的那颗钉子会勾住绳子。以下是将绳子两端联结后的图示，阴影表示位于环圈内的区域。

18. 帽子游戏

甲、乙、戊是黑帽子，丙和丁是白帽子。如果按习惯思维，会用排他法进行推理分析，即将5人的话一一进行假定分析，可结果是越理越理不清头绪。显然排他法不适合本题，必须另辟蹊径。

我们先来看一看，谁的陈述最简洁。当然是乙与戊，如以“戴白帽子的人猜对了”为前提，戊的陈述比较有头绪。我们选取他为突破口。如果戊正确，那么5人都戴白帽子。又以“戴白帽子的人猜对了”为前提，则甲、乙、丙3人猜测的都是正确的。显然，这与事实不相符合，所以戊是错的，他戴的是黑帽子。

再看乙的陈述，如果他的话是正确的，那么其他4人戴的都是黑帽子，他们的陈述也都是错的。可丙的陈述是“除我以外，有3顶黑帽子和1顶白帽子”应该是正确的，丙应当戴白帽子，显然相互矛盾。所以乙的陈述也是错的，他戴的是黑帽子。

从乙和戊所戴的是黑帽子中，可知甲的陈述也是错的，因为他戴黑帽子。

再来看关键的丙的陈述。如果他是错的，那么，所有人的猜测都是错的，即所有的人戴黑帽子，与老师说的至少有一人是戴白帽子的隐含条件相矛盾。所以丙是正确的，他戴的是白帽子。

丙是正确的，那么他说还有一人戴白帽子只剩下丁了，所以丁戴的是白帽子。

这样5人在第二次推测中就可以辨清自己所戴的是什么颜色的帽子了。

19. 数字迷宫

20. 数数看

分别有1，5，13，27，48，78，118个三角形。

21. 寻找巡逻路线

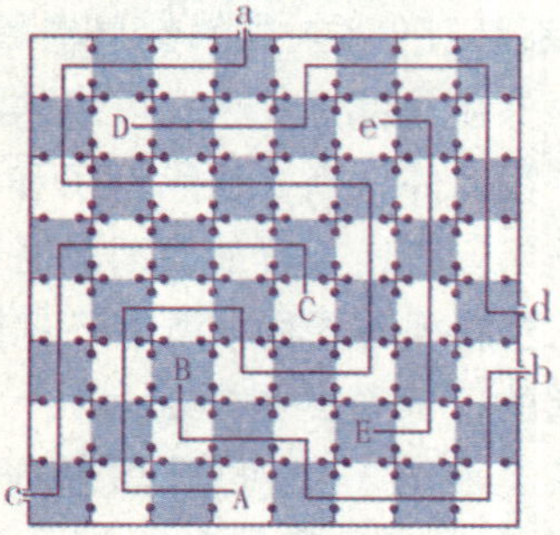

22. 数字游戏

9	6	2	3	1	8	4	7	5
7	4	1	9	5	2	6	3	8
8	3	5	6	7	4	9	1	2
5	1	3	8	9	6	7	2	4
4	9	6	5	2	7	1	8	3
2	8	7	4	3	1	5	9	6
6	2	8	7	4	9	3	5	1
3	7	4	1	8	5	2	6	9
1	5	9	2	6	3	8	4	7

23. 遥控器游戏

有17种走法。

24. 找相似

B。只添一条直线，它就与上面的图相似。

25. 拼独特的图案

12种图案。如果你找到的数目超过了12，你会发现，经过旋转或翻转，有些是相同的。

26. 巧填八角格

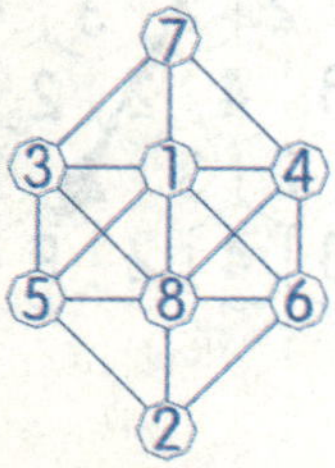

27. 75层高的扑克房子

利用纸牌搭造房子有许多种方法，如按题面的方法造75层高的房子需要8475张纸牌。我们先来看一看层数少的房子需要纸牌的情况，然后找出规律。

1层需要2张扑克，可用2表示；

2层需要7张扑克，可用3+4表示；

3层需要15张扑克，可用4+5+6表示；

4层需要26张扑克，可用5+6+7+8表示；

5层需要40张扑克，可用6+7+8+9+10表示；

……

接下去呢？你找出了每一层所需扑克牌的规律了吗？告诉你，n层所需的扑克数为：

$$(n+1)+(n+2)+(n+3)+(n+4)+(n+5)+\cdots+(n+n)=(3n^2+n)\div 2$$

所以，75层所需扑克为：$(3\times 75\times 75+75)\div 2=8475$（张）。

28. 迷宫

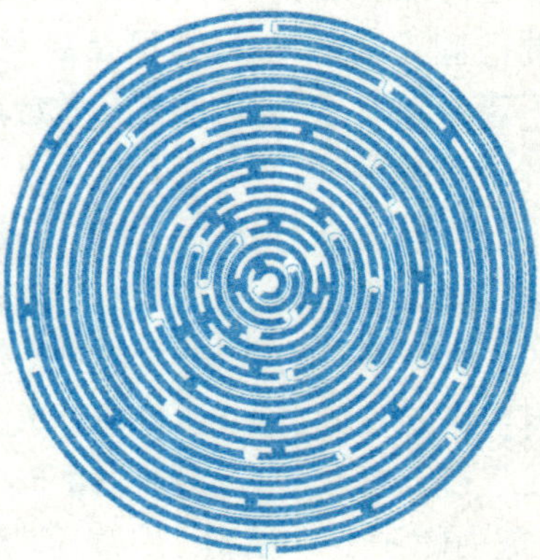

29. 找规律

5	10	15	20	25
4	8	12	16	20
3	6	9	12	15
2	4	6	8	10
1	2	3	4	5

30. 奇怪的算式

由于每一列都是4个不同的数字相加，所以一列数字加起来得到的和最大为9+8+7+6，即30。由于I不能等于0，所以右列向左列的进位不能大于2。由于向左列的进位不能大于2，所以I(作为和的首位数)不能等于3。于是I必定等于1或2。

如果I等于1，则右列数字之和必定是11或21，而左列数字之和相应为10或9。于是，

$(B+D+F+H)+(A+C+E+G)+I=11+10+1=22$；

或者

$(B+D+F+H)+(A+C+E+G)+I=21+9+1=31$。

但是，从1到9这10个数字之和是45，而这10个数字之和与上述两个式子中9个数字之和的差都大于9。这种情况是不可能的。因此I必定等于2。

既然I等于2，那么右列数字之和必定是12或22，而左列数字之和相应为21或20。于是，

$(B+D+F+H)+(A+C+E+G)+I=12+21+2=35$；

或者

$(B+D+F+H)+(A+C+E+G)+I=22+20+2=45$；

这里第一种选择不成立，因为1到9这10个数字之和与式子中9个数字之和的差大于9。因此缺失的数字必定是1。

至少存在一种这样的加法式子，这可以证明如下：按惯例，两位数的首位数字不能是0，所以0只能出现于右列。于是右列其他3个数字之和为22。这样，右列的4个数字只有两种可能：0，5，8，9(左列数字相应为3，4，6，7)，或0，6，7，9(左列数字相应为3，4，5，8)。显然，这样的加法式子有很多。

31. 池塘里共有几桶水

要看是怎样的桶，如果桶和水池一样大小，只有一桶水；如果桶只有水池一半大，则有两桶水；若桶有水池的1/3大，则有3桶水，依此类推。

32. 找相同的立方体

图3。

原图有7个立方体排列在平面上，请注意它们排列的相对位置，只有图3是相同的。

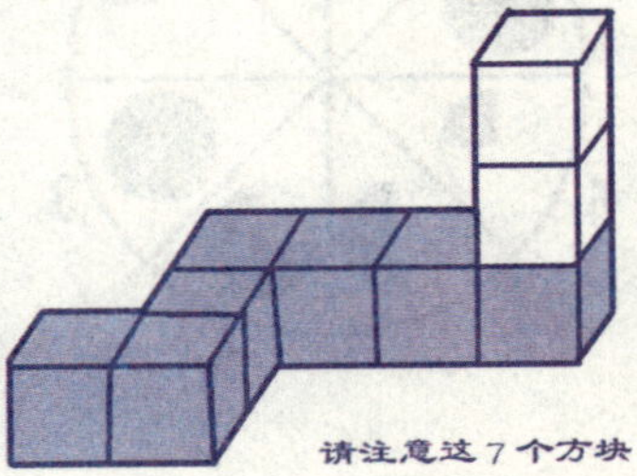

请注意这7个方块

33. 奇怪的时钟

3/7 小时后这台时钟会再一次正确显示时间。正常时钟的分针每小时走一圈，即 360 度，每分钟相当于 6 度。6 点半时时钟的显示是正确的，下一次时钟正确显示时倒走的分针又落在正确的位置上。假定其间的时间为 N 分钟，如果分针行走正常，它将沿顺时针方向走 $6N$ 度，现在倒走的分针沿逆时针方向则走 $80N \times 6 / 60 = 8N$ 度，两者之和正好是一圈 360 度：

$6N + 8N = 360$

$14N = 360$

$N = 180 / 7$（分钟）$= 3 / 7$（小时），即 3 / 7 小时后这台时钟会再一次正确显示时间。

34. 翻转符号

3 列：第一、第三和第六列。

35. 找差别

第一筐拿 1 个；第二筐拿 2 个……依此类推，共 55 个一起称。把称得的重量和 27.5 千克相比较，如果差 0.05 千克就是第一筐轻了；差 0.1 千克就是第二筐轻了……依此类推。

36. 填什么图形

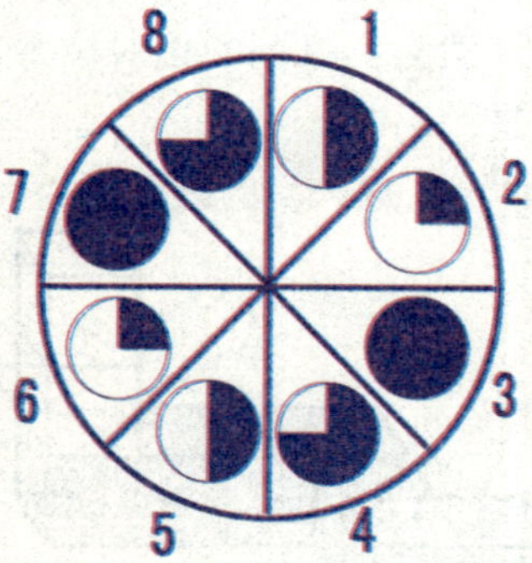

37. 聪明的将军

如下图所示：

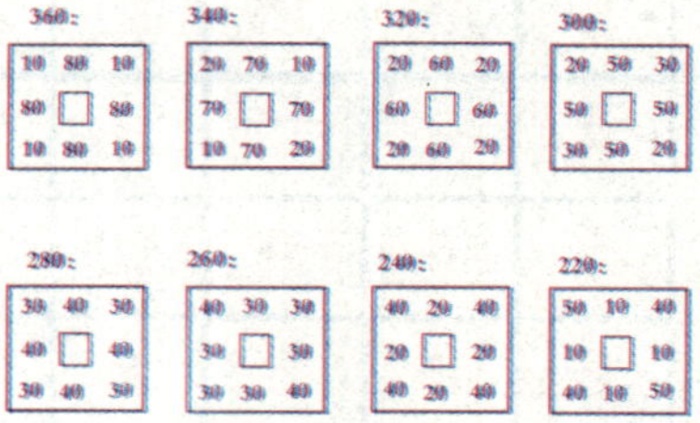

38. 设计三角形骨牌

15 个。我们可以先从更简单的情形开始思考：这种骨牌的设计规则是在每个三角上放不同的数字组合。如果用 0 到 2 这三个数字，我们可以很容易地找到如下组合：0–0–0，0–0–1，0–0–2，0–1–1，0–1–2，0–2–2，1–1–1，1–1–2，1–2–2，2–2–2 共 10 种组合。这是一个三角形数，而 56 也是三角形数，这不是巧合，所以 10 后面的下一个三角形数是 15，那就会有 15 个这种三角形骨牌。当然，你可以用数学排列组合的方法来解，那也可以验证这种思考方法是正确的。

39. 有多少种走法

不管你走哪条路，都至少需要经过 5 个白色砖块。所以接下来你只能从 5 列白色砖块中自由选择 3 个。因此这时问题就相当于要将 3 颗球任意放进 5 个袋子，有多少种放法？

将全部 3 颗球放进 1 个袋子有 5 种方法；将其中 2 颗球放进 1 个袋子有 5×4 种方法；3 颗球都放进不同的袋子有 $(5 \times 4)/2$ 种方法。因此，答案是：5 + 20 + 10 = 35（种）。

40. 该填什么符号

各方块中圆形和方形相互交替，自上而下形成两个序列。序列表现为1/4阴影，1/2阴影，3/4阴影，全阴影。

41. 猜名字

是B的名字。很明显，A与C两人之中必有一人是对，因为他俩的判断是矛盾的。如果A正确的话，那么B也是正确的，与老师说的“只有一人猜对了”矛盾。所以A必是错误的。这样，只有C是正确的。B的判断是错的，那么他的相反判断就是正确的，所以老师手上写的是B的名字。

42. 要多少块地板砖

181块。

提示：可以先试某些小一点的数目。比如这样的图形：当对角线是3块的时候，一共需要5块地板砖；如果对角线是5块的时候，需要13块；对角线是7块的时候，需要25块；对角线是9块的时候，需要41块……上列数目依次是5，13，25，41……考虑一下每一次增加了多少块，找到什么样的规律，然后用笔简单地排出一个数列，就可以知道对角线是19块的时候需要181块地板砖。

43. 符号与数字

68。各符号代表的数值：三角 = 7，圆 = 11，太阳 = 3，心 = 17。

44. 怎样修路

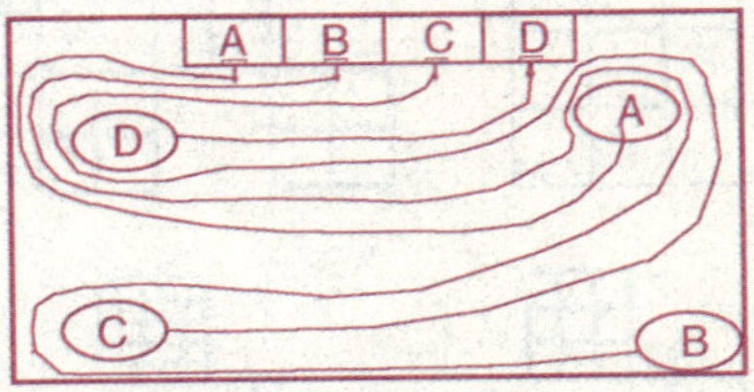

45. 袋子里的苹果

答案只有一个：60，16，6，6，6，6。

因为把100个苹果分装在6个袋子里，100的个位是0，所以6个数的个位不能都是6，只能有5个6。即6 × 5 = 30；又因为6个数的十位数的数字和不能大于10，所以十位上最多有一个6；而个位照上面的分法已占去30个苹果了，所以目前十位上的数字的和不能大于7，也只能有一个6，就是60个苹果。这样十位上还差1，把它补进去出现一个16。即：60，16，6，6，6，6。

46. 幸运轮盘

根据线索二的提示，葡萄、桃子和草莓必定相临。因为苹果在已经填出的位置1区，所以桃子一定在3、4、5、6区域。现在来看线索一和三。如果桃子在3区或6区（葡萄和草莓在它两旁），就会留下三个相邻区域给石榴、菠萝和橘子，使线索一和三不成立。进一步研究可发现桃子不会在4

区，所以它必然在5区。由此可得出所有答案：葡萄在6区，草莓在4区，石榴在2区，菠萝在3区，橘子在7区，苹果在1区，桃子在5区。

47. 码正方形

48. 星形数

127。

49. 不走重复路

以下字母代表在每个路口选择的方向（E=East［东］、W=West［西］、S=South［南］、N=North［北］）。

①E、N、S（赢）

②E、N、W、N（赢）

③E、N、W、S、N（输）

④E、N、W、S、W（输）

⑤E、S、E、N（赢）

⑥E、S、E、W、N（输）

⑦E、S、E、W、S（赢）

⑧E、S、W（输）

⑨S、E、N（赢）

⑩S、E、W、N、S（输）

⑪S、E、W、N、W（输）

⑫S、E、W、S（赢）

⑬S、N、N、S（赢）

⑭S、N、N、W、N（赢）

⑮S、N、N、W、S（输）

⑯S、N、W（输）

所以，赢的概率是8/16 = 1/2。

50. 不打自招的凶手

影子不可能在窗口。张某说“窗口有高举木棍的影子”，这就是谎言。因为桌上台灯的位置是在被害人与窗口之间，不可能把站在被害人背后的凶手的影子照在窗子上。

51.找对应

（G）。（A）和（B）的对应规律是以中间方格为中心做180度对调。

52. 找正六边形

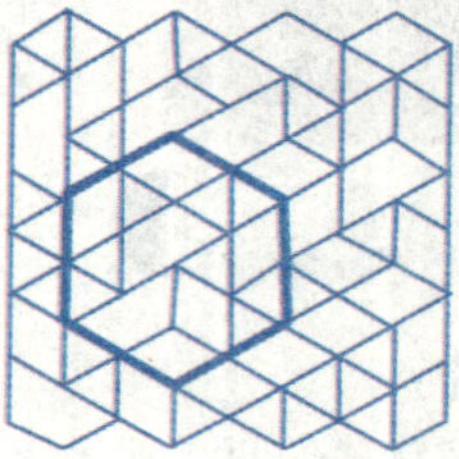

53. 智力检测表

别胡思乱想，集中注意力就行。

54. 打哪两种钥匙

打造出6、4钥匙就可以顺利逃出。

55. 移棋子

最少得移动8次。

结果就像下图中画的那样。移动的次数从1号棋子开始算，分别是：

1次＋2次＋1次＋1次＋2次＋1次。

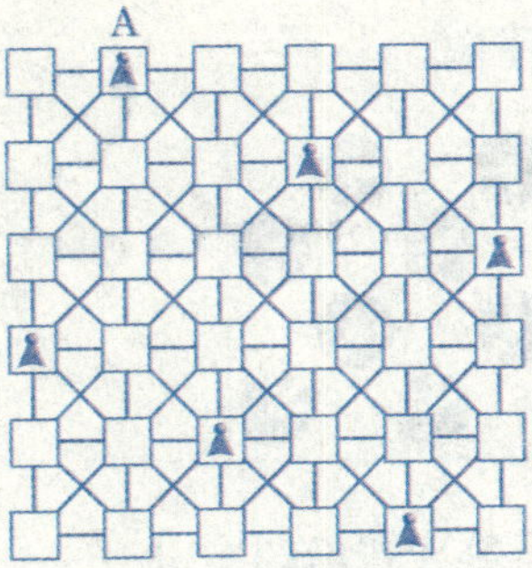

56. 经理投票

先投乙案，在第二次投票的时候还是投乙案。

先想想甲、乙两案的表决，A公司将获得的预算分别是甲案：2亿，乙案：1亿，甲案比较有利。同样的对B公司来说也是甲案比较有利，所以如果A公司经理投甲案的话甲案就会通过了。

但是接下来甲、丙两案表决时，对B公司经理和C公司经理来说都是丙案有利，所以A公司得到的预算将是0。为了避免这种情况的发生，A公司经理在一开始时便投乙案，接下来当乙、丙两案表决时，站到C公司这一边使乙案通过，A公司就可以得到1亿的预算资金了。这是退而求其次的选择。

57. 找长方形

22个。

58. 找图形

B。序列变化规律是减1点、1线，再增2点、2线，如此反复。

59. 经理女儿的年龄

3个数加起来等于13的情况共有以下几种情况。

女儿一	女儿二	女儿三	和	积
1	1	11	13	11
1	2	10	13	20
1	3	9	13	27
1	4	8	13	32
1	5	7	13	35
1	6	6	13	36
2	2	9	13	36
2	3	8	13	48
2	4	7	13	56
2	5	6	13	60
3	3	7	13	63
3	4	6	13	72
3	5	5	13	75
4	4	5	13	80

下属知道经理女儿的年龄乘积之后，还不能确定她们的年龄，就说明经理的年龄应该是36岁，而乘积为36时有两种可能。当经理说有两个女儿去学滑冰的时候，如果是2，2，9这种情况，显然2岁的孩子还不能去进行滑冰学习。所以只可能是有两个6岁的女儿去学滑冰了。答案应该是1岁、6岁和6岁，其中有一对双胞胎姐妹。

60. 48变50

能。原来的瓶子是按照四边形的排法来放瓶子的，其实所有的圆柱体物品如果按照六角形排法，都可以节省空间。所以用六角形排法，原来的箱子完全可以放50个瓶子。如下图：

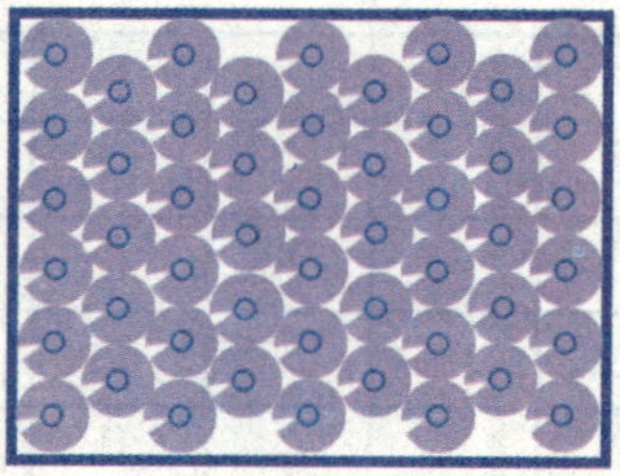

61. 表情填空

如下图。构图规律：自左上格开始，顺时针方向逐行由外向内，按2☺，3☹，2😐，3😮的顺序反复数至图中央。

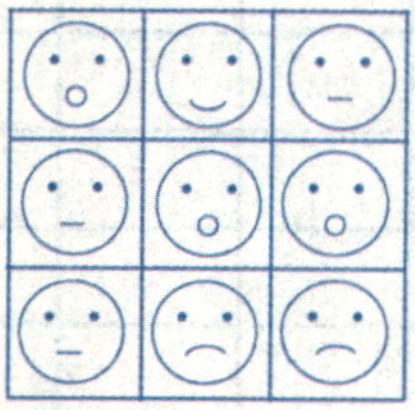

62. 怎么走才能抵达终点

正确的路径是1–6–4–1–3–4–7–3–4–6–7–4，加起来正好是50。

63. 哪个字母不见了

字母D不在里面。

64. 不存在的图像

是否看到原本不存在的三角形？

65. 图形转转转

转动其中4个圆圈，可形成一个立方体图像。

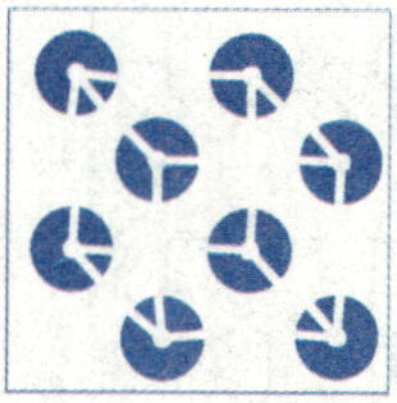

66. 等式背后的逻辑

每个字母都以它的“笔画端”数目来代替。例如*D*是0、*M*是2、*T*是3。所以最后的等式为（4/2）+3－4＝1，而答案是*P*（也可以是*Q*，这要看你怎么写）。

67. 怀特先生的难题

跟莎文小姐一样，押500个金币在“三的倍数”上就可以了。

基本上只要跟莎文小姐用同样的方法下注就可以了。如果莎文小姐赢了，怀特先生也会得到同样的报酬，他们的名次就不会受到影响。要是莎文小姐输了的话就更不会影响到名次了。

事实上怀特先生只要押401个以上的金币，赢的话金币就会在1502个以上，仍然是第一名。

所以，在这种场合，手里有较多金币的人便是赢家。

68. 怎样移棋子

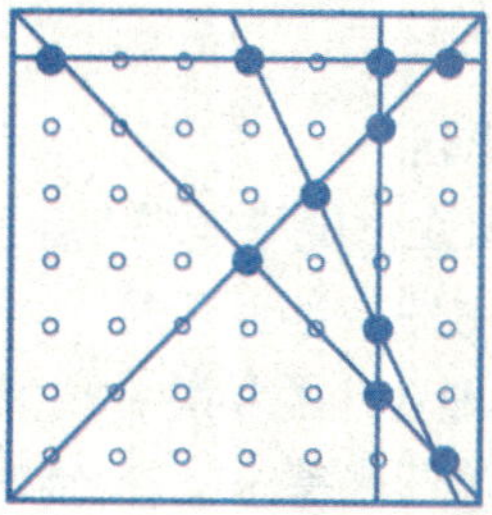

69. 选图填空

C。

70. 一次通过

从⑦号房间开始就可以到达。

如下图，只有连接⑦⑧的线条数为奇数，⑧号是卧室，所以从⑦号房间出发可一次通过所有的门。顺序可为：⑦→⑧→⑦→⑥→④→①→②→④→②→③→⑤→④→⑦→⑤→⑧。

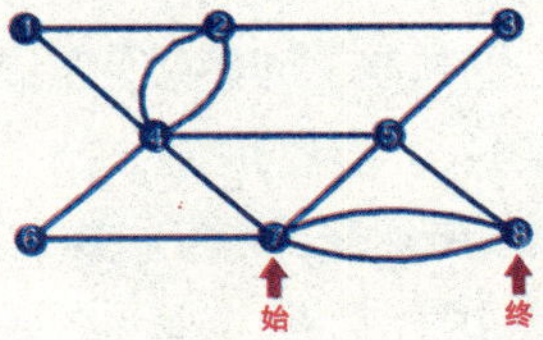

71. 找缺失的部分

B。

72. 找图填空

A。构图规则：自上而下，由左边第一列起，图形的变化为2✷，4☆，3☾，2⊕，如此反复。每一列数完后，接着数下一列，仍自上而下。

73. 旋转的图形

②、⑤不能。

74. 有多少块积木

276块。

75. 布加勒斯特

B	R	T	H	E	C	S	A	U
A	E	S	U	B	T	R	C	H
U	H	C	S	R	A	B	E	T
R	S	E	A	C	U	H	T	B
C	A	B	T	H	R	E	U	S
T	U	H	B	S	E	A	R	C
H	C	R	E	U	S	T	B	A
S	T	U	R	A	B	C	H	E
E	B	A	C	T	H	U	S	R

76. 数字金字塔游戏

177

102 75

57 45 30

30 27 18 12

14 16 11 7 5

5 9 7 4 3 2

77. 复杂的判断

问题一的答案是B，问题二的是答案D。还是一图表，分清他们各自的关系，你就会一目了然。

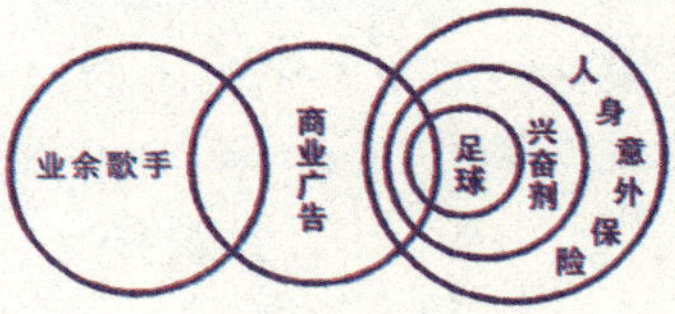

78. 复杂的图形

15个正方形，72个三角形。

79. 骰子构图

A块。

80. 走迷宫

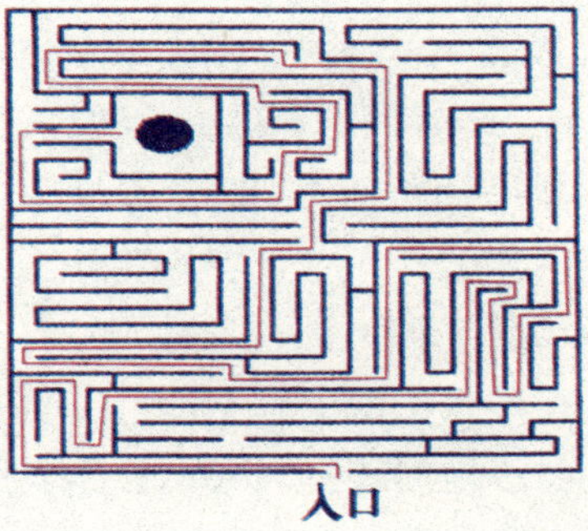

81. 一共有多少对

共有44对。

82. 老师的测试题

两人手中纸条上的数字都是4。两个自然数的积为8或16时，这两个自然数只能为1，2，4，8，16。可能的组合为：1×8，1×16，2×4，2×8，4×4。

当皮皮第一次说推不出来时，说明皮皮手中的数字不是16，如是16，他马上可知琪琪手中的数字是1。因只有16×1才能满足条件，他猜不出来，说明他手中不是16，他手中的数可能为1，2，4，8。同理，当琪琪第一次说推不出时，说明她手中的数不是16，也不是1。如是1，她马上可知皮皮手中的数为8，因前面已排除了16，只有8×1=8能符合条件了，她手中的数可能为2，4，8。

皮皮第二次说推不出，说明他手中的数不是1或8。如是1，他能推出琪琪手中的数是8；同理，是8的话，能推出琪琪手中的数是2。这样皮皮手中的数只能为2或4。琪琪第二次说推不出时，说明琪琪手中的数只可能为4，只有为4时才不能确定皮皮手中的数。如是2，她可推出皮皮的数只能为4，因只有2×4=8符合条件。如果是8，皮皮手中的数只能为2，因只有8×2=16符合条件。

因此第三轮时，皮皮能推出琪琪手中纸条上的数字是4。

83. 大帅共有多少个兵

他一共有2519个兵。要想每排人站齐，人数必须是每排人数的倍数，或是10的倍数或是9的倍数……如果是10，9，8，7……2的公倍数，那无论怎样排都是没有问题的。10，9……2的最小公倍数是2520。现在该大帅的兵数是2519，自然是怎么排也缺少1人了。公倍数有许多，因兵数在3000以下，所以我们取最小公倍正适合。

84. 你来分分看

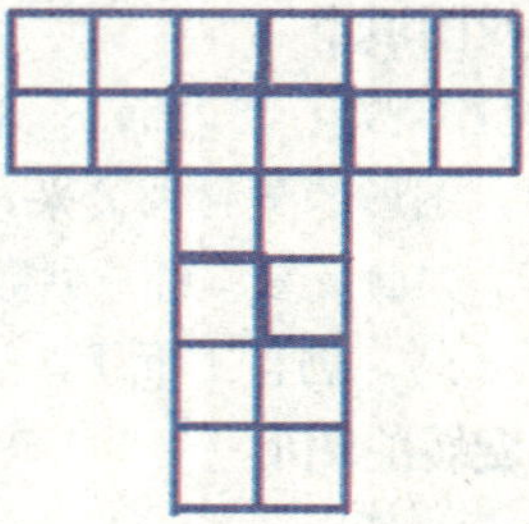

85. 填色游戏

86. 经验丰富的警长

从落叶上分析的，如果车子在森林中停放两天，车内和尸体上一定会堆满落叶。如果车上落叶很少或基本没有，证明车子放到这里时间不长。而罪犯只能步行离开，在大森林里，既容易留下痕迹，又不容易走远。

87. 你该怎么做

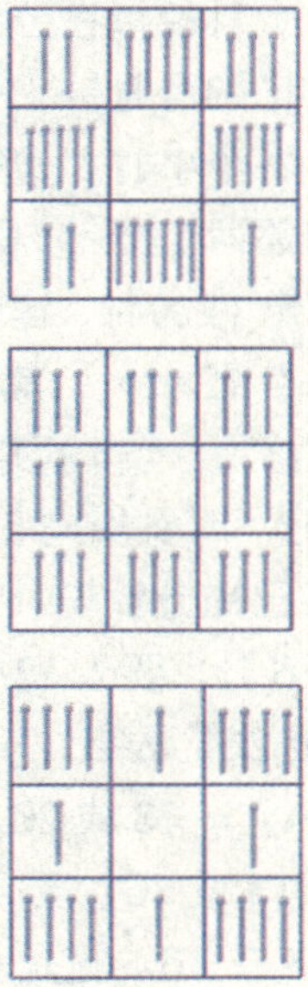

88. 简单的迷宫游戏

很简单的问题，可是你是不是在怀疑这本书印刷错误，因为从迷宫中不可能走过去的。但是，我们的问题是从A走到B，没有规定从哪儿走。所以答案只是一种走法，现在你可以有更多的方向了。

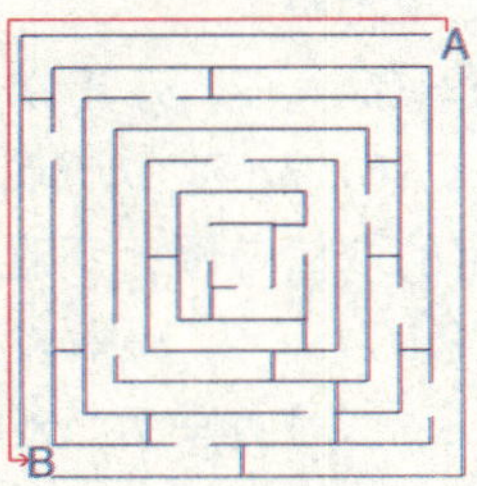

89. 该放哪一种水果

正确答案应该是桃子。

这张图里3种水果的排列，从里到外形成一个旋涡状，排列的顺序依次是苹果、桃子、草莓。如果你能看出这一点，答案也就很简单了。

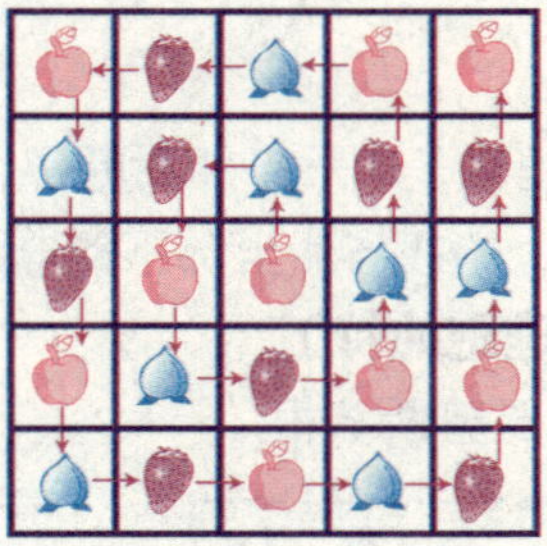

90. 超难的数字迷宫

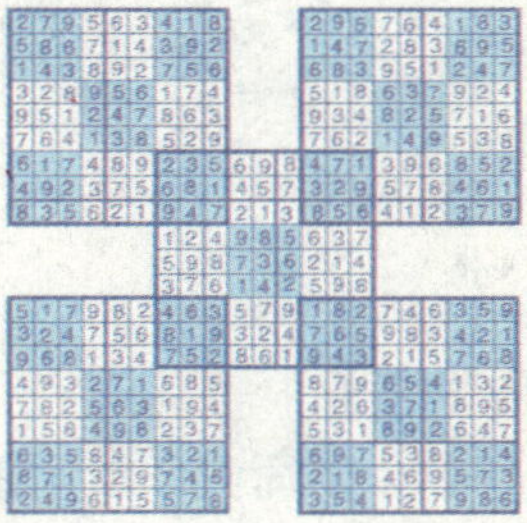

91. 聪明的士兵

以○为士兵，‖为瞭望口，画成如下图形。可以看出，只要有8名士兵，就可以让班长从瞭望口查看到城堡四面都有3名士兵，另外4名士兵可悠闲地去山林打猎了。

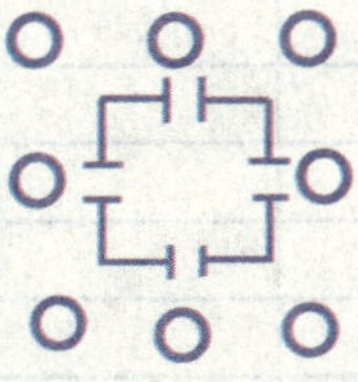

92. 本领最高的神枪手

甲3枪：

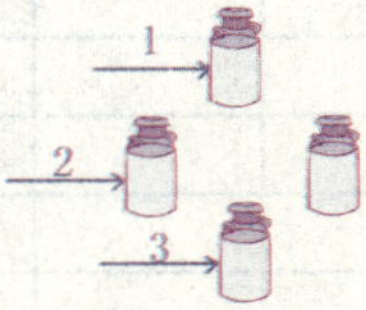

乙2枪：

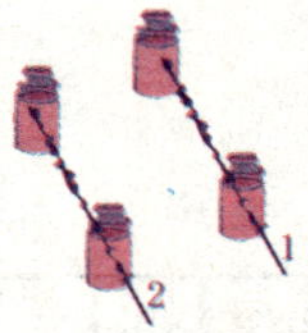

丙：把桌子的一条腿射断了，桌子倒了，桌上的瓶当然全部不能自保喽。

93. 逃跑的特工

最少要剪断7根。

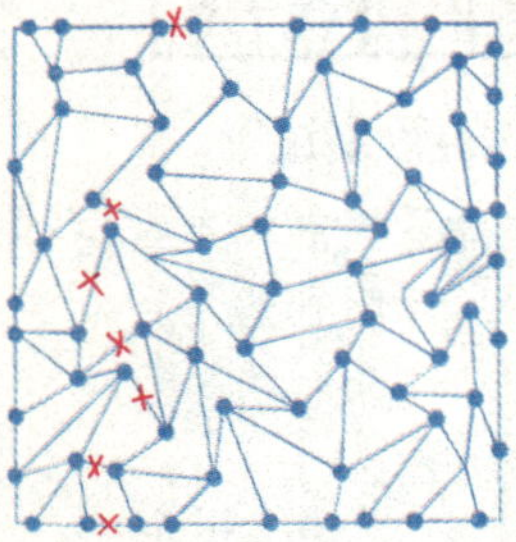

94. 巧移碟子

需要15次。下面我们就用图示的方法来演示。假设用4、3、2、1四个数字来代表4个盘子，并且数字越大的代表的盘子越大，过程如下。

A	B	C
(1)4, 3, 2	1	
(2)4, 3	1	2
(3)4, 3		2, 1
(4)4	3	2, 1
(5)4, 1	3	2
(6)4, 1	3, 2	
(7)4	3, 2, 1	
(8)	3, 2, 1	4
(9)	3, 2	4, 1
(10)2	3	4, 1
(11)2, 1	3	4
(12)2, 1	1	4, 3
(13)2	1	4, 3
(14)1		4, 3, 2
(15)		4, 3, 2, 1

95. 智力拼图

A图。

96. 列车到站时间

这列火车准点驶入北京站的时间是第二天的2:48。

首先，时针和分针都指在分针的刻度线上，让我们仔细看看钟（手表也一样）的结构：每个小时之间有四个分针刻度，在相邻两个分针刻度线之间对时针来说要走12分钟，这说明这个时间必定是n点$12m$分，其中n是0到11的整数，m是0到4的整数，即分针指向$12m$分，时针指向$5n+m$“分”的位置。又已知分针与时针的间隔是13分或者26分，要么$12m-(5n+m)=13$或26，要么$(5n+m)+(60-12m)=13$或26，即要么$11m-5n=13$或26，要么$60-11m+5n=13$或26。这是一个看起来不可解的方程。但由于n和m只能是一定范围的整数，却还是能找出解来的（重要的是，不要找出一组解便满足了，否则此类题是做不出来的）。

张教授便是以此思路找出了所有三组解（若不细心便会在只找到两组解后便宣称此题无解）。

已知：$m=0, 1, 2, 3, 4$；$n=0, 1, 2, 3, 4, 5, 6, 7, 8, 9, 10, 11$。

只有固定的取值范围，不难找到以下三组解：（1）$n=2$；$m=4$；（2）$n=4$；$m=3$；（3）$n=7$；$m=2$。

即这样三个时间：（1）2:48；（2）4:36；（3）7:24。

面对这三个可能的答案，张教授当然得问一问乘务员了。乘务员的回答却巧妙地暗设了机关：

正面回答本来应该是4点前或是4点后。但若答案是4点后，乘务员的变通回答便不对了，因为这时张教授还是无法确定时间是4:36还是7:24。而乘务员的变通回答却暗示道：若正面回答便能确定答案。这意味着这个正面回答只能是4点以前。即正点时间是2:48。

97. 填字母

表格中ABC的排列有一定的规律，即从里到外形成一个旋涡状，顺序如下所示。

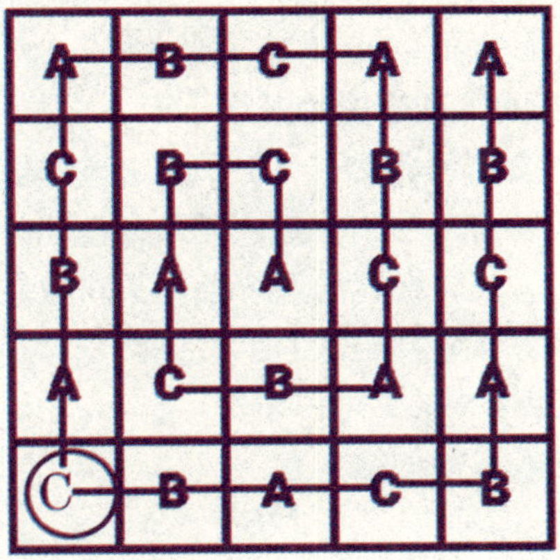

98. 可以看出几个靶子

将靶子涂上深浅不同的颜色，显示出共有17个靶子。

99. 猜数字游戏

能。这四个数字是2，5，6，8。

先列出四人猜的情况。甲猜对了两个数，可能是2–3，2–4，2–5，3–4，3–5，4–5。

乙猜对了一个数，可能是（1，3，4，8）中的1个数，他未猜的4个数（2，5，6，7）中有3个数是纸条上的数。

丙猜对了两个数，可能的组合为1–2，1–7，1–8，2–7，2–8，7–8。

丁猜对了一个数，可能是（1，4，6，7）中选取1个数，他未猜测的4个数（2，3，5，8）有3个数是纸条中的数。

8个数字中，甲与丙两人都猜了的数字是2，两人都没有猜的数字是6。

8个数字中，乙与丁两人都猜了的数字是1，4，两人都没有猜的数字是2，5。

我们先假设2不是纸条上的数。那么从乙未猜的数字中可得出5，6，7是纸条上的数字；同时从丁未猜的数字中可得出3，5，8；这样纸条上的数字就会有5个，分别是3，5，6，7，8。显然，推论与题中纸条上只有4个数字相矛盾，因此假设是错的，也就是2为纸条上的数字。用同样的方法可推出5也在纸条上。

再假设1在纸条上，那么从乙猜的数字中可得出3，4，8不在纸条上。同时，从丁猜的数字中可得出4，6，7不在纸条上。这样不在纸条上的数字有5个，分别是3，4，6，7，8，纸条上只能有3个数字，显然也不正确。所以假设错误，1不在纸条上。用同样的方法，可推出4不在纸条上。

我们知道了2，5在纸条上，从甲猜测对了两个数字可知3，4不在纸条上。这样，在纸条上的数字可能是2，5，6，7，8中的4个。

最后，我们来看丙猜的情况，从他猜测的4个数可知7与8只能有一个数在纸条上。如7在纸条上，纸条上的数为2，5，6，7。我们发现丁猜对了6，7，显然与题目矛盾。再来检验8，发现刚好能符合条件。

所以，只有一种可能，纸条上的数字是2，5，6，8。

100. 无限接近10

当然可以：3.3 + 3.3 + 3.3 ≈ 10。本题的难点在于对“.”的运用。一般的，我们能想到“.”可能是小数点，如3.3，可能是乘法符号3·3，可能是比例符号，如3：3。这些符号能组成3：3·3：3 + 3·3=10，可它与题目中的“无限接近”10不相符合。那么，如何体现“无限接近”10呢？这要从“……”中想办法，这样“.”作为循环小数的循环节就不难想到了。至此，问题也明朗了：

3.3 + 3.3 + 3.3 ≈ 10。

101. 重排地砖

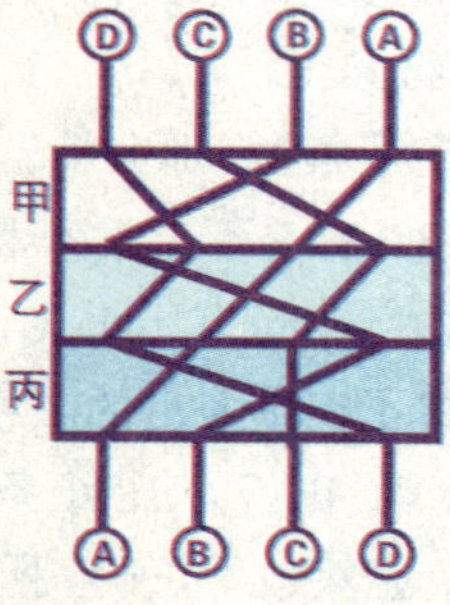

102. 多少条鱼

12条。

观察价格，你就会发现青鱼、刀鱼、鳜鱼的价格都是13的倍数，也就是说，无论这三种鱼卖多少条，其价格总数也一定是13的倍数。

用1条鲤鱼的价格170除以13的余数是1，同理对比，用总钱数3600除以13，余数是12，说明鲤鱼一共有12条。

103. 找相同的布局设计图

B和F。

104. 狗的难题

狗的路线是：1→7→9→2→8→10→3→5→11→4→6→12。

105. 数学迷的游戏

露斯的年龄是50岁。这道题要求解题者既想到代数计算又会合理分析。首先，在已给两个条件下，我们可以算出各种可能的年龄组合：

2450 = 7 × 7 × 5 × 5 × 2；这意味着可能的组合有：

(1) 2，5，245
(2) 2，7，175
(3) 2，25，49
(4) 5，7，70
(5) 5，10，49
(6) 5，14，35
(7) 7，7，50
(8) 7，10，35

这些年龄之和又分别是：

(1)252；(2)184；(3)76；(4)82；(5)64；(6)54；(7)64；(8)52。

杰克是知道亨利 + 杰克等于多少的，可是他却说他算不出来！这意味着亨利＋杰克＝64。因为其他结果都会马上导致杰克将年龄组合分析出来。而64这样一个结果使得他不知道是第五种还是第七种组合。但他却又知道露斯的年龄，于是根据A、B、C都比露斯年轻这一信息，他马上可以断定，第七种组合不符合要求。反过来，我们也可以根据杰克后来知道了结果这一信息，可以断定露斯只能是50岁，因为露斯哪怕大一点点，为51岁，杰克就无从找出唯一的年龄组合，使得满足所有已知信息。

106. 依序找图

B图。方格中每一个箭头均按逆时针的方向旋转90度，即可得到下一图。

107. 考考你的注意力

1—M	2—G	3—R	4—H
5—D	6—S	7—E	8—B
9—K	10—F	11—P	12—C
13—I	14—A	15—J	16—L
17—0	18—N	19—Q	20—T

108. 漂洗海绵

首先将100克清水分为17克、17克、17克、17克、16克、16克共六份，一份一份地对海绵进行清洗。最后的浓度为 $(10/27)^4\times(10/26)$，约为0.278%＜0.3%。

这里，没有把100克清水分成六等份，主要是想凑成整克数，这样看起来可以自然一些。其实把100克清水分成六等份，经六次清洗后，墨水浓度将变为 $[10\div(10+100/6)]^6$，其近似值也是0.278%，但再精确几位小数，将发现它比 $(10/27)^4\times(10/26)$ 稍稍小一点。可以证明，把100克清水分成若干份进行清洗，在分成同样份数的条件下，总是分成等量比分成不等量更有效。

109. 小蚂蚁搬家

将立方体展开（如下图），*A*和*B*的连线即是最短路线。

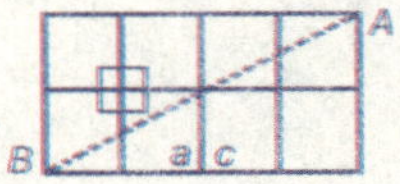

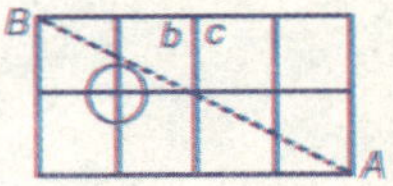

110. 奇妙幻星

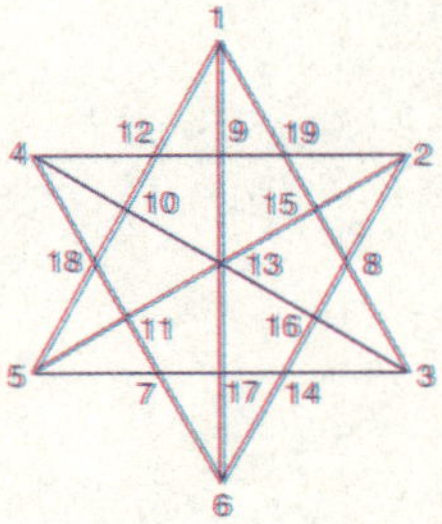

第二部分

观察探索思维游戏

枯燥的数字、抽象的图形、难解的逻辑都可以变成趣味的思维游戏，只要你有足够的观察力与想象力，只要你有足够的兴趣去探索，一切难题都将不在话下！

111

魔幻正方

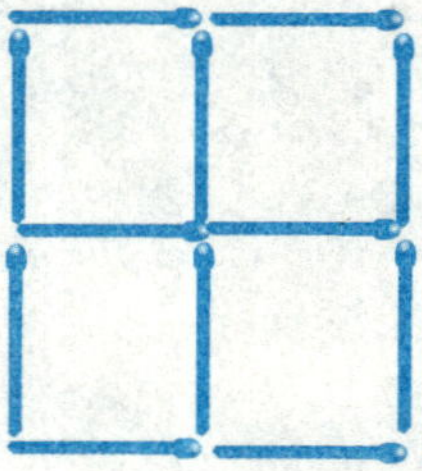

用12根火柴可以摆成4个相等的正方形。那么你能完成下面的变形吗?

①拿掉2根火柴，变成2个正方形；

②移动3根火柴，形成3个相等的正方形；

③移动4根火柴，变成3个相等的四边形；

④变动4根火柴，会变出10个正方形。

112

巧填数字

这一数列的最后一个数字是什么?

1 3 2 6 4 12 8 24 ?

113

弹头不见了

一天晚上，一声枪响之后，富翁乔迪死在了别墅的花园里。警方到现场调查，见乔迪胸口有一处伤痕，是被子弹射中造成的。解剖发现，子弹击中了心脏，伤口有10厘米深，但是，却找不到弹头。

经过警察努力侦查，发现凶手是一名职业杀手。为了在杀人后不留下任何线索，因而他采用了一种特制的弹头，这种子弹头射进人体后会自动消失，而不被警方发现。

你知道这种特制的弹头是用什么做的吗?

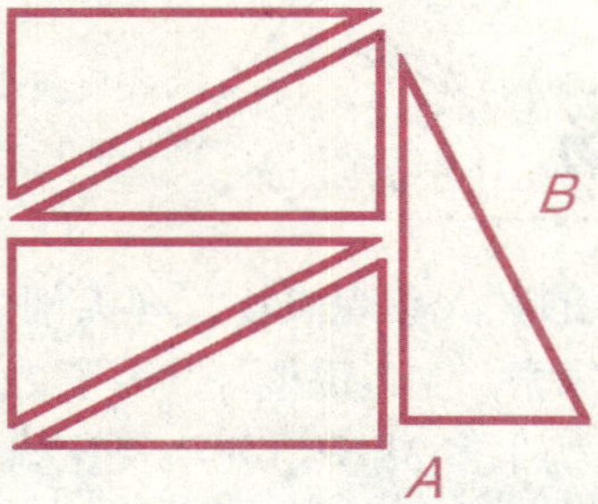

114

巧拼正方形

如左图，有5个全等的三角形，B边是A边的2倍。要求你在其中的一个三角形上剪一刀，然后把这5个三角形拼成一个正方形。

115

猜硬币

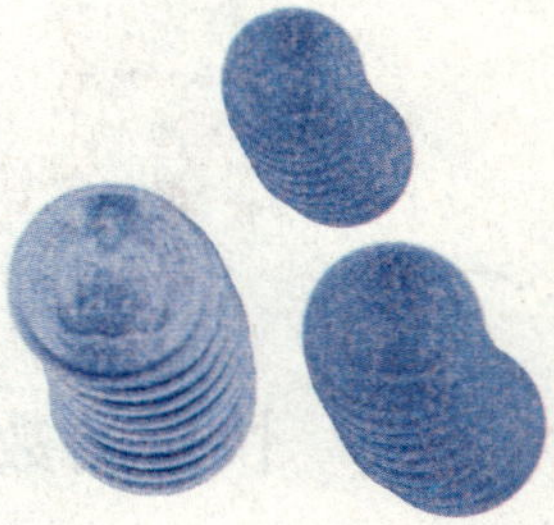

找12枚硬币，包括1分、2分和5分，共3角6分。其中有5枚硬币是一样的，那么这5枚一定是几分的硬币？

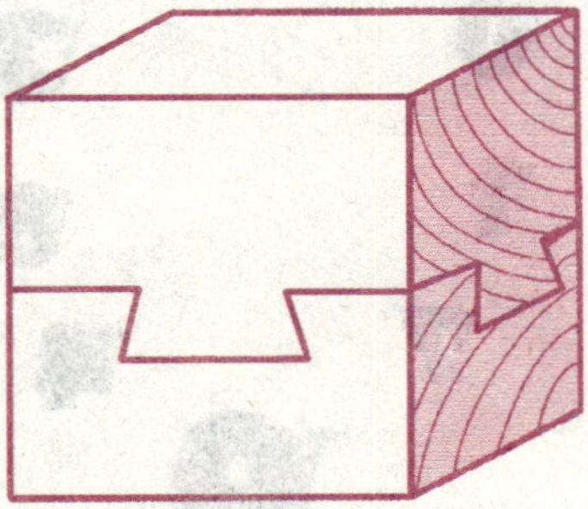

116

积木的组合

专门制作积木的张师傅，把两个积木组合成左图中的形状。当然，它的反面也是同样的外观。

请问，他到底是怎么做到的呢？

117

伪装的假象

一个初秋的早晨，在一片森林中一棵大树下的一顶帐篷里，有人发现了失踪的老地质队员的尸体，他好像是在这儿被人杀死的。

然而，公安人员得知他是个老地质队员后，只看了一眼现场，就马上下了结论：

“罪犯是在其他地方作的案，然后又将尸体转移到这里来，伪装成在帐篷里被杀的假象。”

此结论的理由何在？

118

参观农场

一群来自城市的客人参观农场，客人问主人的农场养了些什么家畜。主人说他一共养了224只家畜，其中绵羊比奶牛多38只，奶牛又比猪多6头。这时，刚好遇到附近另一个农场的人来用奶牛换绵羊，他把主人75%的奶牛按照一头奶牛换5只绵羊的比例换走了。现在你知道这个农场主分别养了多少头奶牛、多少只绵羊、多少头猪吗？

119

快乐的数字

知道什么叫快乐数吗？一个数将它每位数的数字平方，再加起来，然后重复前面的程序，如果最后能得到1，那么，这个数就是快乐数。以139为例：

$1^2+3^2+9^2=91$；$9^2+1^2=82$；$8^2+2^2=68$；$6^2+8^2=100$；$1^2+0^2+0^2=1$，所以139是快乐数。

你能找出20以内的快乐数吗？

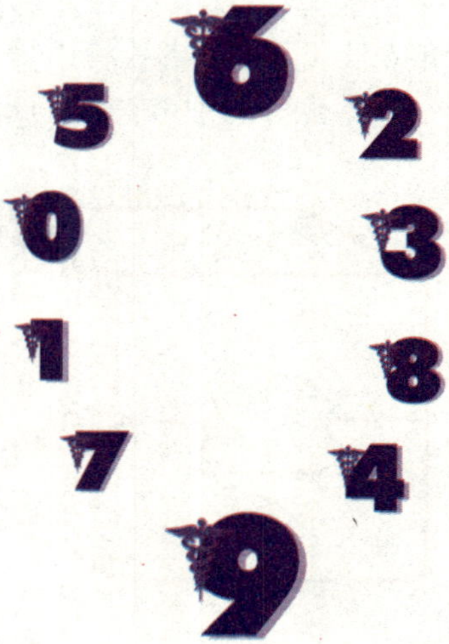

120

平均分配

在一块正方形的土地上，住了4户人家，刚好这块土地上有4口池塘。怎样才能把土地平均分给4户人家，而且每一户人家都有一口池塘？

121

一山更比一山高

羽根是一个职业小偷。一天，他溜到地铁上去作案，先偷了一位时髦小姐的钱包，等她下车后他又接连偷了一位西装革履的男子和一位白发苍苍的老太太的钱包。他兴高采烈地下了车，躲在角落里清点了一下，发现3个钱包里总共不过10万多日元，接着他又惊叫起来，原来与这3个钱包放在一起的他自己的钱包也不翼而飞了，那里面装着1000多万日元呢！他口袋里还有一张纸条，上面写着："让你这该死的小偷尝尝我的厉害，看看你偷到谁头上来了！"

猜猜看，那3个人中，究竟是谁偷了羽根的钱包呢？

24	?	21
22		45
5	38	17

122

排列数字

按照左图中数字排列的规律，问号处应是什么数字？

123

如何称体重

皮皮、琪琪和皮皮的弟弟3人将家里的一些废品，如废报纸、塑料瓶和一些酒瓶用编织袋装好抬到废品站里去卖。卖完后，见废品站里有一秤，3人都想称一称自己的体重。可废品站的叔叔说，这台秤最少要称50千克，他们3人都只有25到30千克，不能称他们的体重。真的不能称吗？皮皮他们3人很失望，正准备离开时，一位阿姨说，他们可以用秤称出各自的体重。真的可以哟！一直在想办法的皮皮忽然也想到了，只需称3次就可得出各自的体重。称完后，废品站的叔叔阿姨都夸皮皮聪明。皮皮他们3人别提有多高兴！你知道皮皮是怎样称的吗？

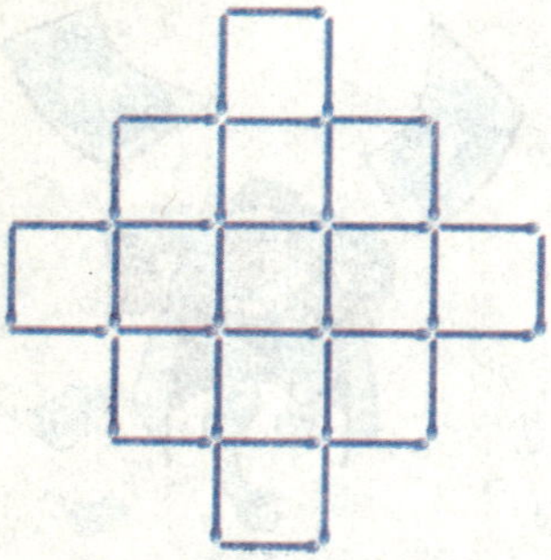

124 不变的“十”字

用36根火柴可拼成一个由13个小正方形组成的红“十”字图案，从中拿走4根，去掉5个小正方形，而“十”字图案却依然不变。

125 计算年龄

马丁带着一家人坐火车回家乡。车上遇到一个爱唠叨的人，不停地问这问那，最后问起了马丁一家人的年龄。马丁有些不耐烦，所以就说：“我儿子的年龄是我女儿的年龄的5倍，我老婆的岁数是我儿子岁数的5倍，我的年龄是我老婆年龄的2倍，把我们的年龄加在一起，正好是祖母的年龄，今天她正要庆祝81岁的生日。”

爱唠叨的人想了一会儿还不明白。你知道马丁的儿子、女儿、老婆以及他自己到底是多少岁吗？

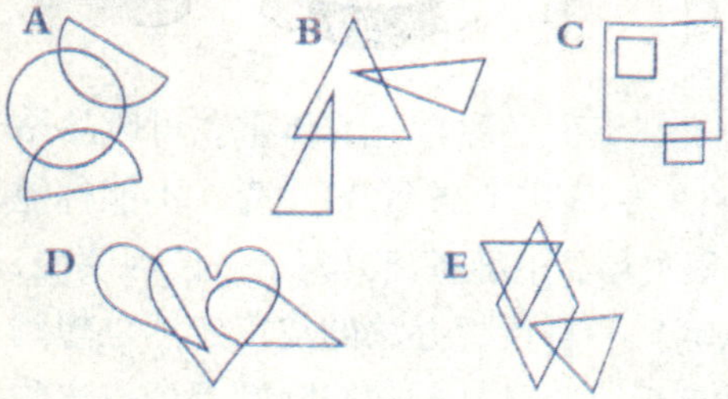

126 哪个图形与众不同

你能看出左边5个图形中，哪一个是与众不同的？

127 “3”的趣味计算

在下列十则算式中添上四则运算符号，使等式成立。

（1）3 3 3 3 3 = 1

（2）3 3 3 3 3 = 2

（3）3 3 3 3 3 = 3

（4）3 3 3 3 3 = 4

（5）3 3 3 3 3 = 5

（6）3 3 3 3 3 = 6

（7）3 3 3 3 3 = 7

（8）3 3 3 3 3 = 8

（9）3 3 3 3 3 = 9

（10）3 3 3 3 3 = 10

128 月圆之夜的凶案

在东北的一个小镇，一条小河从东向西流过小镇。一个月圆之夜，一桩谋杀案，打破了小镇的平静，法医推算出案件应该发生在晚上21点左右，并且很快找到了嫌疑犯，刑警立即对他进行审问。

“昨晚21点左右你在哪儿？”

“在河边与我的女朋友谈话。”

“你坐在哪边河岸？”

“在南岸。昨夜是满月，河面上映出的月亮真好看！”

“你说谎！这么说，罪犯就是你。”

请问，刑警的根据是什么？

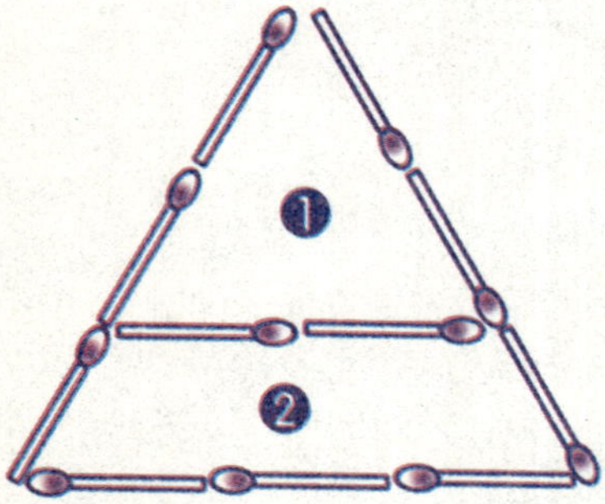

129 分割三角形

这是应用问题的一种。

用两根火柴将9根火柴所组成的正三角形分为两部分。请问①和②两个图形哪一个面积比较大？

130 重叠的三角形

将两个正三角形重叠做出一个星形，在重叠的图形中再做一个小星形，即阴影部分。大星形的面积为20 cm^2，那么小星形的面积是多少？

131 姐妹兄弟

男孩米琪的姐妹与他拥有的兄弟一样多。他的姐姐米莉拥有的姐妹却只有她拥有的兄弟数量的一半。

请问：他们家共有多少个孩子？

132 叶丽亚的年龄

人们都知道叶丽亚小姐长得漂亮，可很少有人知道她确切的年龄。只听人说，她的岁数非常有特色：

① 它的3次方是一位四位数，但4次方是一位六位数；

② 四位数和六位数由0~9这10个数字组成，且不重复。例如：如果四位数是“1234”，那么六位数的数字只能由“5，6，7，8，9，0”组成。

你能推算出叶丽亚小姐的芳龄吗？

133

拼正方形

有一块游戏板，如果要把它拼成一个正方形的小黑板，只需沿着其中的两条直线锯开就可以了。谁会做？

134

找规律填数字

依据下列数字的排列规律，填出问号处的数。

1，5，14，30，？

135

排列规律

你能找出下列数列的排列规律吗？请根据各自的规律找出问号所代表的数字。

A　1 5 10 50 100 ? ?

B　3 8 23 68 ?

136

K 金问题

黄金的 24K 是指百分之百的纯金，因此 12K 就是纯度为 50%，18 K 是 75%。当你在买金制品的时候，上面的纯度记号却是：375 表示 9K，583 表示 14K，750 表示 18K。请问：946 表示多少 K？

137

哪个图形是错误的

下面4个方形之中的图形是按一定逻辑规律变化的，但其中有一个是错误的。你能找出是哪一个吗？

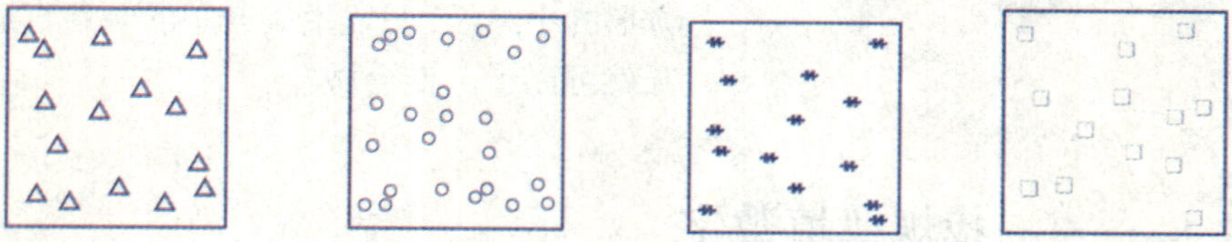

A　　B　　C　　D

138

求和方阵

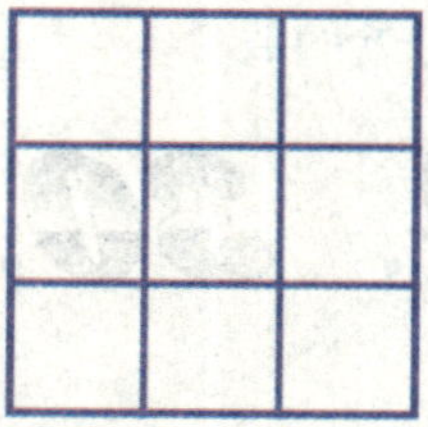

2	7	6
9	5	1
4	3	8

我们知道用9个自然数能排成一个其纵向、横向、斜向相加之和均为15的魔术方阵（如左图）。现在，你能找出9个不同的自然数，排成一个其纵向、横向、斜向相加之和均为18的方阵吗？

139

百变图形

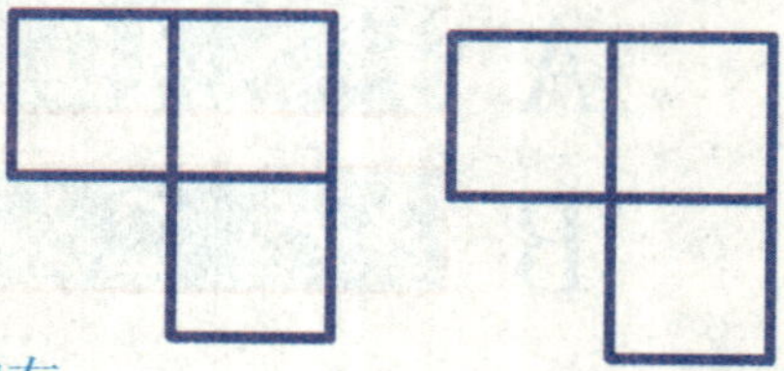

你能用2个弯曲的三方格图形（如右图）组成多少个不同的图形？

140

猜数字

你知道问号处代表的数吗？

1, 1, 2, 3, 5, 8, 13, 21, ?

141 下一个数是多少

从前面的几个数的排列规律中，你能推出问号代表什么数吗？

1, 4, 9, 16, 25, 36,

49, 64, 81, ? , 121

142 找破绽

由于前一夜下大雪，这天早晨的气温降到摄氏零下 5 度。

刑警就一桩凶杀案在询问嫌疑犯不在场的证明：“昨晚 23 点左右你在哪里？”

这位寡居的女性回答说：“大约 21 点半，我的旧电视发生短路，然后停电了。因为我对电器一窍不通，自己无法修理，所以只好睡了。今天在你们来访前半个小时，我打电话给电器行，他们却告诉我，只要把大门口的安全开关打开便会有电。没想到竟会这么简单！”

但刑警只扫了一眼旁边鱼缸里游动的热带鱼，便知道了她话里的破绽。

请问：证据何在？

143 计算数字

请找出问号所代表的数字。

0 2 3 2 4

5 0 3 7 8

2 4 3 9 9

2 2 2 1 ?

144 找数字

?	7	4	8	9	0
3	5	0	2	6	7
1	2	4	6	2	3

你能看出左图问号处应该填什么数字吗?

145 钟表上的数字

从12:00到24:00，时钟上会出现多少次至少有3个数字一样的情况?

146 恢复等式

下面的数字是一个等式，但是这个等式中的所有加号和减号都被擦去，并且其中两个数字实际上是一个两位数的个位和十位。你能让这个等式恢复到正确的形式吗?

1 2 3 4 5 6 7 8 9 = 100

147 开关的难题

对一批编号为1～100、全部开关朝上（开）的灯进行以下操作：凡是1的倍数向反方向拨一次开关；2的倍数向反方向又拨一次开关；3的倍数向反方向再拨一次开关……操作100次。请问：最后为关灯状态的灯的编号是多少?

148

摆火柴

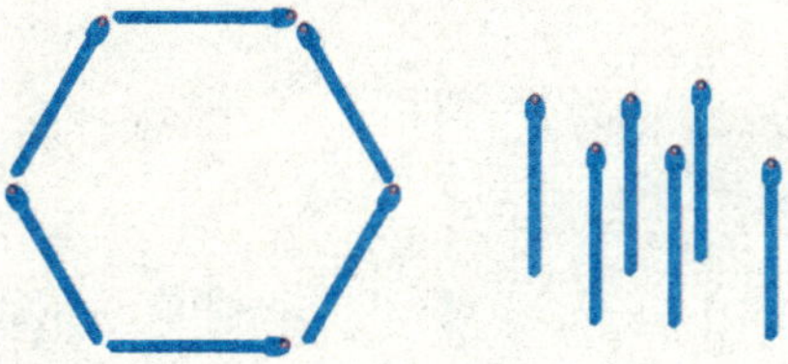

6 根火柴可以拼一个正六边形。再给 6 根火柴，在这个六边形内摆出另一个六边形和 6 个三角形。

149

菱形中的计算

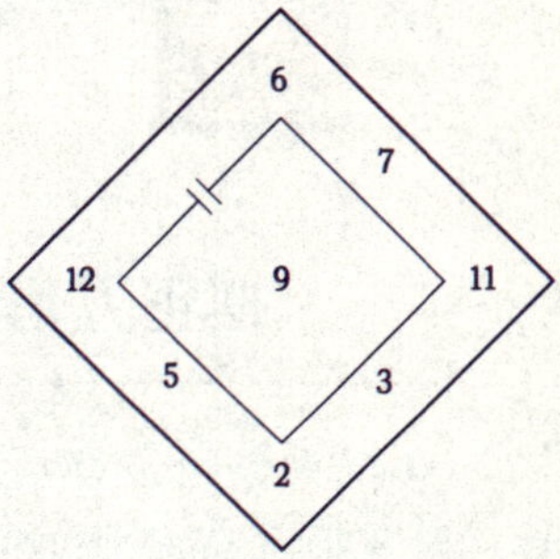

右图中自菱形上尖端的数字开始，顺时针方向经过 6 道加、减、乘、除运算，最后得数为 9。请在数字间填上相应的加减乘除符号。

150

填符号

请在下列算式中填上加、减、乘、除运算符号，使等式成立。

1 2 3 4 5 = 6789

151

哪一句话正确

凯特说：“所有的人都是有逻辑的。”

如果她说的这句话是不正确的，那么正确的应该是下面的哪一句话？

A. 全部的人都没有逻辑

B. 有的人没有逻辑

C. 有逻辑的便是人

D. 有的人有逻辑

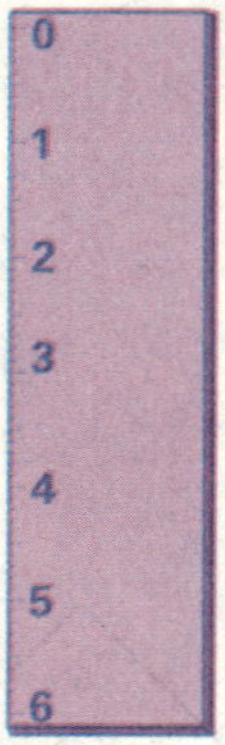

152

设计尺子

左图是一把12厘米的小尺子，它少了一半刻度，但同样可以量出1至12厘米之间的长度。你能设计一把类似的、用最少刻度的6厘米尺子吗？

153

摆正方形

16根火柴可以摆成4个正方形，现在把火柴减到15根、14根、13根、12根，仍然要摆出4个正方形。你认为可能吗？

A	B	C	D	E
6	2	0	4	6
7	2	1	6	8
5	4	2	3	7
8	2	?	7	?

154

数字表格

左图表格中的数字摆放有一定的规律，请你找出规律，并填出问号处的数。

155

奇妙的六边形

把1至19这19个自然数填入右图19个正六边形中，让每一列的数字（不管是3个数还是4个数，或者5个数）之和都等于38。如果你填好了，你会得到一个独一无二的魔术六边形。

156 皮皮的彩笔

皮皮有15支颜色不同的彩笔，如果他每天拿两支不同的彩笔去学校，总共可以用105天。昨天他又买了1支不同颜色的彩笔，请问：他总共可以用多少天？

157 5个5的算式

在下列算式中添上四则运算符号，使等式成立。

（1）5 5 5 5 5 = 100

（2）5 5 5 5 5 = 100

158 添1变18

右图含有7个大小不等的三角形，你能找一个三角形加上去，使图内含有18个大小不等的三角形吗？

159 和为26

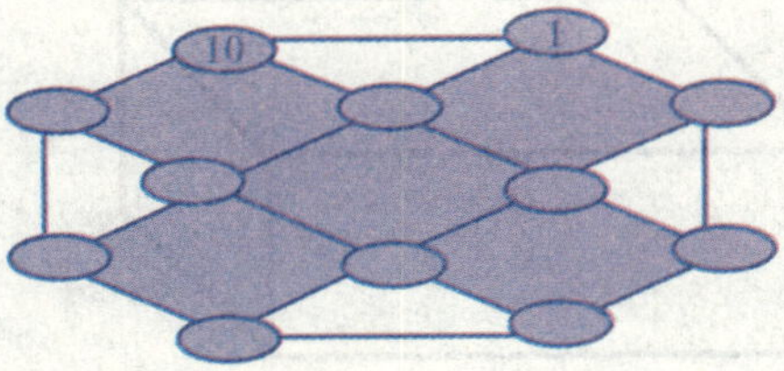

把数字1到12不重复地填入左图由菱形组成的迷宫中，使每一个菱形四个角上的数之和都是26。

160 改错题

这是一道错误的算式，只要移动其中的1根火柴，就会改正这个错误。请问该移动哪一根呢？

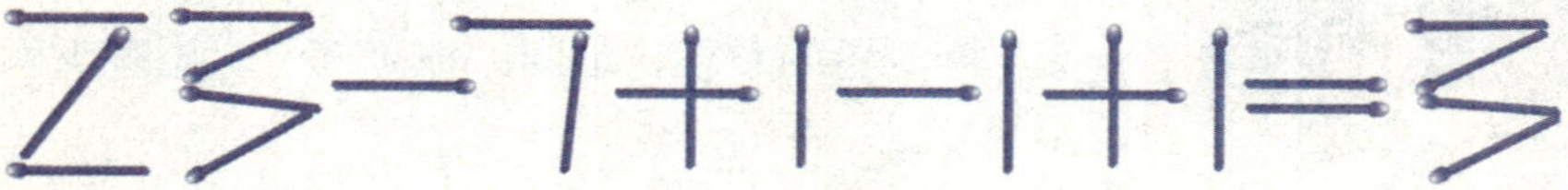

161 锯木料

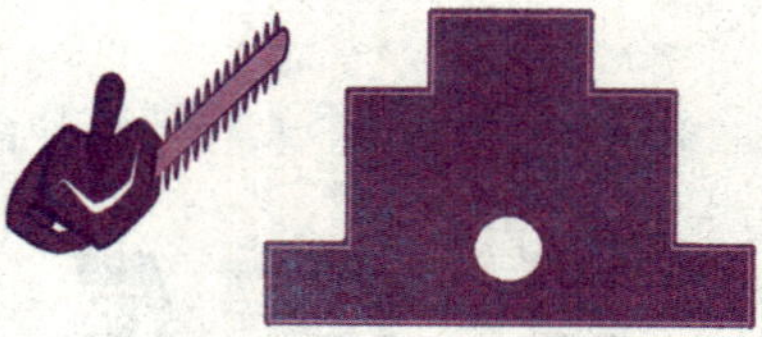

有一块木料（如右图），要把它锯成形状、大小完全相同的4块。该如何分？

162 多少岁

一个人自从他出生以来，每年生日的时候都会有一个蛋糕，上面插着等于他年龄数的蜡烛。迄今为止，他已经吹灭了231只蜡烛。你知道他现在多少岁了吗

163 巧量对角线

一块砖（如右图），你能用一根米尺量出对角线 *AB* 的长度吗？

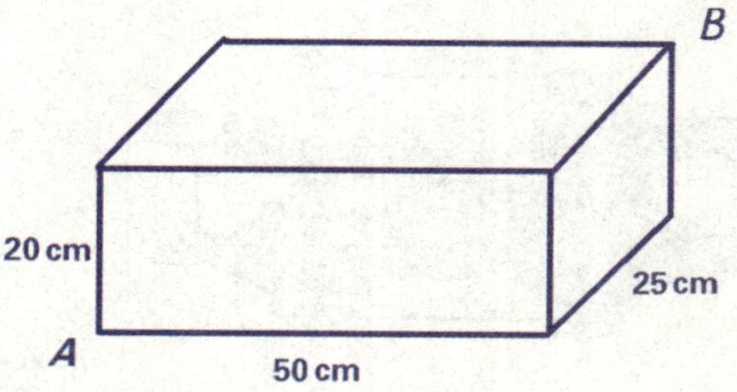

164 插入符号

你能在“987654321”中插入7个“+”或“-”号，使整个算式的计算结果等于0吗？

987654321=0

165 卖掉多少件商品

大刚在农贸市场摆摊卖炊具，他只卖3种东西：炒锅每个30元，盘子每个2元，小勺每个0.5元。一小时后他共卖掉100件东西，获得200元。已知每种商品至少卖掉两件，请问：每种商品各卖掉多少件？

166 天使迷宫

这是一个简单的填字游戏，只要把ANGEL（天使）这5个字母填入这5×5的迷宫中，使每行、每列都要包含ANGEL这5个字母。只要你高兴，你就是天使。

			G	N
	N	L		
N				E
		N	L	
G	A			

167 问号处该填什么

你能看出最后一个三角形的右下角问号处应该是什么数字吗？

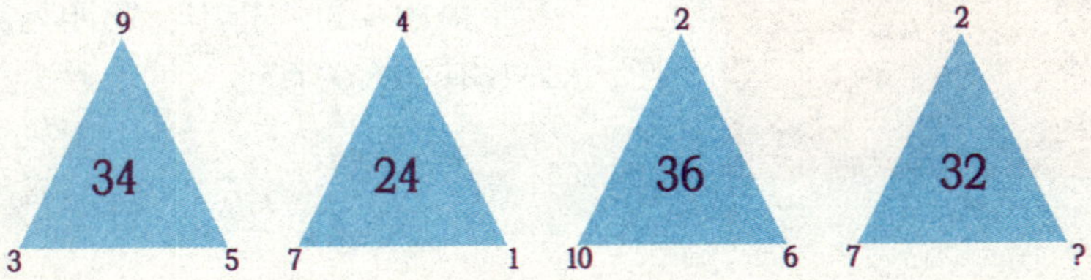

168

怎么移火柴

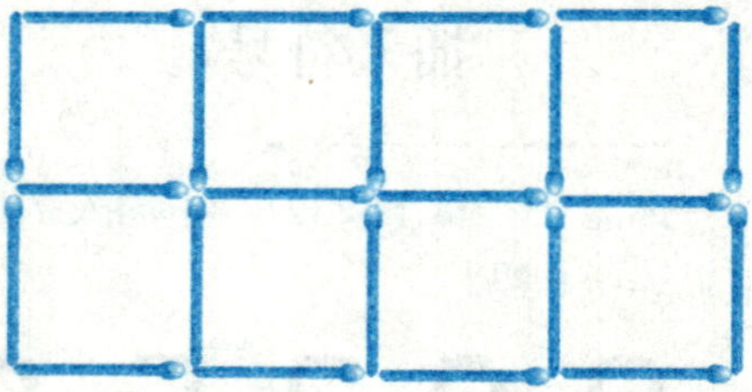

要把右图中的8个正方形变成5个相等的正方形和5个不相等的正方形，而且只许去掉4根火柴。怎么移动？

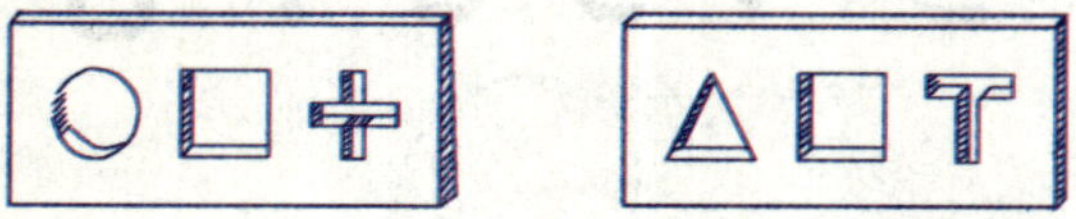

169

塞洞眼

如上图所示，有两块木门，每块木门有3个形状不同的洞眼。你能设计两个木塞，第一个能够塞住左边的3个洞眼，第二个能塞住右边的3个洞眼吗？

170

硬币的数量问题

某人喜欢收藏硬币。他把1分、2分、5分的硬币分别放在5个一样的盒子里，并且每个盒子里所放的1分的硬币数量相等，2分的硬币数量也相等，5分的硬币数量也相等。

没事的时候拿出来清点，把5盒硬币都倒在桌子上，分成4堆，每一堆的同种面值的硬币的数量都相等。然后把其中两堆混起来，又分成3堆，同样每一堆里的同种面值的硬币的数量相等。好了，问题来了，你知道他至少有多少个1分、2分和5分的硬币吗？

2	9	6	24
4	4	3	19
5	4	4	24
3	7	1	?

171

问号处代表什么数

左图中是一些数字组成的表格，问号处代表什么数？

小提示：每一行中，第四列数与前面三列数有什么关系？

172

有趣的日历

星期日一上班，罗伯特就接到一大堆事情，回到座位瞧见日历，他叹了一口气："原来今天13号，真是倒霉。"然后罗伯特拿出日程表对着日历安排起来，他发现了一件有趣的事情，这个月居然有5个星期二。这时安妮问罗伯特："这个月的最后一个星期五我们安排活动，那天是几号啊？"

罗伯特在看日历，当然知道。但是你知道这个月的最后一个星期五是几号吗？

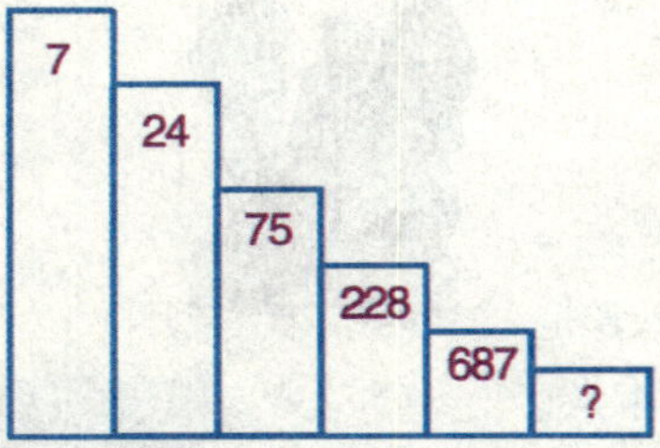

173

阶梯求数

请找出问号代表的数。

174

数量加倍

13根火柴排成右图，可以看出有3个梯形。现在请你移动其中的2根，把梯形的数量加倍。

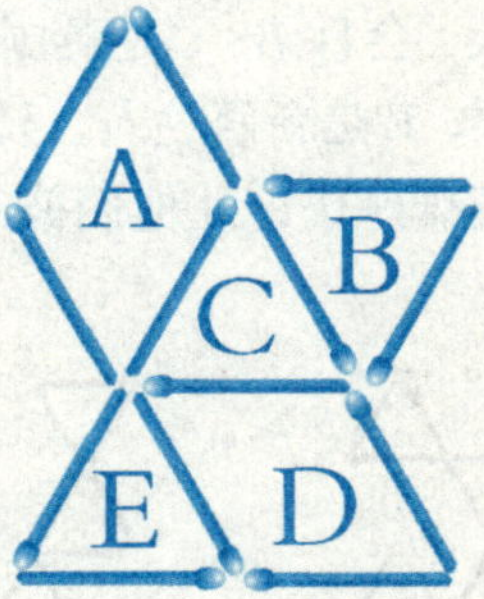

175

一共花了多少钱

尼吉太太从超市回来，路过邻居摩尔太太的门口，两人闲聊。尼吉太太说："我用每串30美分的价格买了几串黄香蕉，又用每串40美分的价格买了同样数量的绿香蕉。后来我想了想，就把钱平均分配，分别购买香蕉时，却发现所买的香蕉多了两串。"

"你一共花了多少钱啊？"摩尔太太问。

"就是啊，我一共花了多少钱呢？"

尼吉太太有点糊涂，想不起花了多少钱，你能帮她想出来吗？

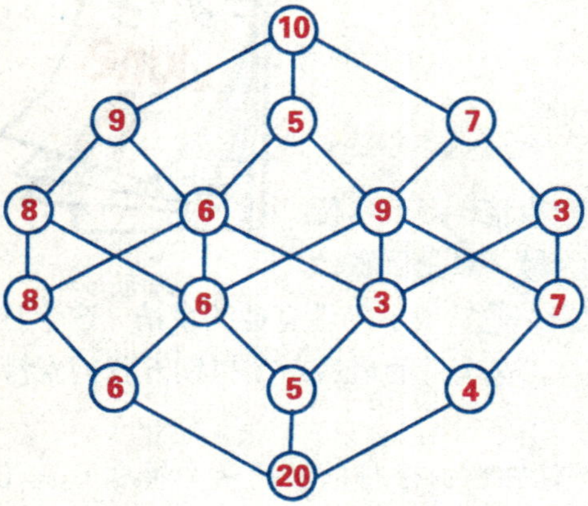

176

找路线

请从左图最上面的数字 10 开始，每次往下尽量寻找一条路线，直到最下面一个数字 20 为止。写出分别满足以下两个条件的两条线路：
①使该路线所经过的数字之和为49。
②使该路线所经过的数字之和为54。

177

联欢晚会

在某外国语学院举行的圣诞节联欢晚会上，一个圆桌周围坐着 5 个人。A 是中国人，会英语；B 是法国人，会日语；C 是英国人，会法语；D 是日本人，会汉语；E 是新西兰人，只会说英语。你能巧妙地为他们安排座位，让他们彼此间都能交谈吗？

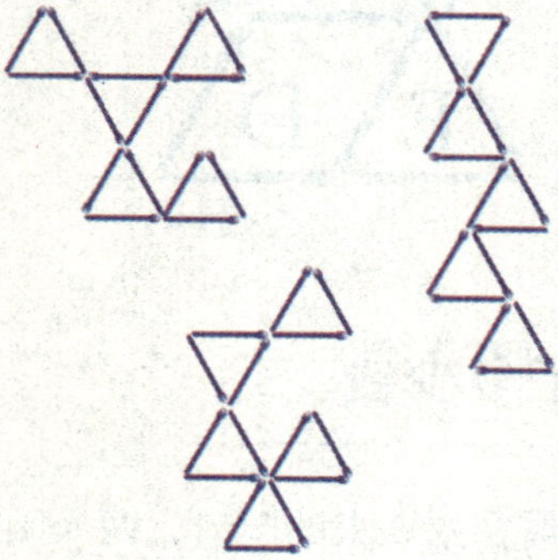

178

7 个三角形

你能将左面每个图的火柴分别移动3根，使它们各自变成有 7 个大小相等的三角形的图形吗？

179

表格求数

表格中问号代表什么数？

2	5	8
7	4	1
12	9	?

180

找出多余的字母

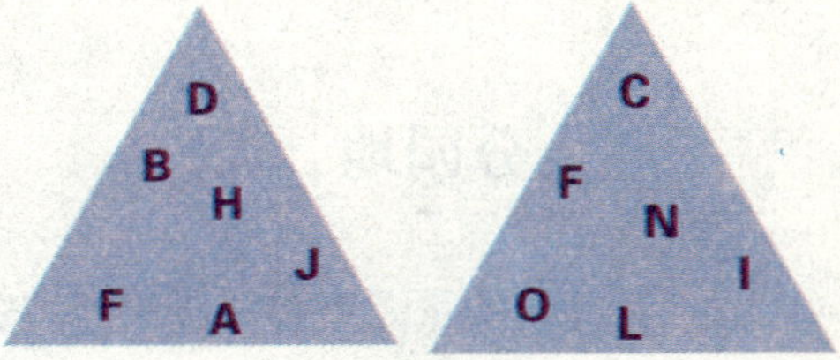

请找出两个三角形内字母的排列规律，并从中找出两个多余的字母。

181

单身公寓里的恋爱关系

杰克、亨利、怀特和布朗住在一家企业的单身公寓里面，住在对面公寓里的是丽莎、梅森、梅莉和莎娜四位漂亮的小姐。他们各自喜欢着对面公寓的某一个人，同时也被对面公寓的某一个人喜欢着，却一直都没有人能够如愿以偿。因为：

杰克喜欢的女孩所喜欢的男孩爱莎娜；

亨利喜欢的女孩所喜欢的男孩爱梅莉；

怀特喜欢的女孩希望跟布朗交往；

丽莎喜欢的男孩喜欢的不是梅森；

梅森和梅莉喜欢的都不是亨利。

那么，到底是谁在喜欢着杰克呢？

杰克　亨利　怀特　布朗

丽莎　梅森　梅莉　莎娜

182

找出例外的数

A、B、C、D、E 5组数字中，其中4组数有一个共同特性，只有一组例外。请找出这组。

A	561117
B	741115
C	921113
D	881624
E	771117

183

分园地

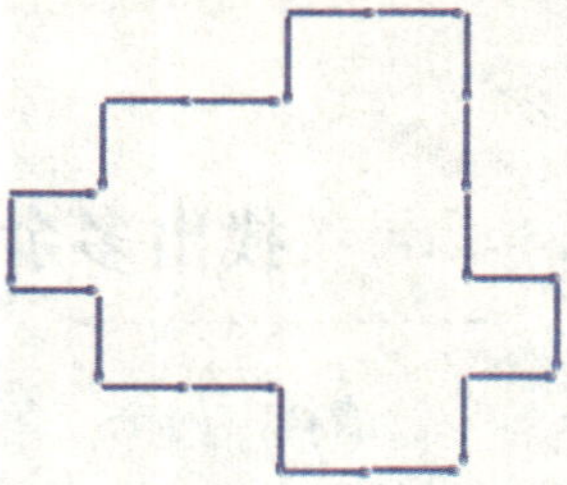

在一座美丽的花园里有一块园地，现在要用7根火柴把它分成形状和面积一样的3块。怎么分呢？

184

下一个数是多少

下列数字中，127后面的数字应该是多少？

7，19，37，61，91，127，？

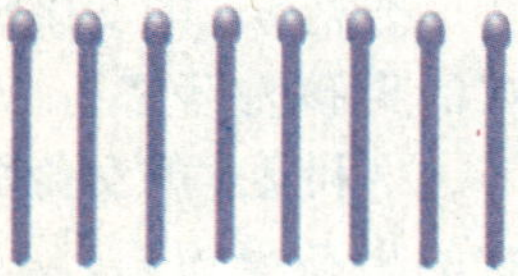

185

火柴拼图

用8根火柴能拼出由4个三角形、1个大的和1个小的正方形组成的图形吗？

186

增加的菱形

16根火柴可搭成3个大小不等的菱形，而且每次移动其中的2根火柴，菱形就会增加一个，连续移动5次后，菱形就变成了8个。你说这可能吗？

187

算24点

用5，5，5，1四个数算24点，规则大家都知道吧：加减乘除任意用，但每个数只能用一次。

A

22	49	11
75		6
30	82	19

B

49		
		19
75		82

188

旋转的数字

将A的数字沿一个方向旋转以后成为B，但其中有几个数字被抹去了，你能找出来吗？

189

猜谜语比赛

皮皮和琪琪进行猜谜语比赛，答对一题得6分，答错一题扣3分，最后皮皮得了80分，琪琪得了77分。可能吗？

190

歪打正着

欧皮皮陪马琪琪去一家商店买东西，马琪琪挑选了4件小饰品，欧皮皮心里算了一下，总共6.75元，其中有一件只有1元钱。马琪琪准备付钱时，欧皮皮发现店主用计算器算价时按的不是加法键，而是乘法键！他正准备提醒店主时，奇怪地发现，计算器算出的数字也是6.75元。店主没按错数字。那么，你知道这4件小饰品的单价各是多少吗？

191

扑克牌找错

扑克牌是大家很熟悉的一种娱乐玩具，但你注意过每张牌牌面的排列顺序吗？右面几张牌都有明显的错误，找找看，错在哪？

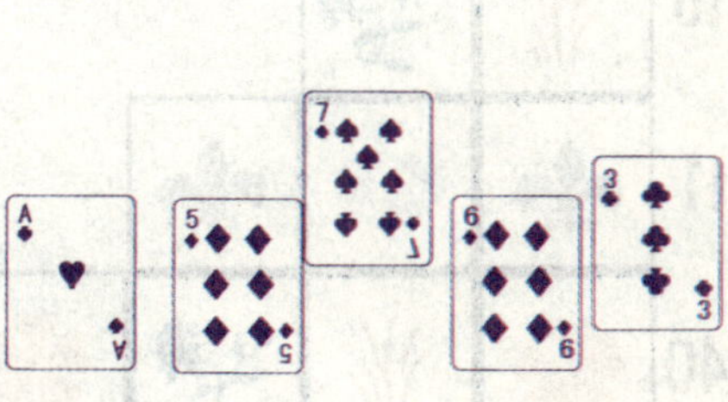

192

能换多少包薯片

现在薯片正在进行促销活动，商店免费以1包薯片与顾客交换8个包装袋。玛丽立刻行动起来，找到了71个薯片的包装袋。那么她最多可以换到多少包薯片呢?

193

喜欢看什么小说

某市的作家协会针对武侠小说、言情小说、科幻小说和历史小说的受欢迎程度做了一次社会调查，结果如下：

喜欢言情小说的读者不喜欢武侠小说。

不喜欢历史小说的读者喜欢武侠小说。

喜欢历史小说的读者不喜欢科幻小说。

那么，根据上面的结果，想一想下面的哪个叙述是正确的?

喜欢武侠小说的读者喜欢科幻小说。

喜欢言情小说的读者喜欢科幻小说。

喜欢武侠小说的读者不喜欢历史小说。

喜欢科幻小说的读者不喜欢言情小说。

194

看鲜花填数字

请问左图中问号处应填什么数字?

195

填数

问号处该填什么数?

1, 2, 4, 7, 11, 16, ？, 29, ？, 46

196

找相符的图形

请在下列4个图形中找出一个与左图相符（旋转一定角度或方向）的图形。

A　B　C　D

197

缺少的数字

先分析一下表格中的数字排列有什么规律，然后依规律填出表格中问号处缺失的数字。

4	5	3	4	8
9	8	8	8	8
8	4	9	3	5
7	3	6	?	9

198

用了多少次

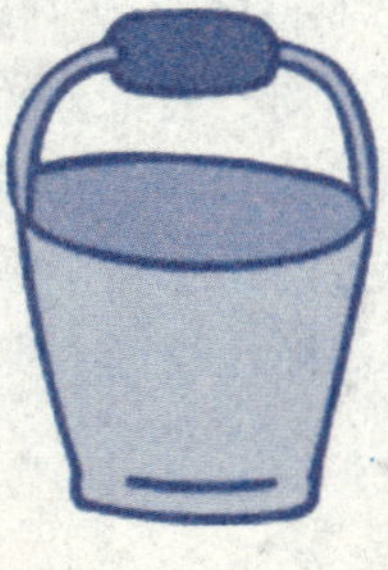

一个油桶装了126升油，一个人用2升、3升与5升的容器打油出售。他每次打油时，都把每个容器装满了。他统计了一下，使用3升容器的次数是2升的5倍。那么，你能推出每种容器各用了多少次吗?

199

猜颜色（1）

老师拿来3个红发卡和2个紫发卡。他让3位女孩同方向站成一排，A在前，B在中间，C在后，叫她们闭上眼，之后分别给她们各戴上一个红发卡，将两个紫发卡藏起。然后老师说，可以睁开眼了。这时，C可以看到A、B头上的发卡，B可以看到A头上的发卡，A什么也看不到。

请问：3位女孩中，谁能正确推断出自己头上所戴的发卡的颜色？

200

猜颜色（2）

还是3个红发卡和2个紫发卡。老师让3位女孩站成一个三角形，叫她们闭上眼之后分别给她们各戴上一个红发卡，将两个紫发卡藏起。然后老师说，可以睁开眼了。这时，丙可以看到甲、乙头上的发卡，乙可以看到甲、丙头上的发卡，甲也可以看到乙、丙头上的发卡。

请问：3人能否都推断出自己头上戴的发卡的颜色？

201

卖相机

张永暑假期间在表哥的相机店里帮助表哥卖相机，其中一种照相机卖310元。为了方便顾客，表哥让他把机身和机套分开卖，并且告诉他，机身比机套贵300元。

这天表哥出门，正好有一位顾客单买一个机套。张永想起了表哥的话，就给这位顾客要价10元，可顾客说他卖贵了。张永想了想说，不贵呀，表哥走的时候就是这么交代的。可那位顾客一口咬定，他前几天就是在这家店用5元钱买过一个一模一样的机套。他们正争执不下，表哥回来了，他告诉张永确实是他卖贵了。张永听了表哥的话感到很不服气，心里想：明明就是你让我这么卖的嘛！

你知道张永错在哪里了吗？

202

求小正方形的面积

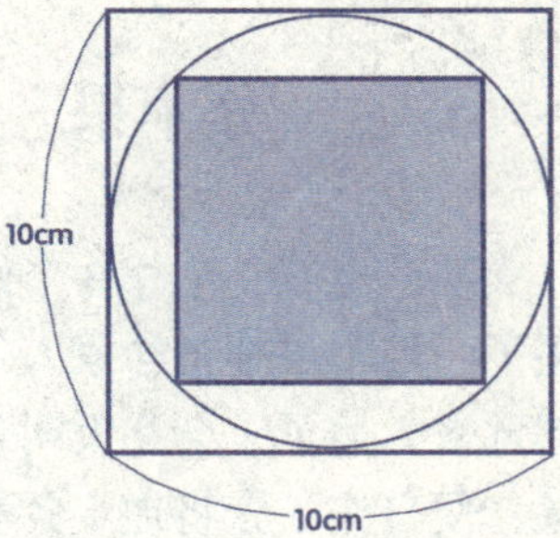

有一个边长10厘米的正方体。在里面画一个内接圆，在圆内再画一个正方形。

请问：小正方形的面积为多少？

203

立体计算

一个正立方体，如左图切去一个面的四个角。现在考考你：还剩多少个角？多少个面？多少条棱？

204

“1”的趣味算式

1 × 1=?

11 × 11=?

111 × 111=?

1111 × 1111=?

11111 × 11111=?

205

照样子列式

乔伊斯和凯丽是一对数学迷恋人，他们经常互相出题来考对方。在一次约会的时候，凯丽又给乔伊斯出了一道难题，并且说只要乔伊斯能够回答得出来，她跟他回家去见他的父母。问题是这样的：如果有1，2，3，4四个数，列出式子3 × 4 = 12；如果有1，2，3，4，5五个数，列出式子13 × 4 = 52。从例子中可看出，等式把所有的数都用上了。以此类推，请你用1~6、1~8、1~9和0~9这些连续数各组成等式。

结果，聪明的乔伊斯第二天就带着他美丽的凯丽回家去和父母共进晚餐了。那么，你知道答案是什么吗？

206 分苹果

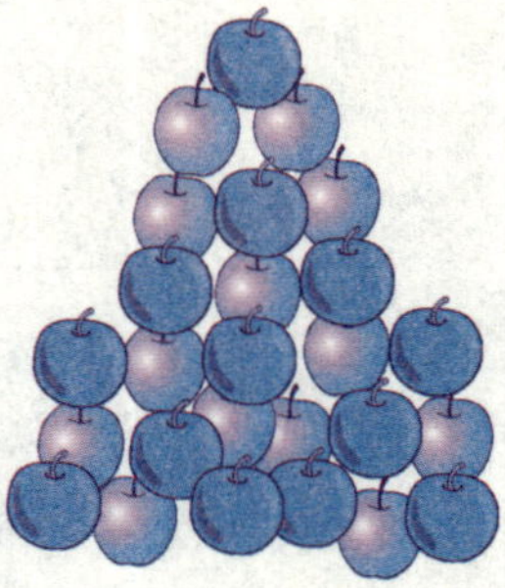

大明、老张、小李3个好伙伴在城里打工，年底合买了一堆苹果准备给家人带回去，然后三人都躺下睡起觉来。过了一会儿大明先醒来，看看另两人还在睡觉，便自作主张将地上的苹果分成3份，发现还多一个，就把那个苹果吃了，然后拿着自己的那份走了。老张第二个醒来，说道：怎么大明没拿苹果就走了？不管他，我把苹果分一下。于是也将苹果分成3份，发现也多一个，也把多的苹果给吃了，拿着自己那份走了。小李最后一个醒来，奇怪两个伙伴怎么都没拿苹果就走了？于是又将剩下的苹果分成3份，发现也多一个，便也把它吃了，拿着自己那份回家了。

请问：一开始最少有多少个苹果？

207 等于51

在算式中添上四则运算符号，使等式成立。

① 1	2	3	4	5	6	7	= 51
② 2	3	4	5	6	7	1	= 51
③ 3	4	5	6	7	1	2	= 51
④ 4	5	6	7	1	2	3	= 51
⑤ 5	6	7	1	2	3	4	= 51
⑥ 6	7	1	2	3	4	5	= 51
⑦ 7	1	2	3	4	5	6	= 51

208 时钟算式

你想知道如何破译密码吗？来做一道题，看你的破译能力。先看一看A和B两个图中时钟所组成的算式，然后破译出C算式的结果是多少。考验你的时候到了！

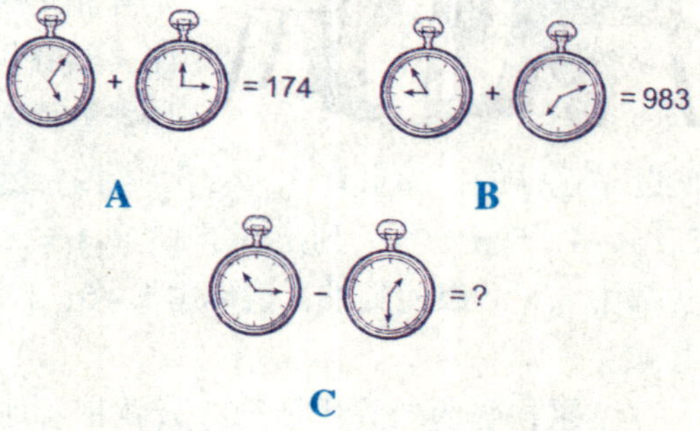

209 区分左右

你能分得清左和右吗？你可能觉得这么问有些多余，但有些时候人们不太能够分得清楚左和右。比如说下面的这种情况。

小娟的左边是小娜；

小娜的左边是小美；

小美的左边是小芳；

小芳的左边是小莲。

那么，小芳不一定是在小娟的左边吧？

210 哪一年出生

在一个名人的葬礼上，莫尔森问起死者的出生年份。麦吉答道：你不是很喜欢数学吗？现在告诉你几个信息：

（1）死者没有活到100岁；

（2）当死者 N 岁时，那一年正好是 N 的平方；今年是1990年，现在你该能算出他的出生年份来了吧？

那么，死者到底是哪一年出生的呢？

211 巧手拼桌面

有一个木匠想用剩下的一块多边形的木料（如右图）拼成一个正方形的桌面，本想多锯几下，又怕太零碎了桌面会不结实。最后他只把木料锯成了2块就拼出了正方形桌面。他是怎么锯的呢？

212 巧拼图形

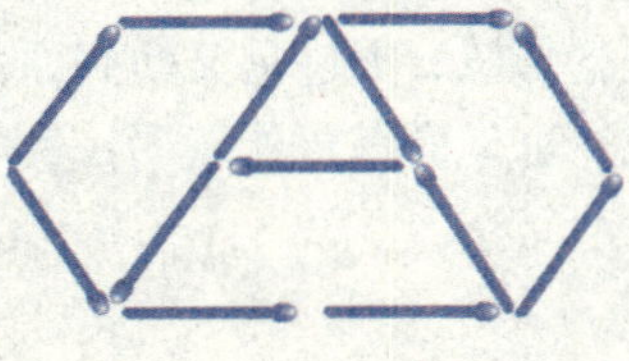

用13根火柴摆成左图，移动其中的4根火柴，使它变为有5个菱形、5个梯形、7个三角形的图形。

213 羽毛球循环赛

老王、大张、小李、明明和芳芳在一起打羽毛球，以每人互赛一场的规则进行循环赛。比赛的结果是：

老王：2 胜 3 败；

大张：0 胜 4 败；

小李：1 胜 3 败；

明明：4 胜 0 败。

请你根据他们的胜负情况，推算一下芳芳的战绩如何。

214 如何分车票

3 位旅客在火车票代办处预定了 3 张不同方向的火车票。王经理是上海人，黄总是北京人，孙经理是广东人。他们 3 个人一个去上海，一个去北京，另一个去广州。他们 3 人住在旅馆的同一个房间里，而且都很幽默。送票员把他们预订的车票送来时，王经理说他不想去上海，孙经理说他不去广州，而黄总他既不去北京，也不去广州。送票员一时被他们搞糊涂了，不知如何分配车票。这 3 张车票该如何分配呢？请你帮助送票员把车票分好，使他们都能顺利地到达目的地。

215 服装促销

某百货商城新进了一批最新款式的服装，很受欢迎，销量与日看涨。于是，该商城的总经理决定提价 10%。不久之后，服装开始滞销，他们又打出了降价 10% 的广告。有人说，百货商城实际上瞎折腾，不过是又回到原价位；有人说，百货商城不会干赔钱的事；也有人说，百货商城自作聪明，实际赔了钱。你说呢？

216

哪句话意思最相符

只是会说外文，不代表就是国际人。

下面所有选项中的句子，哪句话和上面这句话的意思相符？

①因为会说外文就可以称得上是国际人了。

②不会说外文就不算是国际人。

③一个国际人只会说外文是不够的。

④一个国际人一定要会说外文。

217

羚羊和猎豹赛跑

马戏团训练了一只猎豹和一只羚羊来赛跑，100米直线往返跑。猎豹1步跑3米，羚羊1步只能跑2米，但是猎豹跑2步的时候羚羊能跑3步。在这样的情况下，赛跑的可能结果是怎样的？

218

该填什么

图中问号处应为什么数字？

16	10	20	14
8	140	134	28
14	70	268	22
7	?	38	44

219

能否保持平衡

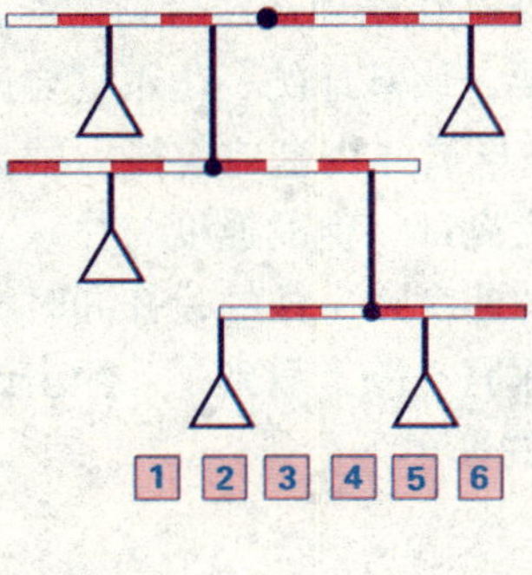

将左面的砝码放到秤盘上，使整组天平保持平衡（也就是说使这3根秤杆保持水平）。假设秤盘和秤杆的重量可以忽略不计，能做到吗？

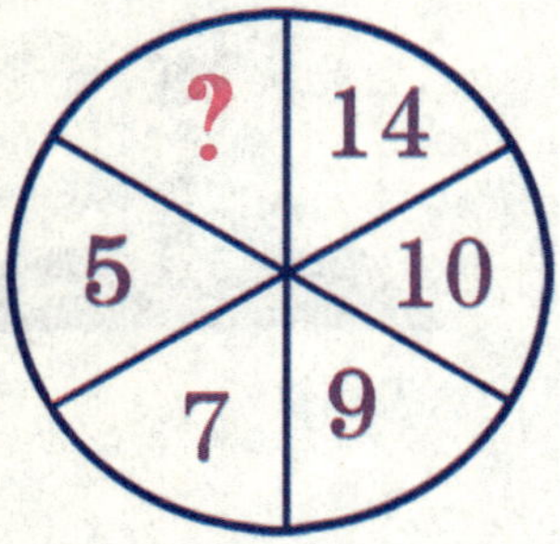

220 对应数

根据图中扇形内的数字排列规律，填出问号处对应的数。

221 5分钟谜题

有一个小院里住着3户人家，他们是王海、李江和蒋方，其中蒋方住在两家的中间。一个人是木匠，一个人是瓦匠，还有一个是鱼贩，可是谁也不知道他们3人各做什么职业，只是常听说鱼贩在王海外出不在的时候，到处追赶王海饲养的猫。而李江每次带女朋友到家里，木匠总是吃醋，咚咚地敲着李江的墙。你能在5分钟之内分辨出他们3人各自的职业吗？

222 相遇问题

某试验基地由于从事秘密的国防武器研究工作，离后勤基地比较远，后勤部每天都派出一辆军车往该基地运送后勤物资。后来由于工作的需要，该基地的一位军官要调到后勤部任职。他一早离开该基地前往后勤部报到，10天后到达后勤部。他的速度与往该基地运送物资的军车的速度是一样的，并同时相对出发，你知道该军官一路上看到了几辆去试验基地的运送物资的军车吗？

223

换硬币

先告诉大家美元的基本换算单位和币值，1 美元合 100 美分，小币值的硬币有 50 美分、25 美分、10 美分、5 美分和 1 美分。玛丽的硬币总共有 1.15 美元，可是她却换不开 1 美元，也换不开 50 美分，甚至连 25 美分、10 美分、5 美分都换不开。她的 1.15 美元到底是由哪些硬币组成的？

224

吃自助餐

有一群开派对的学生去吃自助餐。每两人吃一碗米饭，每 3 人喝一碗汤，每 4 人分享一碗鸡肉，共吃了 65 碗。请问：有多少学生参加了这个派对？

225

孤儿院的孩子们

亨利送了 24 个苹果给孤儿院。院长按他们 3 年前的岁数把苹果分给孤儿院的库克、凯特和鲍勃 3 个孩子，正好分完了所有的苹果。其中库克最大，鲍勃最小。

最小的孩子鲍勃最伶俐，他提出这样分不公平：“我只留一半，另一半送他们两个平分。然后凯特也拿出一半让我和库克平分，最后库克也拿出一半让我和凯特平分。”院长同意了，结果 3 人的苹果就一样多了。

算一算他们 3 人各有几岁。

226

妙进城堡

有一座城堡，城主下了一道命令，不许外面的人进来，也不许里面的人出去。看守城门的人非常负责，每隔10分钟就走出城门巡视一番，看看是否有人想偷着出去或进来。詹姆斯有急事要进城去找他的朋友商量，可是看守城堡的人又那样认真，怎样才能趁守门人不注意时，偷偷进入城堡呢？詹姆斯想到一条妙计，顺利地进入城堡。

你知道詹姆斯是怎样做的吗？

227

哪一个对应

A对应于B，恰如C对应于D、E、F、G中的哪一个？

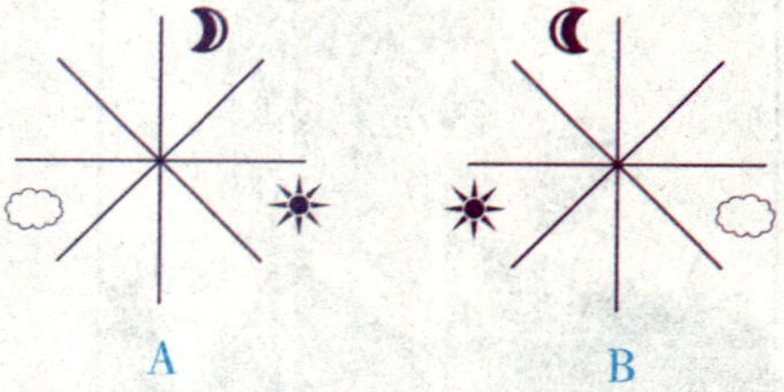

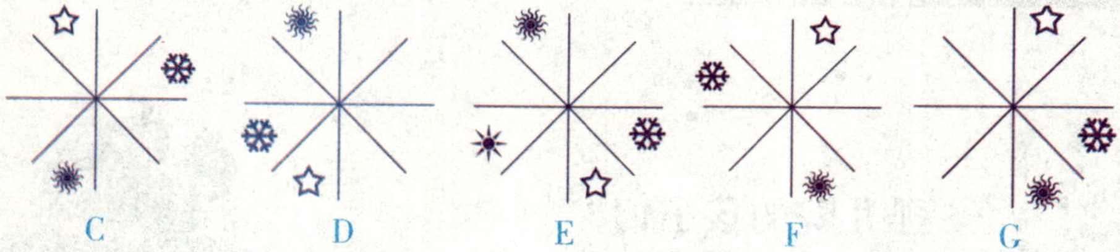

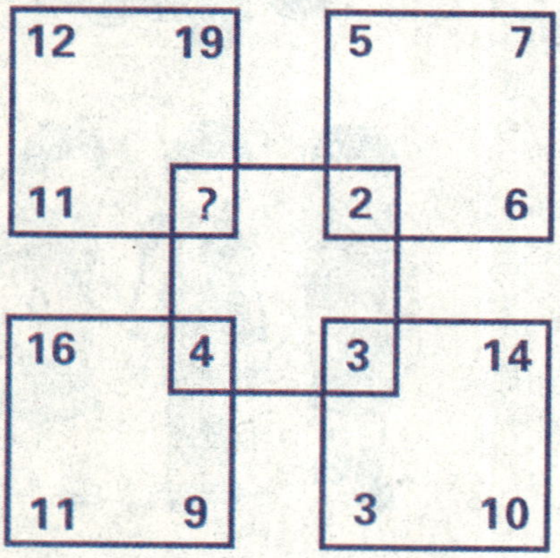

228

看图形填数字

图中问号处该填什么数字？

229 老管家买牛

张三是王员外家的老管家，他是一个非常聪明的人。有一次王员外让他去买牛，并告诉他公牛每头3两银子，母牛每头值5两银子，小牛每3头值1两银子。员外给张三100两银子，让他买100头牛回来。过了几天，张三真的买了100头牛回来。

你知道用100两银子买的100头牛里面，有多少头公牛、多少头母牛和多少头小牛吗？

230 秋游

某学校组织了一次秋游，连带队和所有的任课老师及学生在内一共100人。中午进行野餐，带队老师在带来的100份快餐中自己留下1份，然后按老师每人2份，学生2人1份分下去，正好合适。你能算出这次秋游去了多少老师、多少学生吗？

231 最后一张扑克牌

你能根据前面5张扑克牌的排列规律，找出最后一张扑克牌是什么牌吗？

232 刑警抓歹徒

在一次集中的抓捕行动中，一名刑警紧追一名歹徒，就在刑警将要把罪犯抓捕归案的时候，歹徒跑到了一个圆形的大湖旁边，跳上岸边唯一的一只小船拼命地向对岸划过去。刑警不甘心就这样让歹徒逃走，他骑上一辆自行车沿着湖边向对岸追去。现在知道刑警骑车的速度是歹徒划船速度的2.5倍。请想想：在湖里面的歹徒还有逃脱的可能性吗？

233

巧排扑克牌

从一副扑克牌中取出红桃1到9这9张牌。有没有一种排列顺序，能使这9张牌中找不到有4张牌是按由大到小或由小到大的顺序排列的？我们举一例，如654291738，这其中的6542是由大到小的顺序排列的，所以不行。

234

如何确保胜利

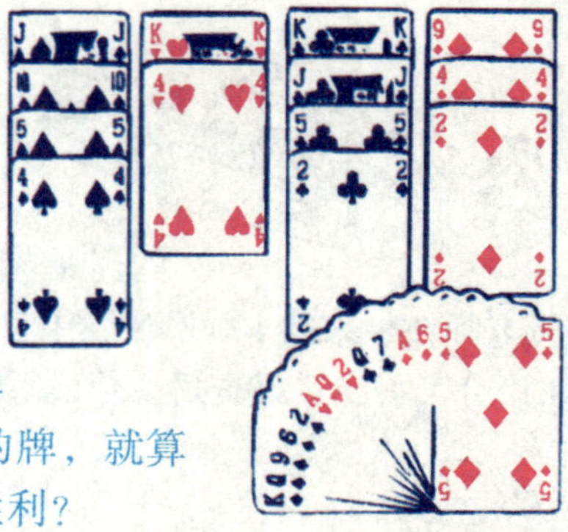

做一个游戏。准备A至10的10张扑克牌，两个人轮流取牌，可任意取。各人取的牌按取牌的顺序排列。哪个人先完成4张单调排列（由大到小或由小到大排列）的牌，就算赢。如果你先取牌，用什么办法才能确保胜利？

235

不工作的理由

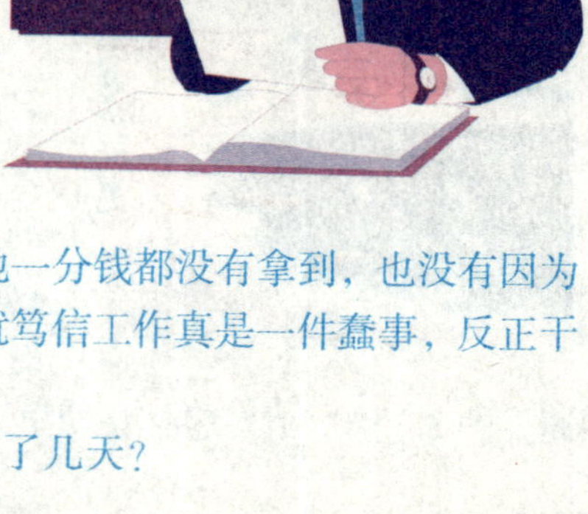

萨姆是个懒汉，因为他一点儿也不愿意工作，如果你问他为什么，他会告诉你一个故事。萨姆曾经也有过一份工作，雇主给他的条件也还可以，一个月30天，每天工资20美元，但是如果旷工要扣25美元。萨姆当然没有每天都去工作，所以到了月底，他一分钱都没有拿到，也没有因为扣工资使萨姆欠雇主的钱。从这以后，萨姆就笃信工作真是一件蠢事，反正干了也没有钱。

萨姆一个月中到底工作了几天，又旷工了几天？

236

分解小船

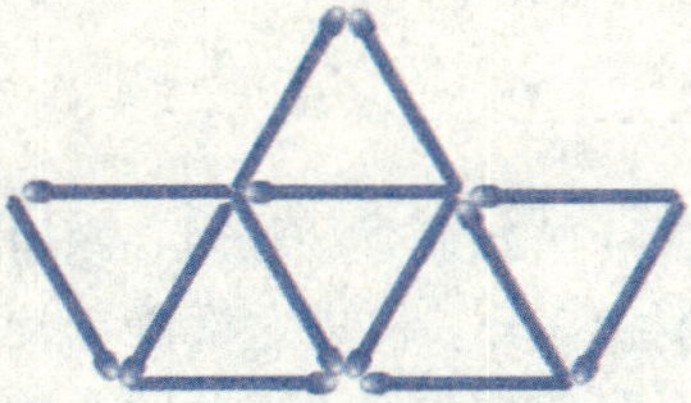

欧皮皮用火柴摆了一艘小船，然后移动了其中的4根火柴，这个图形就变成了有3个梯形和2个三角形的图形。你会移动吗？

237

图形对应的规律

如果图形A对应图形B，那么图形C对应下面哪个图形？

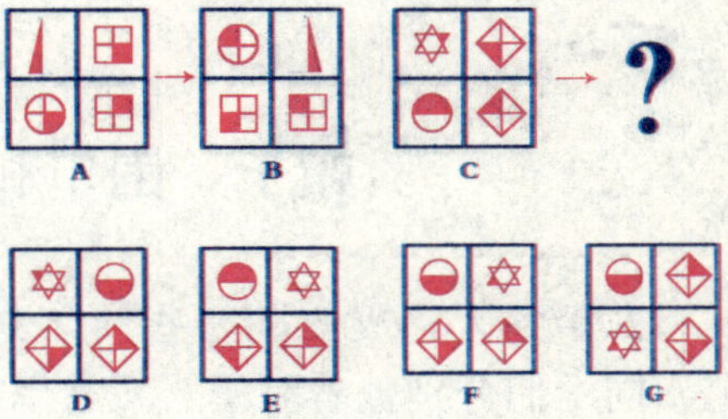

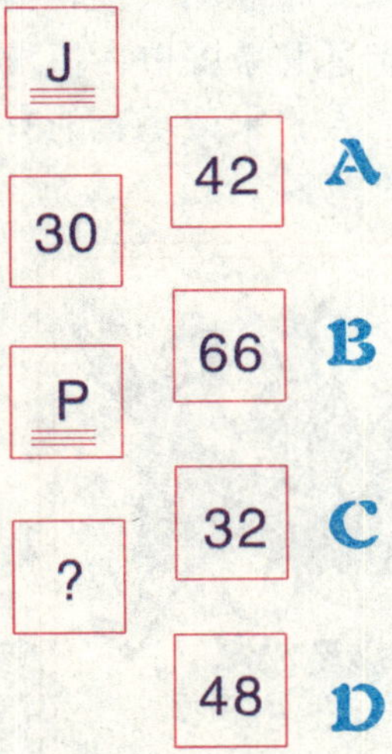

238

巧选数字

你能从右边A、B、C、D四个数字中选取一个放入左边问号处，使左边的数字和字母的排列合乎某种规律吗？

239

完全重合的次数

现在许多时钟在钟面上还有秒钟。在12小时以内，时针、分针和秒针三针完全重合的时间有几次？

240

英语考试

一次英语考试只有20道题，做对一题加5分，做错一题倒扣3分。皮皮这次没考及格，不过他发现，只要他少错一道题就能及格。你知道他做对了多少道题吗？

241

帽子、围巾和手套

去年冬天，皮皮和一些同学去哈尔滨看雪雕时照了一张合影。照片上，同学们分别戴着帽子、系着围巾和戴着手套。只戴着帽子和只系着围巾和只戴着手套的人数相等；只有4人没戴帽子；戴帽子和系围巾，但没有戴手套的有5人；只戴帽子的人数两倍于只系围巾的人；未戴手套的有8人，未系围巾的有7人；三样都有的人比只戴帽子的人多1人。

现在考一考你：

①三样都有的人有多少？

②只戴手套的人有多少？

③照片上有多少人？

④戴手套的有多少人？

242

上升还是下降

在一个装了很多水的大水缸里浮着一个小塑料盆，小塑料盆里装着一个铁球。请问：如果将这个铁球从小塑料盆里取出来直接放进水缸里，水缸的水面比刚才上升了还是下降了？

243

鸭子戏水

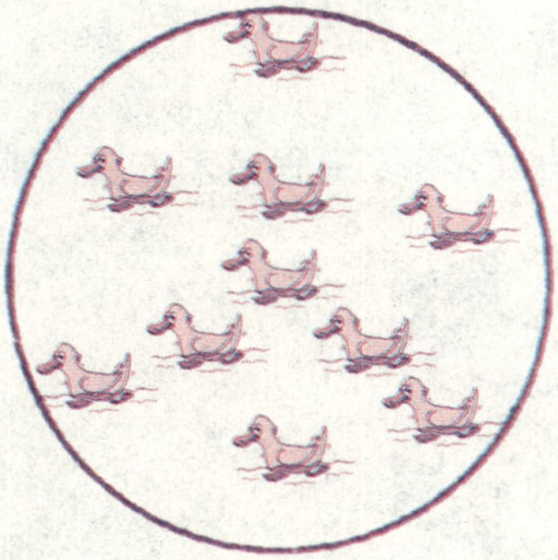

湖里有10只鸭子在欢快戏水，请你用3个同样大小的圆圈，把每只鸭子都分开。你知道怎么分吗？试试看吧！

244

花瓣变月亮

马上就要举行中秋节晚会了，同学们都要认真地布置教室。突然，有人大声地说道："中秋节晚会上怎么没有月亮呢？"忙碌的同学们这才发现教室里全是各种花瓣，没有月亮。这时，有位同学说："我知道怎么用花瓣拼成圆圆的月亮，只需要在花瓣上剪2刀就可以了。"那么，你知道花瓣怎么变月亮吗？

245

怎么摆放椅子

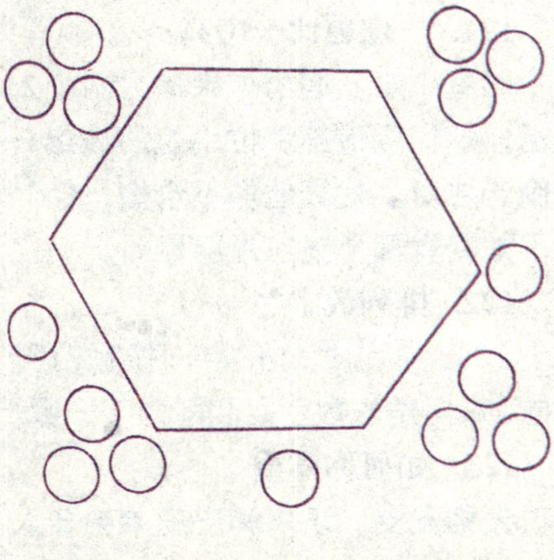

15位很久没见的同学一起在一家餐厅聚会，可是餐厅里只剩下一张六角形的大桌子。如果每一边都坐3个人，那么椅子该怎么摆放呢？

答案及解析

111. 魔幻正方

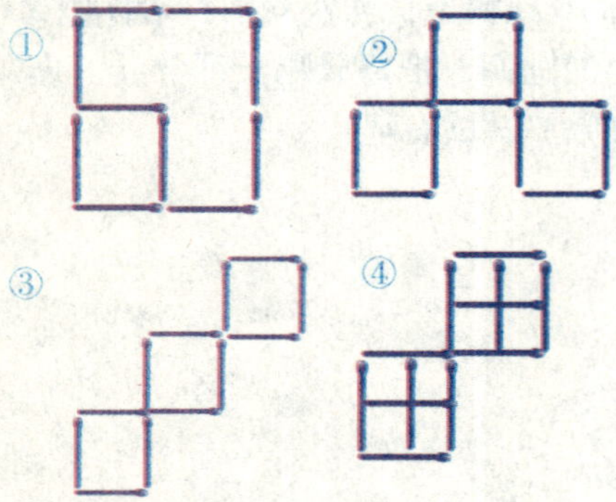

112. 巧猜数字

16。变化规律是加2、减1，加4、减2，加8、减4，加16、减8……

113. 弹头不见了

凶手利用与死者同血型的血液，经过快速冷冻，变成固体做成弹头。这种弹头射入人体后，会受体温影响而解冻融化成血液，使弹头自动消失。

114. 巧拼正方形

将一个三角形沿中点拦腰剪开，先拼成一个小正方形，然后再拼成大的正方形。

115. 猜硬币

这5枚是5分的。

116. 积木的组合

两块积木是按照下图中所画的方式组合在一起的。

一看上去直觉似乎是不可能的，但其实内部就是图中所画的样子。这种组合方式实际上有很多木工都在使用。

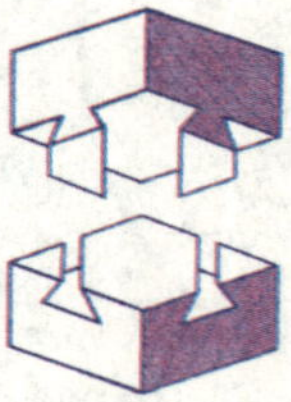

117. 伪装的假象

公安人员一看帐篷支在一棵大树下，就断定为他杀。因被害人是有经验的老地质队员，他不可能在野外将帐篷支在大树底下，因如果天气骤变，会有遭雷击的危险。

118. 参观农场

64头奶牛，102只绵羊，58头猪。

119. 快乐的数字

1，7，16，10，19。

120. 平均分配

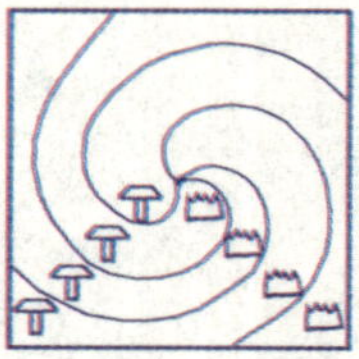

121. 一山更比一山高

时髦小姐。因为如果是另两个人的话，他们应该连那位小姐的钱包一块偷走才对。就算他们不全偷，他们也不知究竟哪个钱包是羽根的。

122. 排列数字

29。自左上角开始，按顺时针方向，每两角的数字之和即为下一数。

123. 如何称体重

先称皮皮、琪琪和皮皮弟弟3人

的总重量，然后称皮皮和弟弟2人的重量，最后称皮皮和琪琪的重量。这样就可很快算出3人各自的体重了。你是这么想的吗？好简单哟！

124. 不变的“十”字

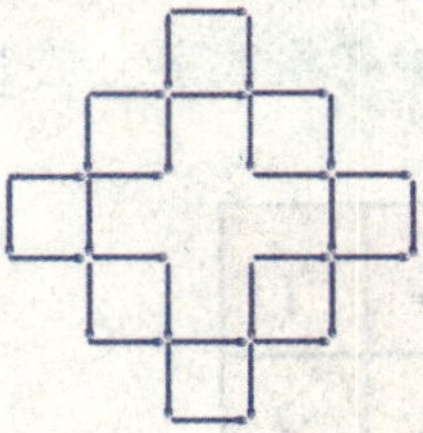

125. 计算年龄

马丁儿子5岁，女儿1岁，老婆25岁，马丁自己50岁。

126. 哪个图形与众不同

C与众不同。A、B、D、E都是两个小图形相加等于大图形。

127. “3”的趣味计算

(1)(3＋3)÷3－3÷3＝1

(2)3×3÷3－3÷3＝2

(3)3×3÷3＋3－3＝3

(4)(3＋3＋3＋3)÷3＝4

(5)3÷3＋3＋3÷3＝5

(6)3×3＋3－3－3＝6

(7)3×3－(3＋3)÷3＝7

(8)3＋3＋3－3÷3＝8

(9)3×3÷3＋3＋3＝9

(10)3＋3＋3＋3÷3＝10

128. 月圆之夜的凶案

嫌疑犯说是在东西流向的河南岸坐着，即他是面朝北的。在北纬29度线以北，可以看到月球和太阳一样在天空的南部东升西落。如果他面朝北，是看不见月亮在河水中的倒影的。

129. 分割三角形

②的面积比较大。

先多用几支火柴棒把图形细分成小三角形。可以看到，图形①中有4个小三角形，而在图形②中却有5个小三角形。

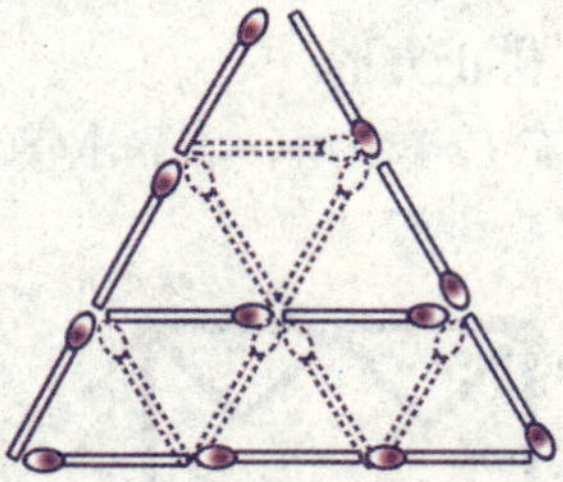

130. 重叠的三角形

5 cm^2。

解这道题可借助辅助线。如下图，将大星形分成12个正三角形，中间部分的正六边形面积是总面积的一半；小星形则分成了6个菱形，面积是正六边形的一半。

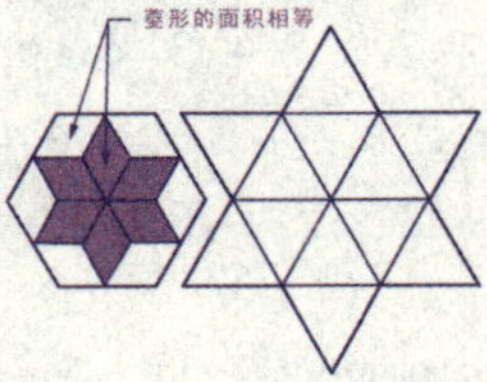

131. 姐妹兄弟

他们家有3个女孩，4个男孩。

132. 叶丽亚的年龄

岁数的3次方是一个四位数，那么从最小四位数1000到最大四位数9999之间，只有10^3=1000，11^3=1331……21^3=9261这12个数的立方数。而岁数的4次方是一个六位数，在这12个数中只有18^4=104976，19^4=130321，20^4=160000，21^4=194481这4个数的4次方是六位数。由于这两个四位数和六位数都由0～9这十个数字组成，且不重复。130321，160000，194481，都有重复的数字，不合题意，所以只剩下18^4=104976。再验证18^3=5832，刚好符合题意。

所以，叶丽亚的年龄是18岁。

133. 拼正方形

锯下左右4个角，填到上下凹进去的地方就可以了。

134. 找规律填数字

55。这是一个金字塔数列：

1 = 1

5 = 1 + 2 × 2

14 = 1 + 2 × 2 + 3 × 3

30 = 1 + 2 × 2 + 3 × 3 + 4 × 4

55 = 1 + 2 × 2 + 3 × 3 + 4 × 4 + 5 × 5

135. 排列规律

A：500，1000。规律是交替乘以5和乘以2。

B：203。规律是前一个数字乘以3再减去1，或者也可以看做是 + 5，+ 15（5 × 3），+ 45（15 × 3），+ 135（45 × 3）。

136. K金问题

22K。因为纯金是24K，所以9K黄金的纯度以十进制表示为0.375。利用计算器，你可以将一个数目乘上0.024就可以转换成K数。所以，946 × 0.024 = 22.704，即22K。

137. 哪个图形是错误的

B。四个方形中的符号应当是从A到D递减的，而B都增加了，所以B是错误的。

138. 求和方阵

在原方阵中各格数字上加上1，就行了。

3	8	7
10	6	2
5	4	8

139. 百变图形

可以组成14种。如下图。

140. 猜数字

34。这是一个著名的斐波纳契数列，它的规律是每一个数等于前面两个数之和。这个数列有很多有趣的数学性质，所以它非常有名。

141. 下一个数是多少

100。这是一个平方数列。

142. 找破绽

因为鱼缸里的热带鱼还在游动。在寒冷的夜里停电，鱼缸里的水会变得冰冷，热带鱼是必死无疑的。

143. 计算数字

7。规律是（2 + 2）× 2 = 1 + 7。

144. 找数字

4。这三行均为六位数，下两行之数相加，得第一行之数。

145. 钟表上的数字

33 次。

12:00—16:00，每一小时有2次，如 12:11 和 12:22，共 8 次；

16:00—19:59，每小时只有1次，共 4 次；

20:00—22:00，每小时 2 次，共 4 次；

22:00—23:00，有 15 次；

23:00—24:00，有 2 次。

146. 恢复等式

这个问题已经存在了很久，数学家们也已经找到了好几个答案，我们给出的答案只是其中的一种，你可以尝试更多的可能。

1 + 2 + 3 − 4 + 5 + 6 + 78 + 9 = 100

147. 开关的难题

1，4，9，16……100，编号是平方数的灯都是关着的状态。你可以先尝试用 1 到 20 号做一下，就可以发现这个规律。

148. 摆火柴

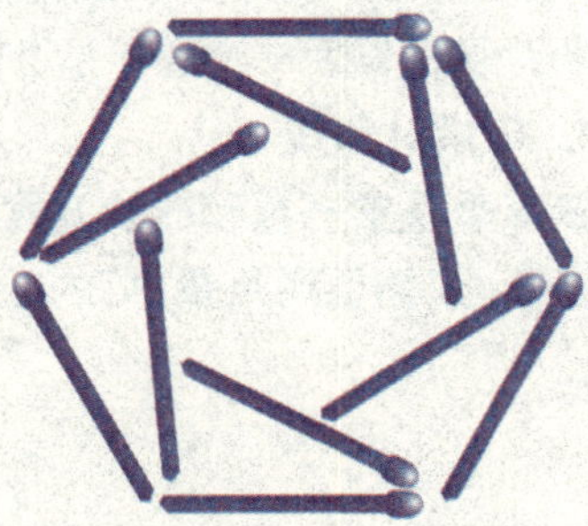

149. 菱形中的计算

6 + 7 + 11 ÷ 3 × 2 + 5 − 12 = 9

150. 填符号

1 × 2 + 3 + 4 × 5 = 6 × 7 − 8 − 9

151. 哪一句话正确

正确的答案应该是 B：有的人没有逻辑。

这是个有关“否定”的基本问题。

否定的时候，“有”跟“没有”互换，同时“且”跟“或”、“全部”跟“有的”也互换。

“全部的人都有逻辑”这句话，它的否定就是：“有的人没有逻辑”。

如果“全部的人都有逻辑”这句话是假的，一定有人会想：不是也有“全部的人都没有逻辑”的可能性吗?

但是，“有的人没有逻辑”也包含了“全部的人都没有逻辑”在内。

152. 设计尺子

只用 0，1，4，6 四个刻度。如下图：

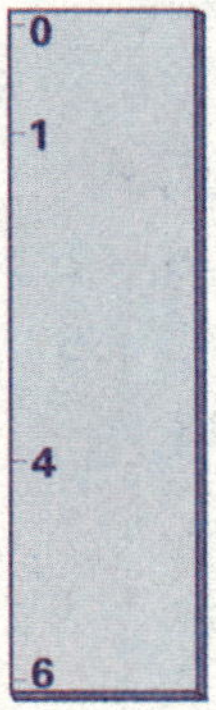

153. 摆正方形

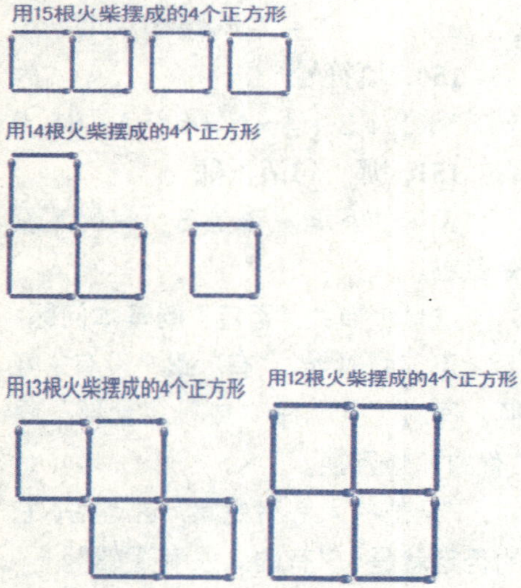

154. 数字表格

1 和 9。B + D=E，A + C=E。

155. 奇妙的六边形

如下图所示：

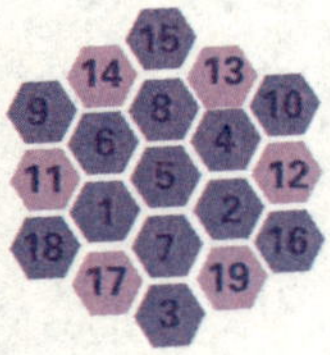

156. 皮皮的彩笔

120天。即$C_{16}^{2}=16\times15\div2=120$。

157. 5 个 5 的算式

（1）$5\times5\times5-5\times5=100$

（2）$(5+5+5+5)\times5=100$

158. 添 1 变 18

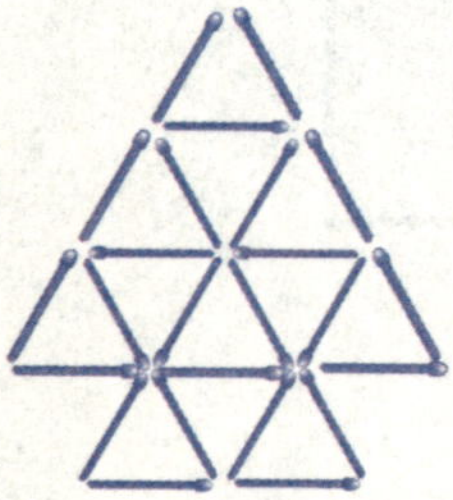

159. 和为 26

由于 4 个数字相加之和是 26，考虑到 1 至 12 这 12 个数在 5 个菱形中其大小宜协调、均衡分布，因此每组数字两两之和适宜在 12～14 之间，如 10+4=14，7+5=12，6+7=13，9+3=12 等等。这样考虑的话，填数就简单得多了。

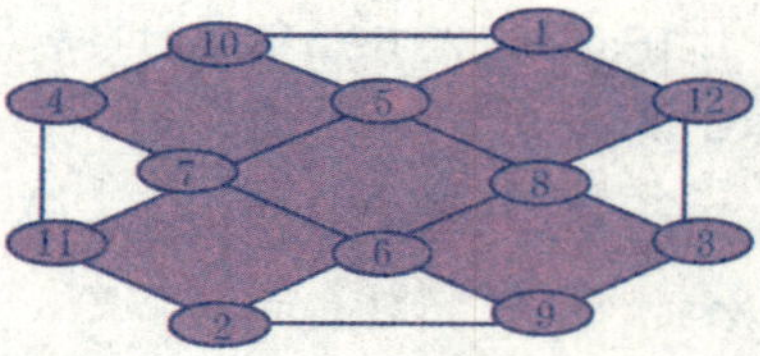

160. 改错题

23−7+1−14=3

161. 锯木料

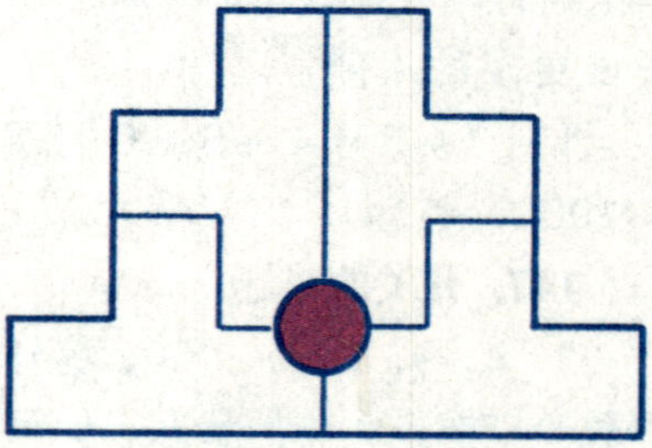

162. 多少岁

答案是21岁。计算方法很简单，就是将从 1 开始以后的连续自然数相加，到 210 的时候，最后一个数字是 21。

163. 巧量对角线

从 *B* 点垂直支一根和砖块高度相等的木棍子，只需要用尺量 *DC* 的距离就行了。

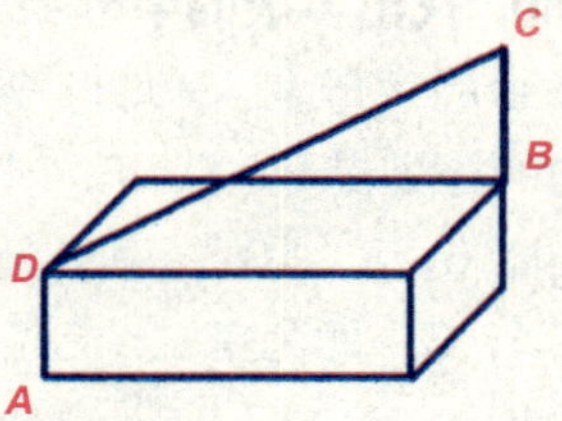

164. 插入符号

唯一的解答是：

9 + 8 + 7 + 6 + 5 − 4 − 32 + 1 = 0

165. 卖掉多少件商品

设炒锅、盘子、小勺子各卖了 x、y、z 件，显然 x、y、z 为整数且有：

$x+y+z = 100$ ①

$30x+2y+0.5z = 200$ ②

②式 × 2− ①式，得

$59x+3y = 300$，

$x = 3（100-y）÷ 59$。

由于 x 为整数，$100-y$ 必是 59 的倍数，此时只有 $y = 41$ 时才满足条件，故 $y = 41$，$x = 3$，$z = 56$，即炒锅卖了 3 件，盘子卖了 41 件，小勺卖了 56 件。

166. 天使迷宫

L	E	A	G	N
A	N	L	E	G
N	L	G	A	E
E	G	N	L	A
G	A	E	N	L

167. 问题处该填什么

7。每个三角形的数字排列规律是：三角的 3 个数相加，再乘以 2，即为中间的数。问号处的数应该是：32 ÷ 2 −（2 + 7）= 7。

168. 怎么移火柴

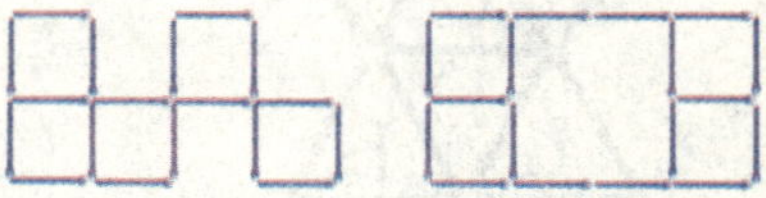

169. 塞洞眼

如下图所示：很多人一想到某物塞住某物，就会将它想象成一块没有变化的、形状单一的立方体。如果能将思维发散，将它们想成不同的平面，就能设计出第一个木塞；如果再用思维发散，将不同的平面按不同的角度进行组合，很容易设计出第二个木塞。

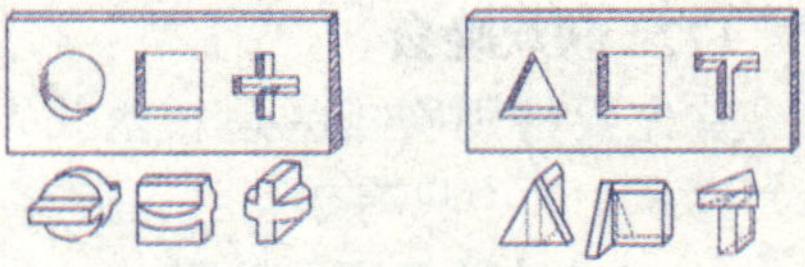

170. 硬币的数量问题

如果能把不同类型的硬币平均分成 4 份、5 份、6 份（注意，把平均分的 4 堆中的 2 堆可以平均分成 3 份，另外 2 堆也一样可以分成 3 份，所以说可以分成 6 份），这样，每一种硬币至少有 60 枚。

171. 问号处代表什么数

是 22。每一行中，第一列数乘以第二列数后，加上第三列数，等于第四列数。如：2 × 9 + 6=24。

172. 有趣的日历

25 号。

173. 阶梯求数

2064。这个数列的规律是第一个数加 1 乘以 3 得第二个数。

174. 数量加倍

175. 一共花了多少钱

尼吉太太一共用了33.6美元，买到48串黄香蕉和48串绿香蕉。如果把钱平分，16.8美元可以买42串绿香蕉，或56串黄香蕉一共98串，多了2串香蕉。

176. 找路线

① 10-5-6-3-5-20

② 10-7-9-3-5-20

177. 联欢晚会

首先要特别安排的是新西兰人，因为这5个人中只有新西兰人只会英语，其他每个人除懂得本国语言以外还懂得一门外语，所以他必须坐在2个懂英语的人中间。因此他的两边必为中国人和英国人，有了这3个人的位置，其他两人的位置就好确定了。

178. 7个三角形

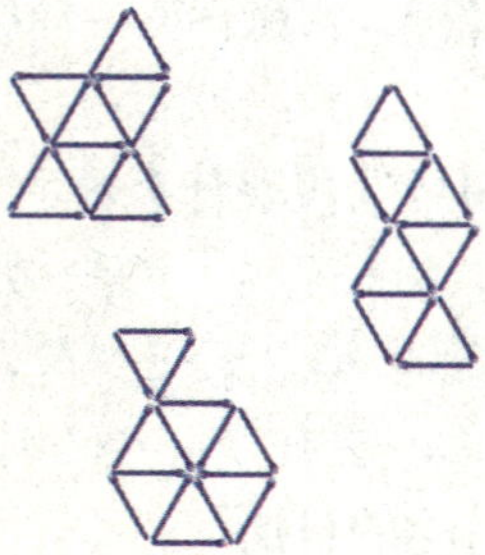

179. 表格求数

6。每一行的数字都是等差数列，然后从大到小，或从小到大。

180. 找出多余的字母

多余的字母是A和N。第一个三角形内的序列是B、D、F、H、J（序号2，4，6，8，10）。序号分别加1，2，3，4，5，即为第二个三角形内的序列。

181. 单身公寓里的恋爱关系

喜欢杰克的人是梅森。

这确实是一道比较复杂的题，我们要先把提示画成圆，这样会给我们一些更直观的感觉。我们用顺时针的方向来表示喜欢的对象。

根据题面的叙述，我们可以画出图1，在图中怀特和布朗的位置是可以确定的。但杰克和亨利按照顺时针方向谁先出现还不能确定，通过假设我们会发现当“X”的位置上是杰克时才不会跟题目的叙述相矛盾，这时候就可以画出图2了。

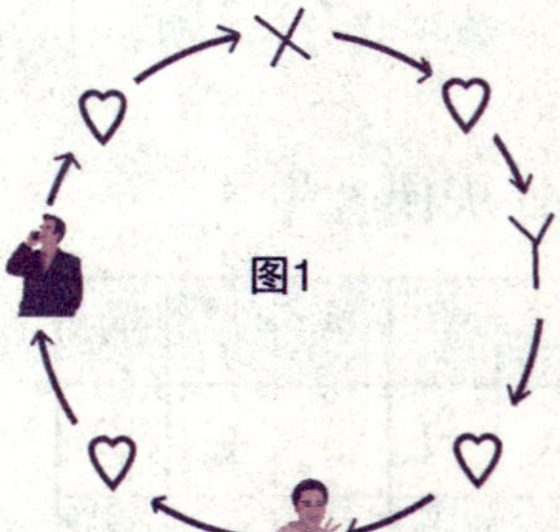

图1

图2

182. 找出例外的数

E。其他几个数都符合一个规律：每一个数的前两位相加等于三四位组成的数，而第二位加三四位组成的数等于末尾两位组成的数。

183. 分园地

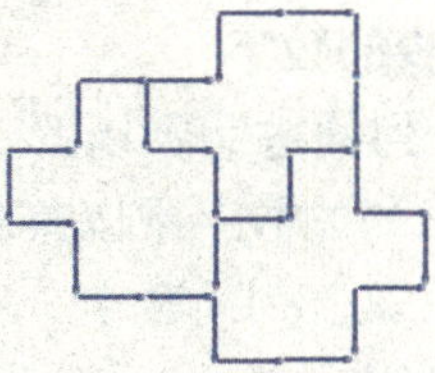

184. 下一个数是多少

169。这是一组“有心的六角形数”。这些数目可以如下图所示，排列为一个同心的六角形，规律是用一个三角形数乘以6再加上1。

185. 火柴拼图

186. 增加的菱形

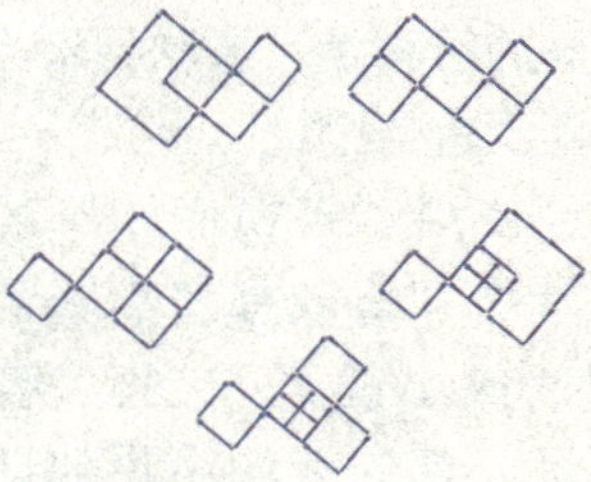

187. 算24点

188. 旋转的数字

49	11	6
22		19
75	30	82

189. 猜谜语比赛

不可能。6与3都是3的倍数，最后的得分也应是3的倍数，而80与77都不是3的倍数。

190. 歪打正着

4件小饰品的单价分别为1元、1.50元、2元、2.25元。

191. 扑克牌找错

错误之处用圆圈标出如下：

192. 能换多少包薯片

玛丽可以换到10包免费的薯片。先用64个包装袋换8包薯片；吃完后，用这8个包装袋换1包薯片；再吃完，与原先剩的7个包装袋加在一起刚好8个包装袋，又可以换1包。所以，玛丽最多可换10包薯片。

193. 喜欢看什么小说

正确的答案是"喜欢科幻小说的读者不喜欢言情小说"。

这是使用"否逆命题"的初级问题，就像"喜欢言情小说的话就不喜欢武侠小说，"它的"否逆命题"就是"喜欢武侠小说的话就不喜欢言情小说"。

假设原命题"前提→结论"（"→"表示"条件"），它的否逆命题就是"结论的否定→前提的否定"。"如果原命题成立，否逆命题也会成立"，这是逻辑中非常重要的概念。这个问题可以用下面的方式，先写出否逆命题就能推论出正确答案。

喜欢言情小说→不喜欢武侠小说
喜欢武侠小说→不喜欢言情小说
不喜欢历史小说→喜欢武侠小说
不喜欢武侠小说→喜欢历史小说
喜欢历史小说→不喜欢科幻小说
喜欢科幻小说→不喜欢历史小说

所以，"喜欢科幻小说→不喜欢历史小说→喜欢武侠小说→不喜欢言情小说"是正确的。

194. 看鲜花填数字

21。显然是12；是9；是3；是5；是7。

195. 填数

第一个问号处是22，第二个问号处是37。

196. 找相符的图形

A。

197. 缺少的数字

2。第一列的数字乘以第二列的数字减去第三列的数字乘以第四列的数字的差等于第五列的数字。

198. 用了多少次

2升的用了3次，3升的用了15次，5升的用了15次。

199. 猜颜色（1）

A可以正确地推出自己头上所戴的发卡的颜色。你想不到会是A女孩吧？这正是博弈论原理的实际运用，即从别人是怎么想的出发进行分析。

C不可能推出自己头上的发卡的颜色。因她看到的只有两个红发卡，而老师给她们的是"三红二紫"，还有"一红二紫"，她当然不能确定自己的发卡是红还是紫了。

B同样不可能推出自己头上的发卡的颜色。因她看到的只有一个红发卡，而老师给她们的是"三红二紫"，还有"二红二紫"，她当然也不能确定自己的发卡是红还是紫了。

A虽然什么颜色的发卡都没有看见，但可以从B、C两人推不出来中得到重要的提示。C不可能推出自己头上的发卡的颜色，说明A、B不可能都是紫发卡，如A、B都是，C当然能知道自己头上戴的是红发卡。但是B也推不出自己头上的发卡的颜色，这说明了A不是紫发卡。如果A是紫的，B从C不能推出自己头上的发卡的颜色中可以断定，B的头上是红发卡，如果她是紫发卡的话，C当然能知道自己头上戴的是红发卡。这样，A当然可以确定她的发卡是红色了。

200. 猜颜色（2）

可以。三人都有能推出自己头上发卡的颜色。我们简单分析一下。

甲看到两个红发卡，因发卡有“三红两紫”，还剩“一红一紫”，她无法判断。同样的道理，乙与丙也会这样想，这样分析。

既然三人都无法一下子判断出来，甲就会进一步推想：如果她头上是紫发卡的话，乙看到“一红一紫”两发卡，她无法判断自己头上发卡的颜色。可丙能从乙推不出来中，很快推出自己头上的是红发卡。因为丙是紫的话，乙马上可推出她是红的。可丙也推不出她头上发卡的颜色，说明自己头上只可能是红发卡了。

同样的道理，乙与丙也会这样分析，从而可断定她们各自头上的发卡是红色的。

这道题其实还包含一个公共常识，那就是“每个人都是理性的，分析都是合理的”。仔细想一想，是不是这样？

201. 卖相机

他把机身卖300元，机套卖10元就错了，300 − 10 = 290，而实际上机身要贵出300元。正确答案是机套卖5元，机身卖305元。

202. 求小正方形的面积

这个题目不止有一种解法，只是看你的思路而已。

可以把正方形转90度，面积就会变成原正方形的一半；或者利用对角线的长来计算小正方形的面积。

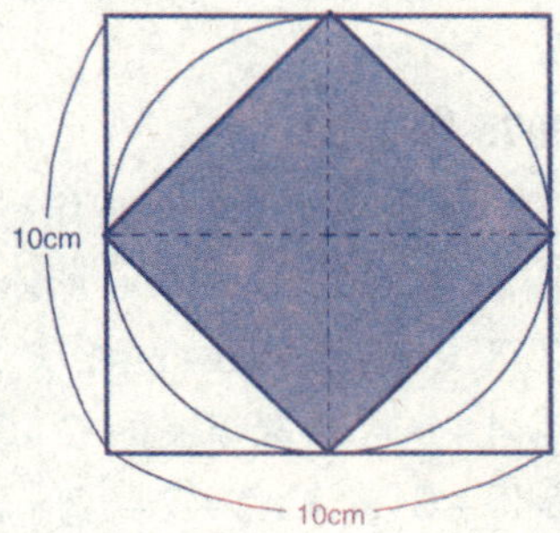

203. 立体计算

有12个角、10个面和20条棱。

204. “1”的趣味算式

1 × 1=1

11 × 11=121

111 × 111=12321

1111 × 1111=1234321

11111 × 11111=123454321

205. 照样子列式

1~6组成：54 × 3 = 162

1~8组成：582 × 3 = 1746

1~9组成：1738 × 4 = 6952

0~9组成：9403 × 7 = 65821

206. 分苹果

一开始最少有25个苹果。解题方法却是倒过来的。

(1)假定最后剩下的两份为2个，即每份1个，则在小李醒来时共有4个苹果，在老张醒来时有7个苹果，而7个苹果不能构成两份，与题意不符。

(2)假定最后剩下的两份为4个，即每份2个，则在小李醒来时共有7个苹果，也与题意不符合。

(3)假定最后剩下的两份为6个，即每份3个，则在小李醒来时共有10个苹果，在老张醒来时有16个苹果，而大明分出的三份苹果中，每份有8个苹果。

207. 等于51

①1 × 2+3 × 4 + 5 × 6 + 7=51

②2+3 × 4+ 5 × 6 + 7 × 1=51

③3 × 4+5 × 6+7+1 × 2=51

④4+5+ 6 × 7+1+2-3=51

⑤5+6 × 7+1+2- 3+4=51

⑥6 × 7+1+2-3+4+5=51

⑦7+1 × 2+3 × 4+5 × 6=51

208. 时钟算式

指针的位置作为数字，而不是时间。A式为51+123=174，B式为911+72=983，那么C式为113-16=97。

209. 区分左右

小芳不一定在小娟的左边。

如果照下图中所示，围成一圈的话，小芳就不会在小娟的右边了。

事实上，像左边、右边看似非常一般的概念，到现在为止还是没有办法用数学或逻辑学来说明。

210. 哪一年出生

死者没有活到100岁，现在又是1990年，这说明死者的生年在1890—1990之间。问题的关键在于找出一个数，其平方也在这个范围内。

现在有：43 × 43 = 1849，44 × 44 = 1936，45 × 45 = 2025

由此可知，死者在1936年时44岁，他的出生日期是1936-44=1892年。

211. 巧手拼桌面

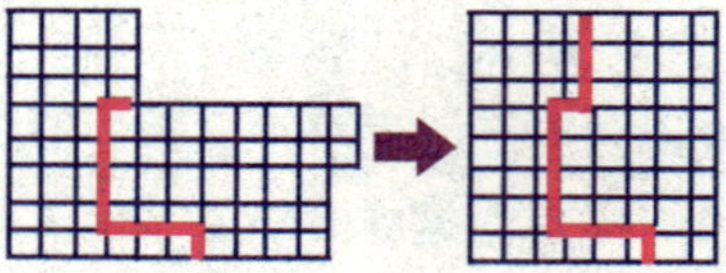

212. 巧拼图形

213. 羽毛球循环赛

芳芳的战绩是3胜1败。

按照比赛的规则，每个人都必须跟其他的4个人对战一场，全部应该有10场比赛。也就是说总共会有10胜，从老王到明明4个人合计共有7胜，那么剩下的3胜就都是芳芳的了。并可以马上算出芳芳还有一场败局。

214. 如何分车票

黄总既不去北京，也不去广州，那么他一定是去上海。剩下了北京和广州两张车票，孙经理说他不去广州，则目的地应该是北京，而最后一张是王经理去广州的车票。

215. 服装促销

百货商城实际比原价卖赔了钱。因为如果原价为100%，商城降价是按涨价后的110%降的价，降价后的价格为110%×0.9＝99%。

216. 哪句话意思最相符

正确答案应该是③：一个国际人只会说外文是不够的。

你回答对了吗？不要把问题想得太复杂了，想得太复杂是不太容易找出答案的哦。

217. 羚羊和猎豹赛跑

羚羊获胜。羚羊跑100步刚好完成这段路程的来回，而猎豹却相反，它不得不跑到102米再回头，因为它33步到达99米，必须再跑1步，那样就超过了端线2米，所以猎豹必须跑68步才能完成全程，但猎豹的步伐频率只有羚羊的2/3，所以当羚羊跑了100步的时候，猎豹还没有跑完67步。

218. 该填什么

76。自左下角起，从顺时针方向由外及里，数字的变化规律为乘以2再减去6。

219. 能否保持平衡

最上层秤盘放的是：2、4。

中间层放的是：6。

最底层放的是：1、3。

220. 对应数

18。

221. 5分钟谜题

李江是鱼贩，王海是瓦匠，蒋方是木匠。因为从第一个信息可以得知王海不是鱼贩；从第二个信息可以看出王海不可能去敲李江的墙壁，所以他也不是木匠。因此，王海是瓦匠。李江既不是木匠，也不是瓦匠，那么他是鱼贩。剩下的蒋方便是木匠了。

222. 相遇问题

见到21辆运送物资的军车。

因为他没出发时已经有车在路上了，他刚出门，10天前出发的军车正好到达，加上路上的10天共有20辆军车与他相遇，而当他到达后勤部时，又有一辆军车要出发了。

223. 换硬币

1枚50美分、1枚25美分、4枚10美分。

224. 吃自助餐

共有60个学生在用餐。这一类型问题的解法有很多种。题目告诉你学生的人数正好能被2，3，4整除。

225. 孤儿院的孩子们

最后结果是每人8个苹果，显然这是库克留下的数，那库克分苹果前是16个苹果，而当时凯特和鲍勃手中应各有4个苹果，由此推出凯特分出苹果前有8个苹果，而鲍勃的4个有2个是凯特分出的，另2个是他第一次分配所余，最初鲍勃的苹果数就知道了是4个。凯特得到鲍勃的1个成为8个，凯特最初是7个，库克自然是13个苹果。

每人再加3岁，鲍勃7岁，凯特10岁，库克16岁。

226. 妙进城堡

詹姆斯趁守门人出来巡视的间隙，快步走进城门，当守门人出来巡视时，又转身向回走。守门人误认为他想溜出城去，于是就把他赶进了城堡。

227. 哪一个对应

F。A与B、C与F都是垂直面相对应。

228. 看图形填数字

7。每一方块外圈三数相加之和，除以此数之两数字拆开后相加之和，即为内圈之数：19 + 12 + 11 = 42，4 + 2 = 6，42 ÷ 6 = 7。

229. 老管家买牛

这个问题有两种答案。

第一种：公牛18头，母牛4头，小牛78头。

第二种：公牛11头，母牛8头，小牛81头。

230. 秋游

这次秋游连带队老师在内一共去了34位老师和66个学生。

231. 最后一张扑克牌

是梅花9。花色的顺序是红桃、梅花、方块、黑桃循环。点数顺序依次加2，加3，加4，加5，加6……

232. 刑警抓歹徒

歹徒如果聪明的话，可以先把船划到湖心，看准刑警的位置，再立刻从湖心向刑警正对的对岸划。这样他只划一个半径长，刑警要跑半个圆周长，即半径的3.14倍，而刑警的速度是歹徒的2.5倍，歹徒能在刑警到达之前先上岸跑掉。

233. 巧排扑克牌

排法有84种之多，我们举一例：635791248（当然反过来也一样）。

234. 如何确保胜利

只要第一张取5，就可稳获胜利。

235. 不工作的理由

萨姆工作了16又2/3天，旷工13又1/3天。

236. 分解小船

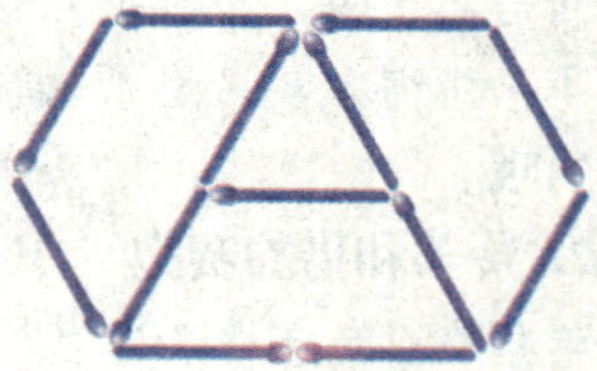

237. 图形对应的规律

F。每一个部分均按顺时针方向旋转一个位置，并且每一个图案中带阴影部分均与对面部分相对调。

238. 巧选数字

D。字母在字母表中的位置序号乘以字母下面的线段的数量，就是字母下边相邻的数字。

239. 完全重合的次数

也许你还在进行繁琐的计算吧，而且算起来也颇费力，其实只有一种可能，那就是只有在正12点时，三针才会完全重合。

240. 英语考试

少错一道题，也就是再加5+3=8分，他才能及格，所以皮皮得了52分。设皮皮做对了x题，那么他做错的题是$20-x$，且有$5x-3\times(20-x)=52$。解方程得$x=14$，所以皮皮答对了14道题。

241. 帽子、围巾和手套

① 3 人；② 1 人；③ 18 人；④ 10 人。

242. 上升还是下降

水位当然下降了。因为铁的密度远大于水，当铁球放在小塑料盆里时，所排走的水的质量等于铁块的质量，体积大约为铁块体积的7.8倍。而铁块在水里所能排走的水量仅等于铁块的体积，所以水位会下降。

243. 鸭子戏水

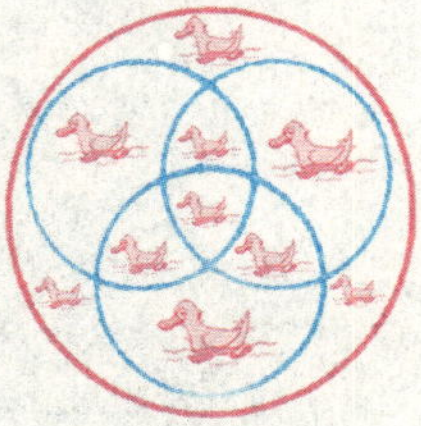

244. 花瓣变月亮

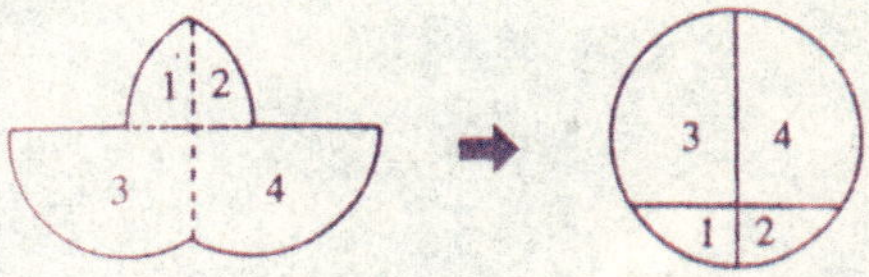

245. 怎样摆放椅子

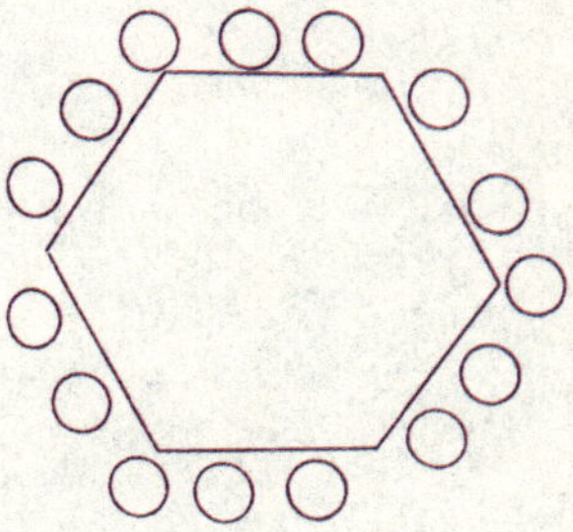

第三部分

挑战惯性思维游戏

人的惯性思维是一个很难一下打破的东西。通常，看到一件事，就会理所当然地认为它会怎样发展下去。殊不知，惯性思维常常会带领人们进入一个“想当然”的误区，使人在不知不觉中犯错。

246

字母谜题

右图里哪一个字母与众不同？

247

为什么没有受伤

阿飞是一位优秀的空降兵。有一次，他乘飞机去执行一项任务。飞机飞上高空不久，阿飞从飞机座椅上跳了下来，降落伞没有打开。可奇怪的是，他却安然无恙。你知道他有什么神奇的本事吗？

248

分图片

这里有6张大小不一、形状又不规则的图片，现在要把它们各分成形状、大小都一样的两块。该怎么分？

249

谁走的路短

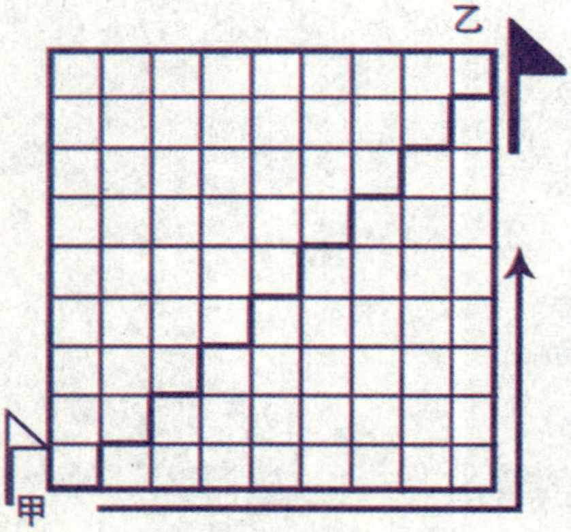

一座小城里有许多纵横交错的街巷。皮皮、琪琪两人要从甲处出发步行到乙处，琪琪认为沿着城边走路程短些，皮皮认为在城里穿街走巷路短。你认为他俩谁的路程短些？

250 音乐转灯

有一盏音乐转灯的设计很独特：在中心红光外面包有7层壳，每层壳上都有7个五角星的图案。当7层壳上的五角星排成一条直线时，这样中心红光可以透出五角星的图案。如果开始时7个五角星是对齐的，然后7层壳一起转动，但是转速却不一样：每分钟第一层转1圈，第二层转2圈，第三层转3圈，第四层转4圈，第五层转5圈，第六层转6圈，第七层转7圈。请问：至少要转多长时间，可以透出五角星图案来？

251 六角星变长方形

这是一个六角星，如果要把它拼成一个长方形，该怎么拼？

252 有趣的算式

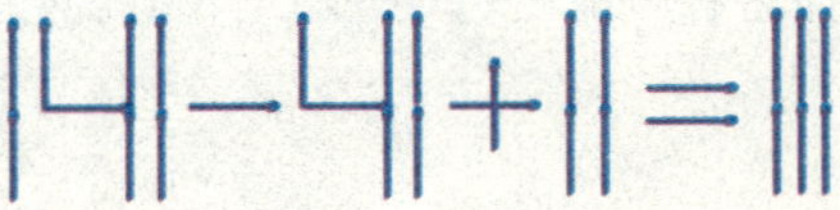

右图中的算式不管你移动其中的1根、2根或3根火柴来改变其中的数字或符号，但等式两边却始终是相等的。你能分别列出移动1根、2根和3根火柴的算式吗？

253 数字的逻辑

你先看看图中数字之间的关系，再填出三角形中的数。

254 调转火柴

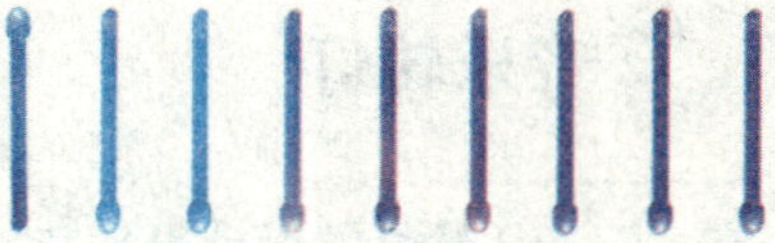

取9根火柴，将其排成1行，其中只有1根头朝上。现要求每次任意调动7根，到第4次时所有的火柴头都要朝上。试试看，你能做到吗？

255 一个奇怪的人

一个没有双眼的人，看到树上有李子。他摘下了李子却又留下了李子。想一想，这是什么道理？

256 花数相连

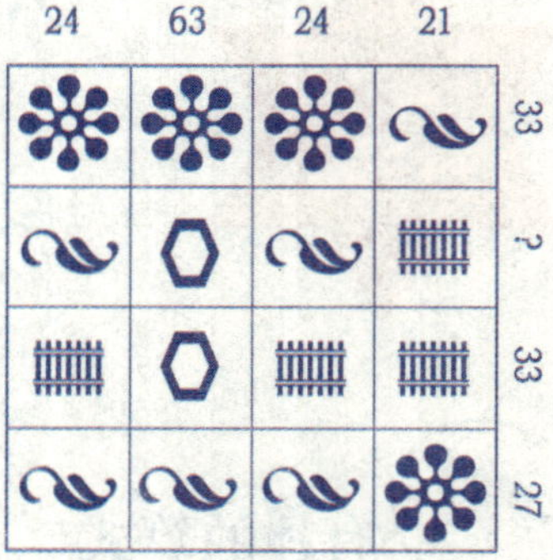

右图中方框里的每一种花代表一定的数值，上方和右方标示出竖列和横向各数相加之和。请在问号处填上正确的数字。

257 毕氏三角数

如果两个平方数恰好等于第三个平方数，这样的三个数叫做毕氏三角数。某些毕氏三角数有一定的规律，请看下列毕氏三角数：

$3^2 + 4^2 = 5^2$；

$5^2 + 12^2 = 13^2$；

$7^2 + 24^2 = 25^2$；

$9^2 + 40^2 = 41^2$；

你能推出下一组毕氏三角数吗？

258

善变的火柴

火柴棒看似简单，其实变化多样，稍一摆动便能拼出多种图案：

①1个正三角形、1个正方形和1个菱形；

②3个正三角形、1个平行四边形和1个梯形；

③3个正方形和7个长方形。

你能拼出几种来？

259

一题三解

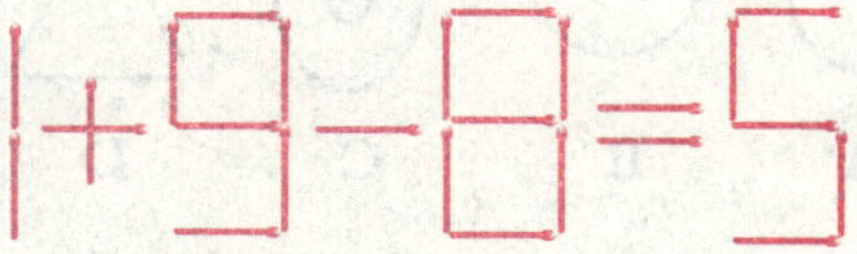

这是一道用火柴排成的错误的算式，要使它成立，需移动其中的2根火柴。你觉得简单吗？可不要骄傲，它可有3种解答方式，而答案都不会相同。

260

猜中国城市名称

空中码头——（　　　　）

风平浪静——（　　　　）

快乐栖地——（　　　　）

日近黄昏——（　　　　）

河湖解冻——（　　　　）

千里戈壁——（　　　　）

金银铜铁——（　　　　）

带枪的人——（　　　　）

珍珠港——（　　　　）

烽火哨——（　　　　）

银河渡口——（　　　　）

共产主义——（　　　　）

久雨初晴——（　　　　）

秦朝的耕地——（　　　　）

春城无处不飞花——（　　　　）

261

龟兔赛跑

兔子和乌龟比赛，比什么兔子肯定能赢乌龟？

262

哪个图形不同

右面4个图形中有一个与其他3个不同，请找出来。

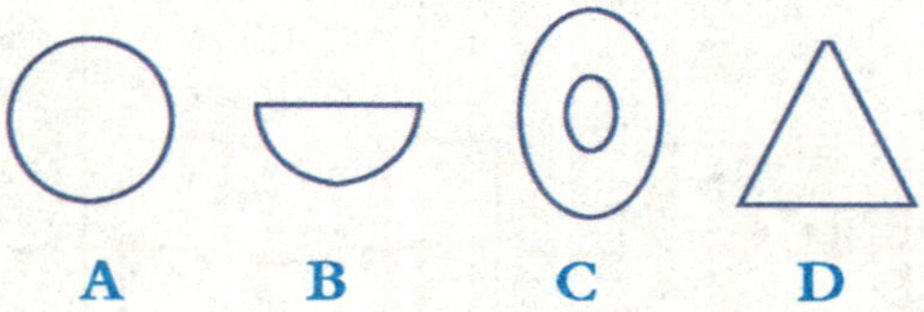

263

盲人分袜

有两位盲人，他们各自买了两双蓝袜和两双红袜。8双袜子的布质、大小完全相同，而每双袜子都由一张商标纸连着。两位盲人不小心将8双袜子混在一起，他们每人怎样才能取回蓝袜子和红袜子各两双呢？

264

天平倾向哪边

这真是一个炎热的夏天，气温高达39℃，西瓜肯定能卖一个好价钱。一个瓜贩子为了好卖瓜，他在天平的一端放了个西瓜，另一边放了一块大冰块，天平刚好平衡。在天平的旁边，他还特意放了一个大冰柜，开始叫卖“冰冻西瓜”。别忙着想吃西瓜，考你一个问题：天平一直这样放着，最后会倾向哪边？

265
智者的趣题

听说智者要招收最后一个学生，很多聪明的人都想成为智者的学生，以便学到更多的知识。他们来到智者的门前，看到了智者画在墙上的6个小圆（如左图）。旁注说：现在要把3个小圆连成一条直线，只能连出两条；如果擦掉一个小圆，把它画在别的地方，就能连出4条直线，且每条直线上也都有3个小圆。谁能第一个画出，我就收谁做我的学生。

266
发生在公共汽车上的怪事

皮皮乘上一辆公共汽车，他发现买票的人（包括皮皮在内）只占了车上人的1/3，可汽车一直开到终点，司机和售票员也没有向另外2/3的人索要车票。你知道这是为什么吗？

267
火柴排队

24根火柴排成三行，其中第1行11根，第2行7根，第3行6根。请你将火柴排成8根一行，要求只调动3次，并且每次调入某行的火柴数必须和这一行原有火柴数相等。

268
丑小鸭变天鹅

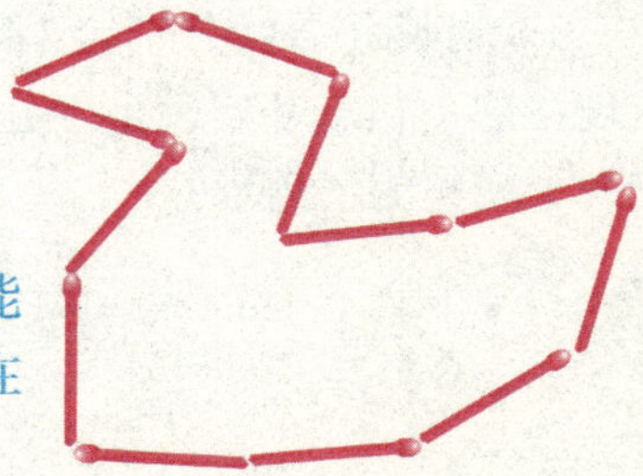

右图是用12根火柴摆成的一只丑小鸭，你能加上4根，再移动图中的3根，让它变成一只在水上悠闲游动的白天鹅吗？

269

戴墨镜的杀手

市郊的一座公寓里住着两个小伙子，一个姓田，一个姓林。

这天，大雪纷飞，王警官和助手接到小田报案，说刚才小林被人枪杀了。他们赶到现场，只见小林头部中了一枪，倒在血泊中。

小田说："我刚才正与小林吃火锅，忽然闯进来一个戴墨镜的人，对准小林开了一枪后逃走了。"

王警官看到桌上摆着还冒着热气的火锅，于是说道："别装了，你就是凶手！"

请问，这是为什么呢？

从办公室上方所见的平面图

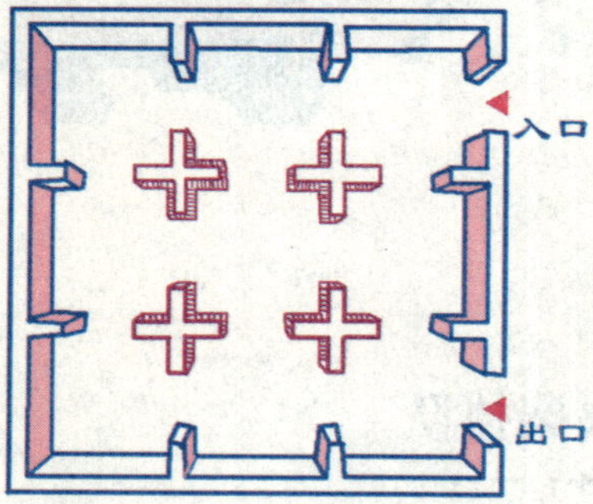

270

办公室平面图

这是一幅从办公室上方所看到的平面图。你能只转向2次就通过所有的房间吗？

271

旋转的圆圈

3个圆圈每分钟分别转3圈、4圈、5圈。从现在这个状态开始，多少分钟后，可以组成一个完整的三角形？

272

妙在动 1 根

1+7-13=44

用 19 根火柴摆出上面的算式，可是你会发现这个算式是错误的。现在只需移动 1 根，就能使算式成立。怎么移？

273

保持平衡

请问：图中的问号处填什么符号，才能与右面的符号保持平衡？

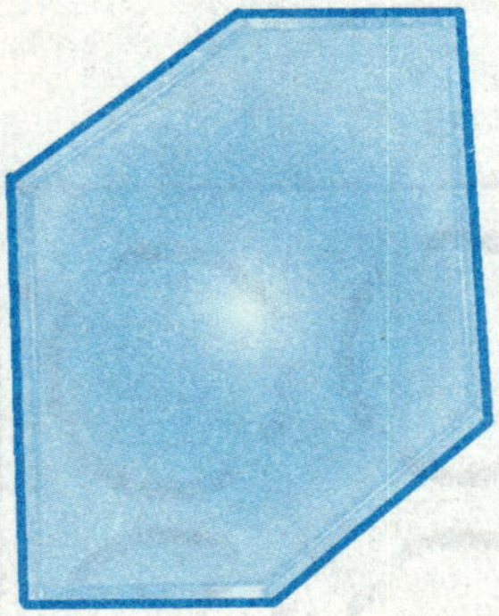

274

锯成“十”字形

左图是一块有机玻璃板，现在只要沿着一条曲线锯开，就能把它做成医院的“十”字形标志。你知道怎么锯吗？

275

倒金字塔

找出问号所代表的数。

1948372 6 5
5627384
43765
564
?

276

不一样的图形

右面5幅图中，有1幅与其他4幅不一样，你能挑出来吗？

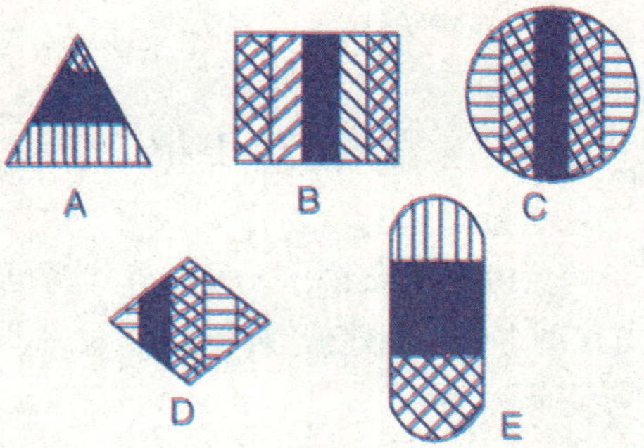

277

连线谜题（1）

用4条线联结颜色相同的区域，但线条不能彼此相交或穿过中间的菱形。

再来一题：如果中间4个菱形交换位置，是否仍有办法在相同条件的限制下，用线条联结颜色相同的区域？

278

连线谜题（2）

在这张图的中间，你是否看到一个并不存在的正方形？将这4个星星用4条直线连起来，直线不能穿过圆圈的实线段，而且第4条线的尾巴要接上第一条线的起头。

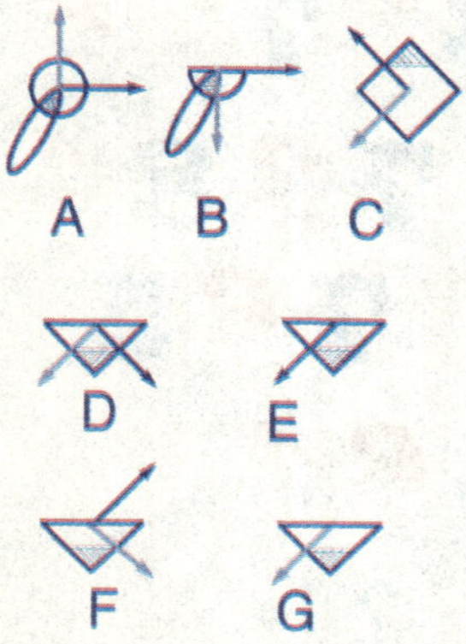

279

图形对应

如左图如果A相对应于B，那么C相对应于D、E、F、G之中的哪一个？

280

展开成大环形

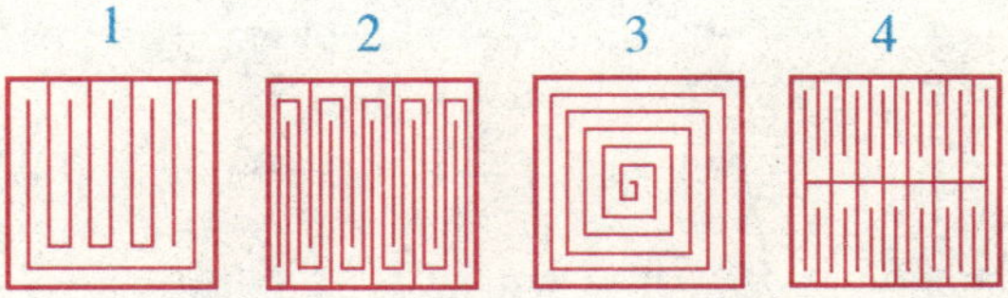

右图的 4 张剪纸，哪一个展开后能够形成一个大环形？

281

一封假遗书

在旧金山的一家旅馆内，有位客人服毒自杀，名探詹姆接到报案后前往现场调查。

被害者是一位中年绅士，从表面迹象看，他是因中毒而死。

“这个英国人三天前就住在这里，桌上还留有遗书。”旅馆负责人指着桌上的一封信说。

詹姆小心翼翼地拿起遗书细看，内文是用打字机打出来的，只有签名及日期是用笔写上的。

詹姆凝视着信上的日期——3.15.99，然后像是得到答案似地说：“若死者是英国人，则这封遗书肯定是假的。相信这是一宗谋杀案，凶手可能是美国人。”

究竟詹姆凭什么这么说呢？

282

提示猜想题

我说五句话，你能找出我说的是什么吗？

A. 用中文表达是 5 个字。

B. 地理名词。

C. 900 万平方千米。

D.三毛。

E. 干草原、沙丘、矿质荒漠。

现在知道了吗？

283

巧摆瓶子

有四瓶啤酒，你能设计出一种摆法，使每两只啤酒瓶的瓶盖之间的距离相等吗？

284

浓烟飘向哪个方向

在铁轨上，有辆电动机车以每小时100千米的速度向前正常行驶。迎面的大风以每小时30千米的速度刮过来。现在有一个问题要考考你：你知道从车头冒出的浓烟会以什么速度飘向哪个方向？

285

莫明其妙的对话

单位年底召开“优秀员工表彰大会”，老田望了望和自己一样站在主席台上接受表彰的同事，对站在旁边的小王说：“哈，女同事还真不少呢，占了1/3。”小王也看了看说：“哪有那么多，也就占1/4。”他俩都没说错，那么站在主席台上的人到底有多少男员工，多少女员工呢？

286

扑克牌的暗示

数学家葛教授出差，住在一家星级酒店里。

一天深夜，人们发现他昏迷在酒店的一间包房内，而随身带的钱包却不见了踪影。罪犯在现场没有留下任何痕迹，只是教授的手里握着一张扑克牌“K”。然而，这间酒店的房门号都是三位数，如果说这张牌代表“013”号房门，酒店又恰好没有这个房间号。但聪明的探长还是一下就明白了，很快抓到了罪犯。

你能想出来吗？

287

合二为一

有一个木匠，他把两个中间挖空的椭圆形小桌各锯成4块，然后再拼成了一个实心的大圆桌。你知道他是怎么做的吗？

288

掉在井里的喜鹊

有一只喜鹊掉进一个枯井里，它能自己飞出来吗？

289

有几种路线

左图有16个点，呈4 × 4排列。现在用一条连续的线段把这些点连起来，形成封闭的路线（说明一下，封闭的路线是指起点与终点都是同一点的线路）。你能找到几种路线？

290

破绽在此

海边的H市某天晚上受到了台风和暴雨的袭击。

第二天早晨，在公园发现一具男尸，浑身湿淋淋地趴在地上，旁边还有一顶死者的帽子。现场没有留下任何痕迹，更找不到目击证人。

经验尸，死亡时间已经超过20个小时。警员断定，这不是凶杀现场，死者是被人由别处搬运来的。

警员是根据什么下此结论的呢？

291

世界难题

地球上是先有鸡呢？还是先有蛋？

292

字母逻辑

依照左图中的逻辑，Z应该是白色还是蓝色呢？

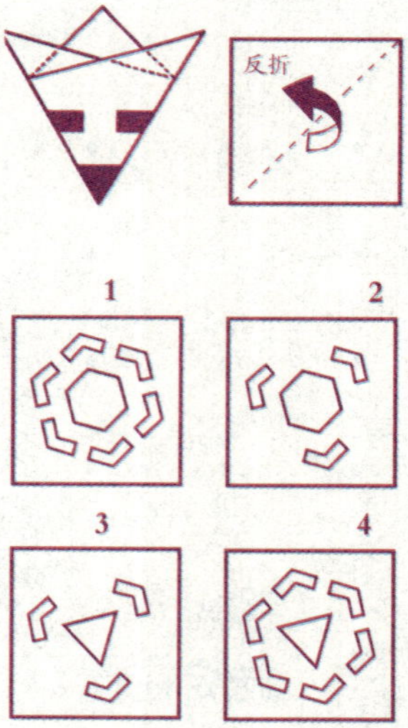

293

展开后的图形

将正方形色纸沿着虚线对折，再折成三等分，将阴影部分剪掉，展开后会是右边的哪个图形？

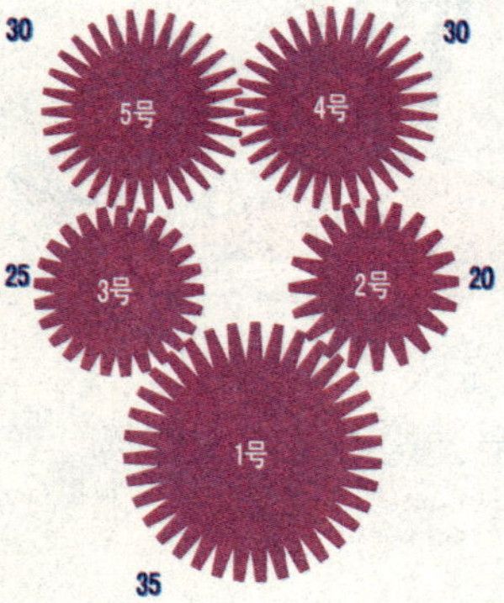

294

连动齿轮

5个组合的连动齿轮，每个齿轮的齿目都标在旁边。如果你转动1号齿轮两圈，5号齿轮会转动几圈？

295 数字谜语

数字也可以做谜语，你能猜出下面各数字谜语的谜底吗？

八	（打一发型）	2.5	（打一成语）
十	（打一中药）	99	（打一成语）
九	（打一节日）	2，4，6，8	（打一成语）
九	（打一中药名）	718	（打一成语）
千	（打一人体部分）	1 / 1	（打一成语）
二	（打一成语）	1000	（打一成语）
十	（打一成语）	3 + 3	（打一人名）
3 － 2 =？	（打一成语）	50 + 50	（打一中药名）
3 － 2=10	（打一成语）	2 + 1 = 3+5	（打一数学名词）
15	（打一成语）	2 + 2 =	（打一字）
15 分 = 1000 元	（打一成语）	8	（打一出版物名词）
1 / 100	（打一成语）	24	（打一体育术语）
6 × 6	（打一成语）	100 － 1	（打一字）
1881 — 1981 鲁迅	（打一成语）	0+0	（打一京剧名）

296 骰子布局

用下边的骰面布局，能构成 A、B、C、D、E 中的哪一种情形？

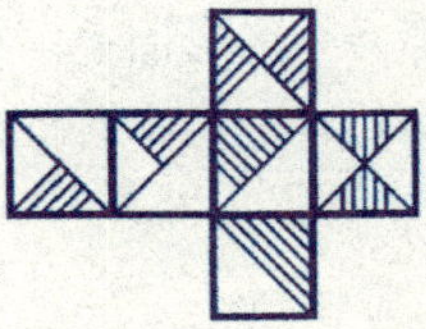

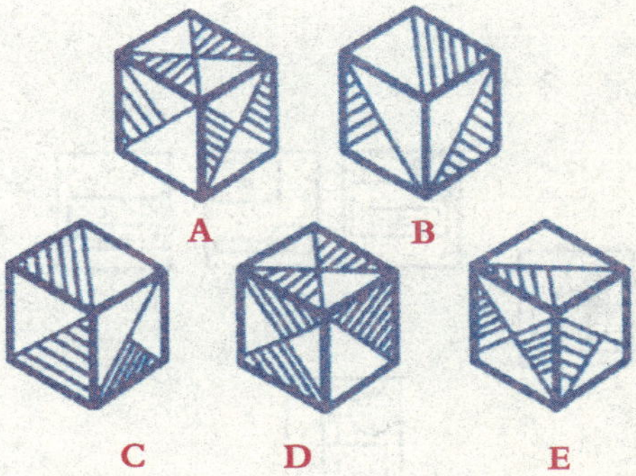

297 说变就变

有一张卡片如图1，只要在它上面剪一刀，就能拼出另一张如图2的卡片来。你会拼吗?

图1

图2

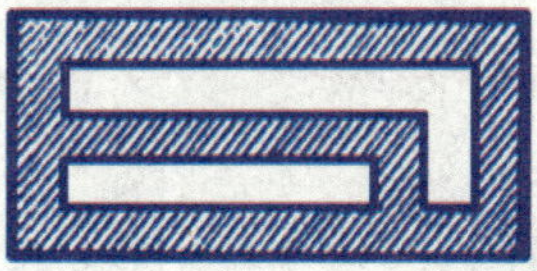

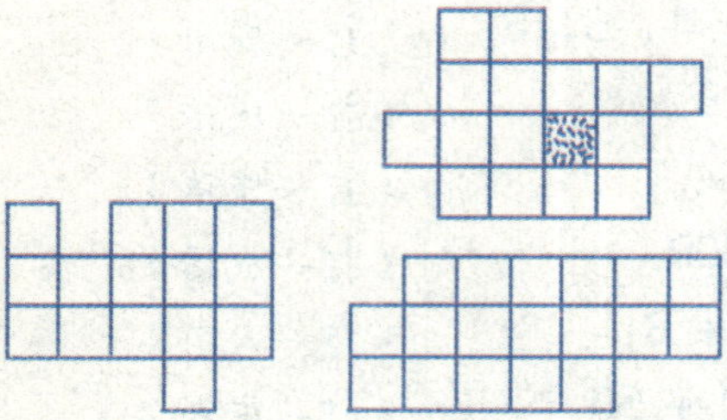

298 三等分

你能将左面三个图形分成大小、外形完全相同的三个小图形吗?

299 “无情”的丈夫

皮特手执鲜花到医院去接新婚的妻子，医院的护士对他说:“你的妻子正在做手术。”“什么手术?”“大脑手术。”皮特可没有因妻子正在做什么手术而自责，反而在外边哼起了歌。他是不是对妻子太无情了呢?

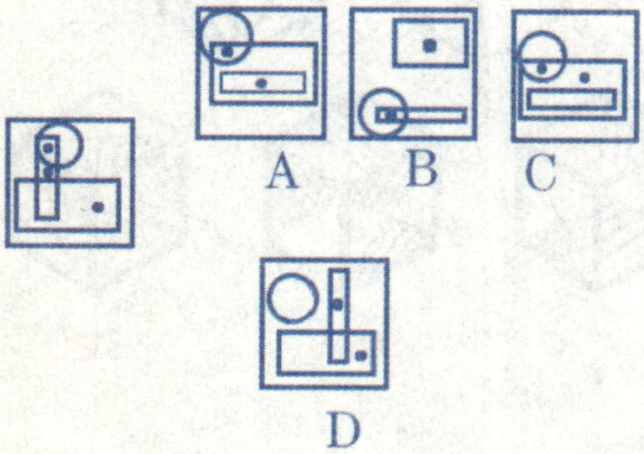

300 哪一个图形相似

左边图形中，A、B、C、D四个图形中哪一个图形加上一点后与最左边的图形相似?

301

镜子里的影像

想象你在镜子前。请问：为什么镜子中的影像可以颠倒左右，却不能颠倒上下？

302

布满镜子的小房

有一间小房里的四周全部布满镜子，所有的墙面、地面甚至门，没有不是镜子的地方。你走进去，关紧门，将会看到什么现象？

303

太空人打赌

有两个太空人在火星上探测。一个人和他的同伴打赌，说他可以闭上眼睛，在上面走上整整 1 千米而且距离完全正确。他能做到吗？

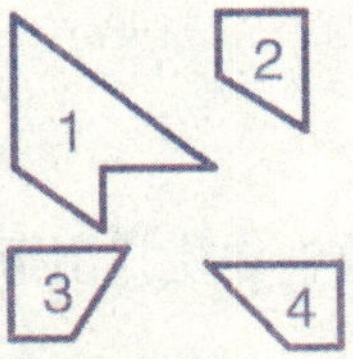

图1

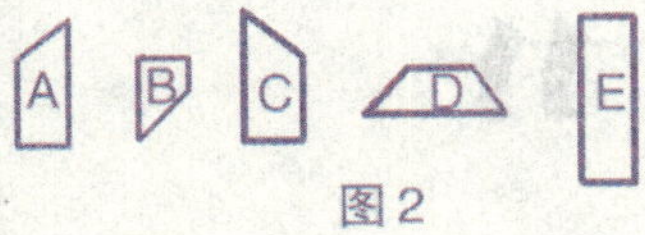

图2

304

摔碎的塑料尺

左面的两幅图是两把摔碎的塑料尺，图1为“T”字形尺，图2为“工”字形尺。请你把它们拼回原样吧。

305 自动飞回的皮球

皮皮用力将一只皮球扔了出去，球没有碰到任何障碍物，可奇怪的是，皮球在空中飞了一会儿后，又飞回到了皮皮手中。你知道皮皮有什么本事能让皮球自动返回吗？

306 比面积

有两个三角形，一个三角形的三边长是3，4，6；另一个三角形的三边长是300，400，700。哪一个三角形的面积大？

307 三角形管线

这是一个由几个不可能存在的三角形组成的图像。想象这个图形是由金属管制成，再进一步假设我们如图所示：把一个立方体（深色面朝上）放进去，让它沿着金属管绕行一圈。当它回到原处时，深色的一面朝什么方向呢？

308 能上下颠倒的数

0，1，8，11是四个能上下颠倒写还是一样的数，你能找出下一个有这种特性的数吗？

309

只准剪一刀

你能在这两个图形上只剪一刀，然后将它们拼成一个正方形吗？

310

猜一猜典故谜语

典谜是指以史实为典故、传说故事为谜面隐喻谜底的谜语。这种特殊谜语是灯谜中的佼佼者，妙造自然，鬼斧神工。猜谜时要弄清所用典故、故事的来龙去脉以及基本内容。

①精忠报国。（称谓二）

②不可沽名学霸王。（成语一）

③鲁达当和尚。（成语一）

④朝发白帝，暮至江陵。（成语一）

⑤枕中记。（《红楼梦》诗句一）

⑥孤灯挑尽未成眠。（《阿房宫赋》句一）

⑦七擒七纵。（杂志名称一）

⑧桃花潭水深千尺。（成语之一）

⑨关公坐失华容道。（字一）

⑩无面目见江东父老。（字一）

311

涨潮

“五一”期间，皮皮一家去海边游玩，他第一次看到海，充满了好奇，特别是看到涨潮落潮时，简直看得入了迷。他很想知道，涨潮时每小时海水上涨了多少。于是，他想了一个办法，在大游轮的船舷边上放下一条绳子，绳子上系有10条红色的手帕，每两个相邻的手帕间相隔20厘米，绳子的下端还特地系了一根铁棒。放下时，正好最下面的一个手帕接触到水面。

涨潮了，皮皮赶紧跑去看绳子上的手帕，并带上表计时。他能测出潮水每小时涨多少厘米吗？

312

时髦妈妈的裙子

时髦妈妈嫌她的这条裙子过时了，就把它改成了一条正方形的裙子，而且只剪了一下。你知道她是怎么做的吗？

313

最大和最小

用火柴排成下列算式，其值为17。现在只许移动1根火柴，使这道题结果最大；若要使运算结果最小，又该移哪一根呢？

56-39=17

314

奇妙的摩比斯带

一条纸带应该有两面。好吧，如果把纸带一头的正面和另一头的反面粘在一起，就成了一个纸圈。你能把这个纸圈的一边涂成红的一边涂成绿的吗？

315

新阵式

学校鼓乐队有10个人，老师准备让鼓乐队变个新阵式，每排4人，排成5行，你知道这个乐队是怎么排的吗？

316

湖光塔影

在北大校园里，有一池湖水叫未名湖；它旁边有一座水塔，名为博雅塔。塔倒影在水中，是燕园的一大景观，称之为“湖光塔影”。图中是用10根火柴摆的一座塔，你只要移动其中的3根火柴，“湖光塔影”便会呈现在你面前！

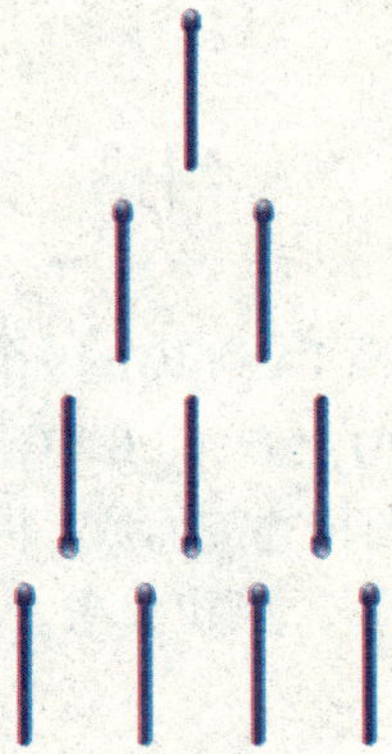

317

吃梨子

5个人用5分钟吃了5个梨子，那100个人吃100个梨子用多少分钟？

318

大挂钟

皮皮家的大挂钟报时的时候，相邻两次的钟声间隔时间为5秒钟。如果大挂钟连续敲12下，要花多少时间？

319

拼长方形

左图中是一块形状不规则的木板。请想想，怎么样才可以把木板切成两块，并把它拼成一个3 × 5的长方形，而且不需要翻面？

320

纠错

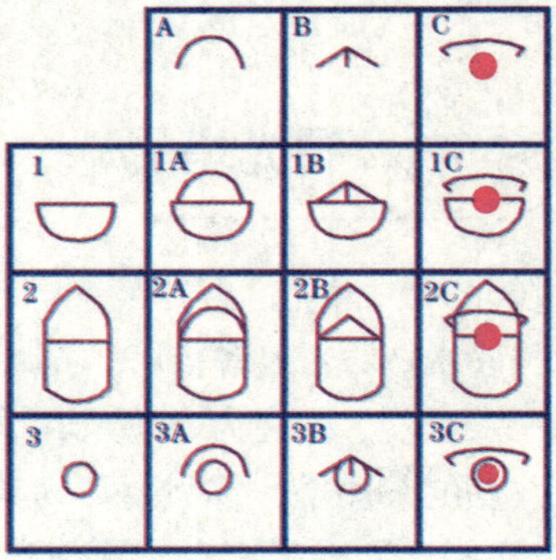

右图从1A到3C的9个小方格中的图形，是由上方A、B、C与左边1、2、3中的两图相叠加而成。但其中有一图形叠加错了，请找出来。

321

比周长

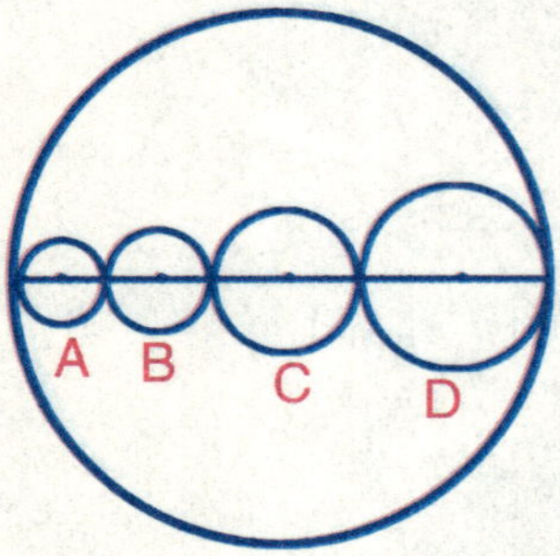

如左图，大圆中有4个大小不同的小圆A、B、C、D，小圆两两外切，且4个小圆的圆心都在大圆的一条直径上，A圆和D圆与大圆外切。请问，4个小圆的周长之和与大圆的周长比较，哪个长？

322

称砝码

只有3个不同的砝码，你能用天平称出包括3到13千克的所有整千克数吗？

323

哪个不合群

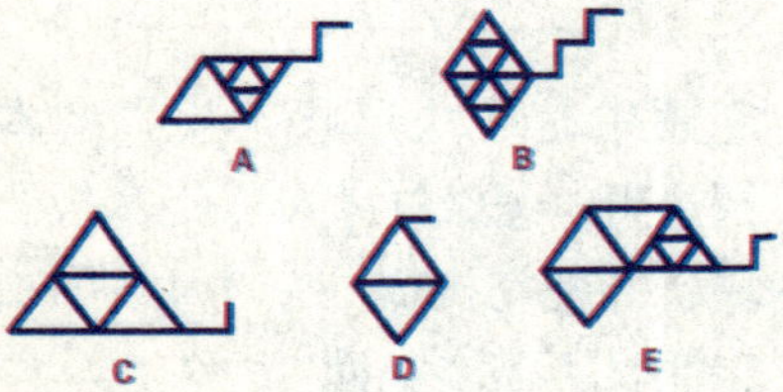

在左面这5幅图中，哪一个是不合群的？

324

步行比乘车快多少

周末皮皮放学后，站在车站等汽车，等了很久，汽车也没有来。因为他想回家换衣服和同学去踢足球，心里非常着急，就步行往家里走去。如果他乘车10分钟就可以到达，他步行要40分钟到达。当他走到全路程的1/2时，公共汽车来了，他又乘上汽车走完了全程到达目的地。他这样与一开始就乘汽车比较起来，能快多少分钟？

325

找图配词

想知道你的审美水平怎样吗？做下面三道题，测试一下。

（1）下面三幅图中，哪一幅最能体现词语“平衡”的意义？

A　B　C

（2）下面三幅图中，哪一幅最能体现词语“和谐”的意义？

A　B　C

（3）下面三幅图中，哪一幅最能体现词语“优雅”的意义？

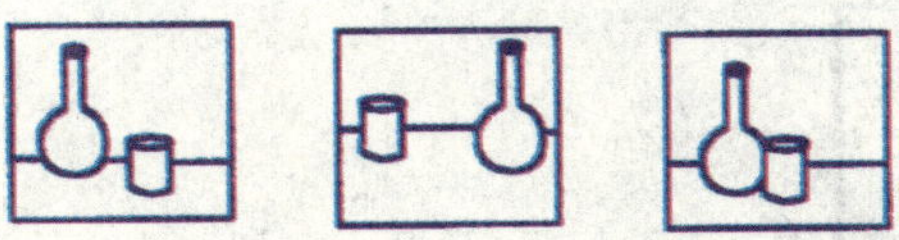

A　B　C

326

猜概念或名词

由下列给出的提示项推理一个概念或名词。

A.楚汉之争　B.纸上谈兵　C.三十二　D.拿不定主意

327 下一个图形是什么样

右面这组图形变化序列的下一个该是什么样子？

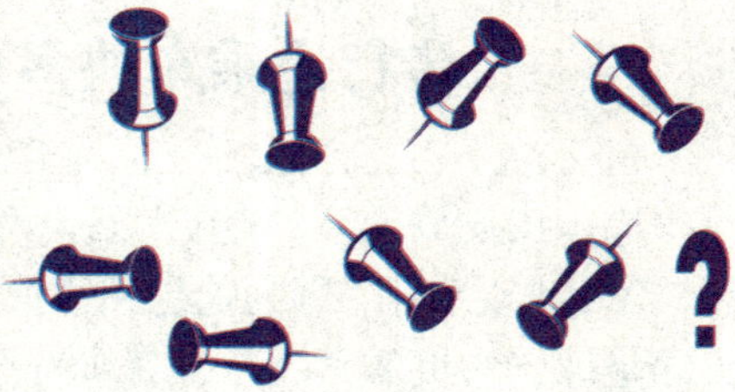

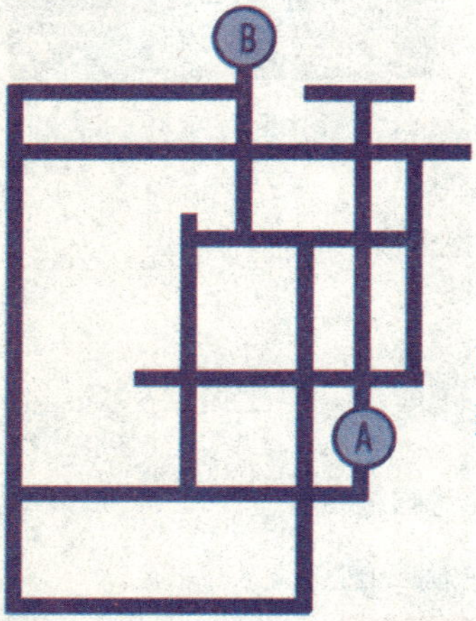

328 指路

我住在A处，我有个朋友住在B处。我该如何以“最简单”的方向指引，让她能用左面的地图找到我家？（她所走的路程不必是最短的）

329 巧移1根

右图中3道算式都不相等，每次移动1根火柴使每道算式相等。你能做出几道题？

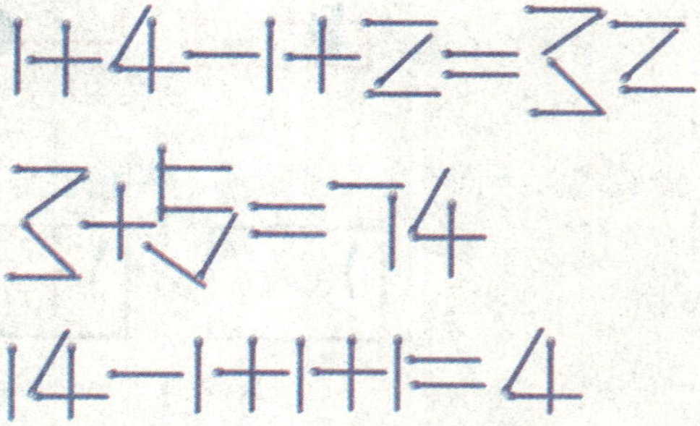

330 哪只鸭子先上岸

左图中的两只鸭子哪只先上岸？小提示：这两只鸭子有什么不同？想一想，就会明白。

331

司机的妙计

司机接到一个任务，要在天亮前把货柜车送到目的地，不料途中经过隧道时，货柜车却无法前进，因为货柜顶端两个角被圆拱形的隧道口顶住。货柜是正方形的，无论怎样放置，仍会阻碍前进。

司机左思右想，终于想出一条妙计来，使得货柜车顺利通过了隧道。你知道他用什么方法通过的吗？

332

找不同

在A、B、C、D、E 5个图形中，哪一个是不合群的？

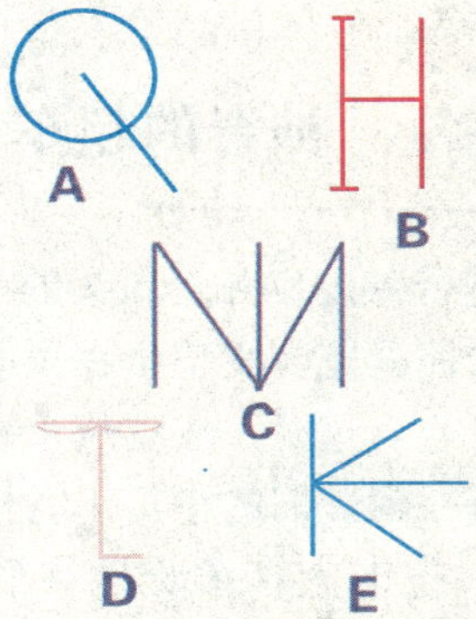

333

找对应

A与B相对应，同理，C与D、E、F、G、H之中的哪一个相对应？

334

搭桥

你能将15块红砖或砖形模具、积木搭成右图所示的桥形吗？

335

戒烟的妙法

你想戒烟吗？告诉你一个办法，保证能戒掉烟。

一包烟有20根，请你点燃第一根香烟，抽完后，1秒后点第二根香烟。抽完第二根后，过2秒再点燃第三根。抽完第三根后，等4秒后点第四根。之后等8秒，如此下去，每次等待的时间加倍就行。只要你遵守规则，我保证，抽不完两包烟，你就能戒掉烟。想知道为什么吗？

336

神奇的超车

爸爸带着皮皮开着新买的小汽车沿湖滨公路游览，皮皮坐在里面别提有多么开心。这时，皮皮从车镜里看到后面有一辆破旧的小货车，开得很慢，像一位老人在艰难地往后倒着走。小货车越走越远，渐渐看不见了，皮皮高兴得在车上手舞足蹈。

湖边的路只有三米多宽，是单行线，皮皮玩累了，一会儿就睡着了。等他一觉醒来，简直不敢相信自己的眼睛，小货车竟然慢腾腾地开在自己的车前面，它是怎么超过去的？

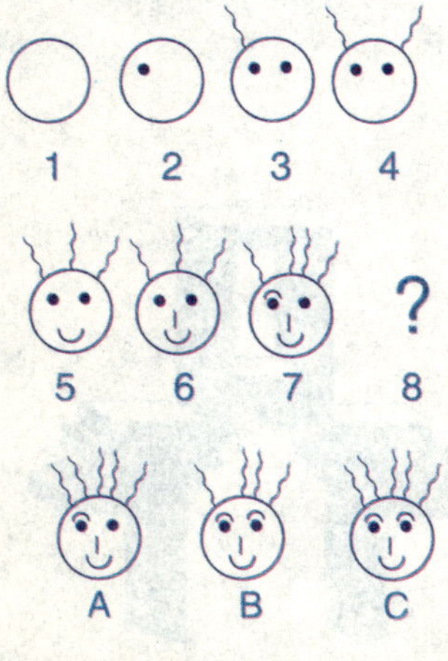

337

变脸

图中头7个脸面形象的变化有一定的规则。最下面的A、B、C三图中，哪一个是符合这一规则的第八个形象？

338 谜语大聚会

（1）四四方方一块，乌乌黑黑一片，白龙弯弯一走，脚印人人看见。

（打一文化用品）

（2）二人并肩，不缺一边，立见其可，十字撇添。

（打四字成语）

（3）孔明设计过长江，苏秦说合六国邦，失掉街亭斩马谡，刘备东吴做新娘。

（打四字成语）

（4）凸眼睛，阔嘴巴，尾巴还比身子大，一钻钻到草底下，开出一朵火红花。

（打一动物）

（5）黑脸包丞相，独坐中军帐，布下天罗网，单捉飞天将。

（打一动物）

（6）一个小姑娘，住在清水塘，穿件粉红衫，坐在绿船上。

（打一植物）

（7）望去青腾腾，走去腾腾青，敲开花樯门，个个着红裙。

（打一水果）

（8）表面斯文好看，肚里是筒黑炭，提起写字做文，嘴巴尖得难看。

（打一文化用品）

（9）同是四横四直，看来一高一低，若把两字拼合，变成四方整齐。

（打两字）

（10）三人同日去观花，朋友原来共一家，愁人去掉心头闷，终身不挂一根线。

（打四字）

（11）三月清明起，九月重阳散，弹起七弦琴，唱个不离山。

（打一动物）

（12）一个书生轻飘飘，摇摇摆摆上九霄，书生要到天堂去，人在凡间把手招。

（打一手工玩具）

（13）穿铜袍，戴铁帽，寸半小人脾气爆，平日不吵又不闹，一撞屁股脑袋掉。

（打一军事武器）

（14）盘绕玉柱一条龙，冰天雪地不怕风，冬天最得人人爱，立春以后无踪影。

（打一冬季日用品）

（15）样子长得像水果，老了就把绿袍脱，穿上红袍惹人爱，味道酸甜又解渴。

（打一蔬菜）

339

扑克游戏“24”

在工作休息的时候，大李和老王开始玩一种扑克计算游戏，这种游戏的规则是：任意抽四张牌，每张牌代表一个数字，比如方块7代表7，红桃K代表13，要求用加减乘除四种基本运算，将每个数字用一遍，使得计算结果为24。谁先算出来谁便获得这四张牌，最后以获得全副牌者为胜。大李抽了四次牌，他是这样算的：

（1）1，2，3，4四个数：1×2×3×4=24

（2）2，3，4，5四个数：（5－2＋3）×4=24

（3）3，4，5，6四个数：（3＋5－4）×6=24

老王也抽了四次牌，他抽到的牌却比较难：

（1）3，3，7，7

（2）4，4，10，10

（3）5，5，1，5

（4）9，9，6，10

（5）1，4，3，6

老王不知道该怎么算，你知道吗？

340

立体图形

根据立体图形的透视原理，你知道左图是由多少块积木堆砌而成的立体图形吗？

341

图形互补

请问：A、B、C、D、E这5个图形中，哪一个跟上面的图形互补？

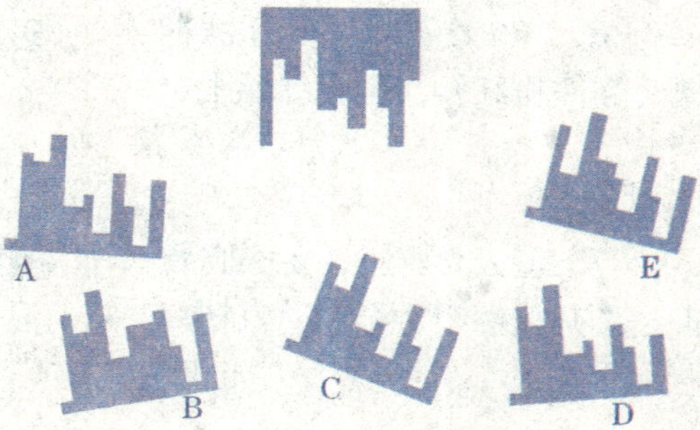

342 对应图

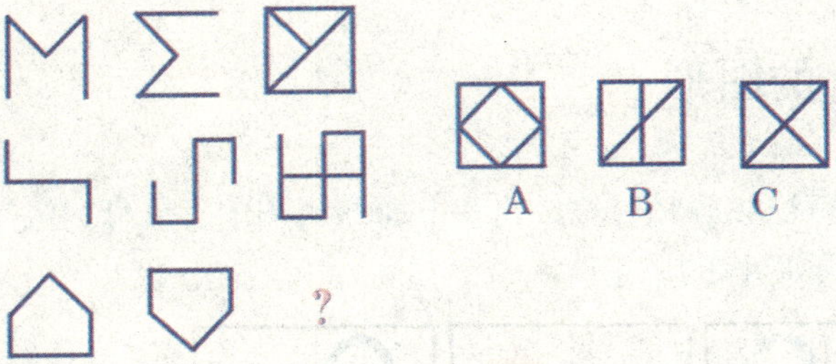

根据左边图形的组成规律，你知道问号处是什么图形吗？

343 三角柱体展开图

这是从某个角度观察所画出的三角柱体。请问，这个三角柱体的展开图是哪一个？

344 李白买酒

李白街上走，提壶去买酒。
遇店酒加倍，见花喝一斗。
三遇店和花，喝光壶中酒。
问：壶中原有几斗酒？

345 爬楼梯

皮皮和琪琪两人同住一幢楼，皮皮住第8层，琪琪住第4层，每层楼的楼梯一样高。琪琪于是对皮皮说："每天我们同样上楼，你要比我多爬一倍的楼梯呢！"

请问：琪琪说的话对吗？

346

找不对称的图形

对称有上下对称，左右对称和旋转对称，但在下面四组图中，只有一组与其他三组都不对称，请找出不对称的一组。

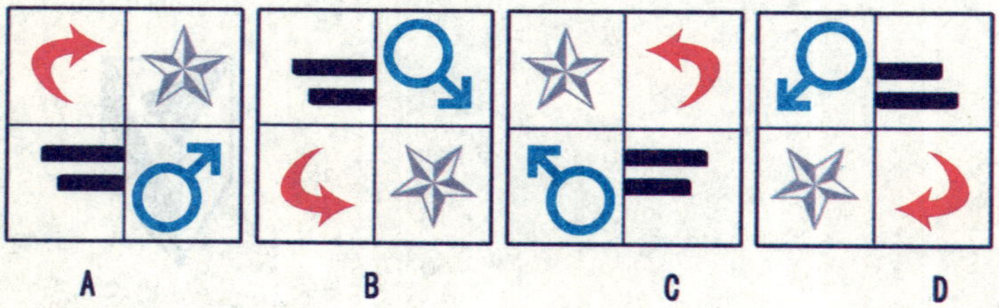

347

巧摆木棍

有4根10厘米长的木棍和4根5厘米长的木棍，你能用它们摆成3个面积相等的正方形吗？

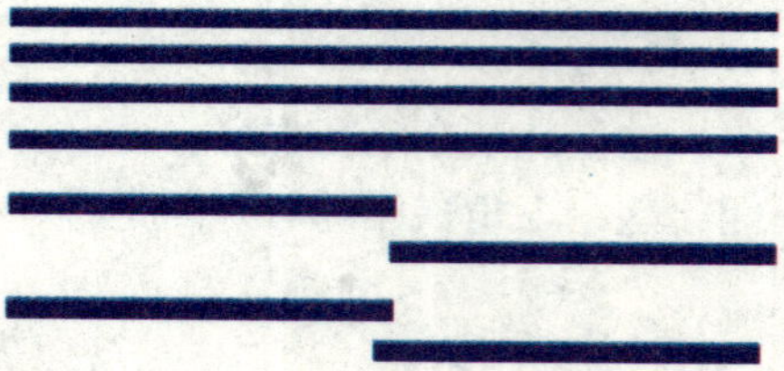

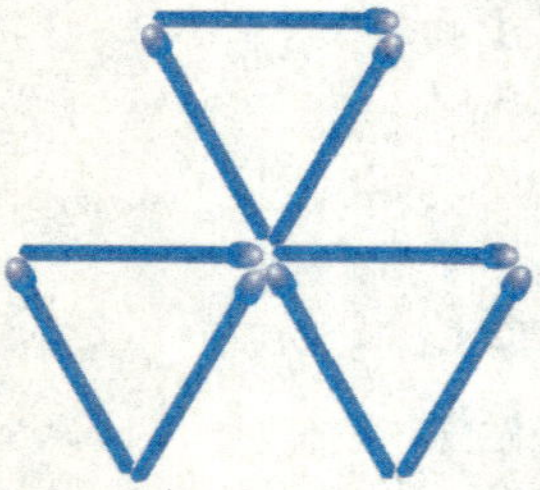

348

越变越多

用9根火柴拼成3个三角形，现在请你每次移动其中的3根火柴，只要你勤于思考，就可以使图中三角形变成4个、5个……甚至10个。

349

有几处不一样

你有看一眼就能分清一对孪生兄弟或姐妹的能力吗？你对表面看起来相同的事物，能一眼找出它们的不同吗？这道题就是一个很好的检测机会。右面两幅图看起来完全相同，其实不然，它们有几处不一样，你能找出来吗？

350

飞来的超车罚款

小轿车开始进入寻常人家了，只要你努力，想必你也会拥有一辆。不过你要遵纪守法，别违章驾车哟，路上的交警现在已经够忙了，你再添乱，他们很可能特别“关照”你，让你晚上睡不着觉。暂时别扯这些了，还是轻松一下，做一道题吧！一个小问题：假如你和你的朋友分别开着新买的汽车从A地到B地去，你俩走的是同一条路，你的朋友在前，你在后，你的车从未超过你的朋友，你的朋友也没有超车，可你却接到超车的罚款。这样想不通的事可能吗？

351

硬币金字塔

利用硬币排成金字塔图形。

以移动最少的硬币为原则，将金字塔图形上下颠倒。以2～5层的金字塔图形为例，只要移动图中有颜色的硬币，就可以将图形上下颠倒。

请问，要将6层金字塔图形上下颠倒，最少需要移动几枚硬币？

352

计划有变

阿哈下午3点去某公司办事，打算办完事赶回去接上幼儿园的女儿。没想到遇上堵车，去的时间用了预定的2倍。阿哈按原计划时间办完事，决定以原计划4倍的速度往回赶。请问，阿哈能按时赶到幼儿园接女儿吗？

353

农夫的话

一天晚上，市政府大楼被盗，警局接到报案后，火速赶往现场。经过紧张的现场勘查、询问证人等一系列程序后，他们把怀疑的焦点集中在附近一个农户家里。

警察问农夫：“昨天晚上发生的事，你知道吗？”

“知道，就是政府被盗。可我一直在家，没有出去，不能为你们提供更多的线索。”

“你在家干什么？”警察追问。

“我家养的十几只鸭子在孵蛋，我准备接小鸭子出生。”

你认为农夫的话可信吗？

354

四等分图形

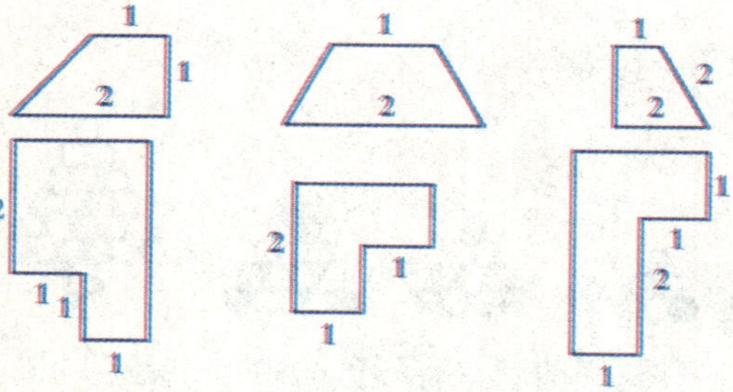

你能将左面6个四边形各分成4个形状、大小完全一样且与原四边形相似的小四边形吗？

355

口红印记

英国一名私家女侦探在泰国调查一起黑帮凶杀案时，被枪杀在她所住的饭店。附近警长带助手赶到现场，只见女侦探倒在窗下，胸部中了两枪，手里紧握着一支口红。

警长撩起窗帘一看，在玻璃上留着一行用口红写下的数字：809。他又从女侦探的提包中找出一张卷得很紧的小纸条，纸条上写着：“已查到三名嫌疑犯，其中一人是凶手。这三人是：代号608的光，代号906的岛，代号806的刚。”

警长沉思片刻，指着纸条上的一个人说：“凶手就是他!”根据警长的推断，警方很快将凶手缉拿归案。

请问，凶手是谁？为什么？

356 这句话对吗

皮皮对琪琪说："我能将 100 枚围棋子装在 15 只塑料杯里，每只杯子里的棋子数目都不相同。"这句话对吗？

357 快速建楼房

你能不能不用任何绘画工具，将右图的一间平房变成两层高的楼房？

358 鱼鳞片的变化规律

按照图中鱼鳞片的变化规律，下一个图形该是什么样的？

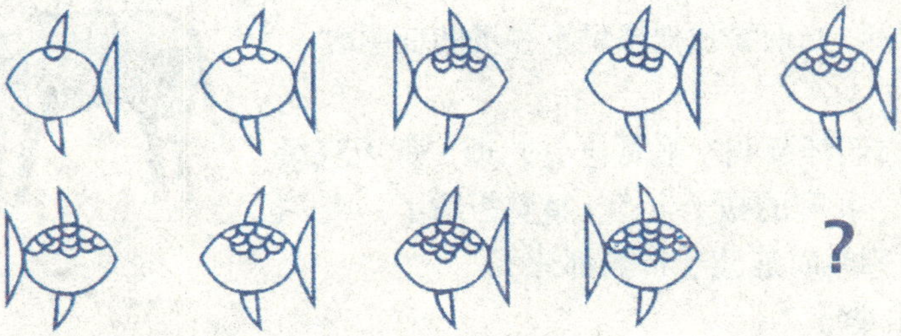

359 找相同的地方

生活中有许多表面看起来风马牛不相及的事物，其实它们之间也有许多相同之处，就像右面两幅画，虽然一个是牛，一个是狐狸，可它们也有许多相同的地方。你找一找，它们共有几处相同？

360

拼字游戏

仔细观察右面的图片，将它们重新排列，会拼成两个字。你猜是哪两个字？

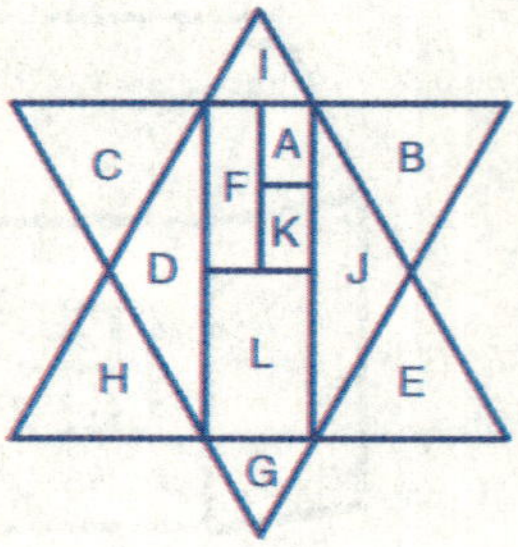

361

数图形

数一数，左图中的三角形、长方形和六边形各有多少个？

362

骡子下驹

在一起杀人案件的调查中发现，一个从事奶酪业的农夫很可疑。当刑警找他提供不在场的证明时，农夫回答说：

“什么？你们怀疑我？真是岂有此理！那天夜里我一直在家里。我家的骡子生产，整整折腾了一夜，因是难产，所以拂晓时连骡子带驹都死了。”

“你还饲养骡子？”

“是的。我想让它们互相交配生仔但还是失败了。要是求助兽医就好了，可没钱啊。”

这些话是真实的吗？

363

巧裁缝

要把左面的这块布裁成大小、样子相同的5块，该怎么裁？

364 问题手表

皮皮买了一块新手表。他与家中的大挂钟的时间做了一个对照，发现新手表每天比大挂钟慢3分钟。后来，他又将大挂钟与电视的标准时间做了一个对照，刚好大挂钟每天比电视所示时间快3分钟。于是，他认为新手表的时间是标准的。下面几个评价中，哪一个是正确的。

A.由于新手表比大挂钟慢3分钟，而大挂钟又比标准钟快3分钟，所以，皮皮的推断是正确的，他的手表上的时间是标准的。

B.新手表当然是标准的，因此，皮皮的推断是正确的。

C.皮皮不应该拿他的手表与大挂钟对照，而应该直接与电视上的标准钟对照。所以，皮皮的推断是错误的。

D.皮皮的新手表比大挂钟慢3分钟，是不标准的3分钟；而大挂钟比标准钟快3分钟，是标准的3分钟。这两种“三分钟”不是一样的，因此，皮皮的推断是错误的。

E.无法判断皮皮的推断正确与否。

365 修黑板

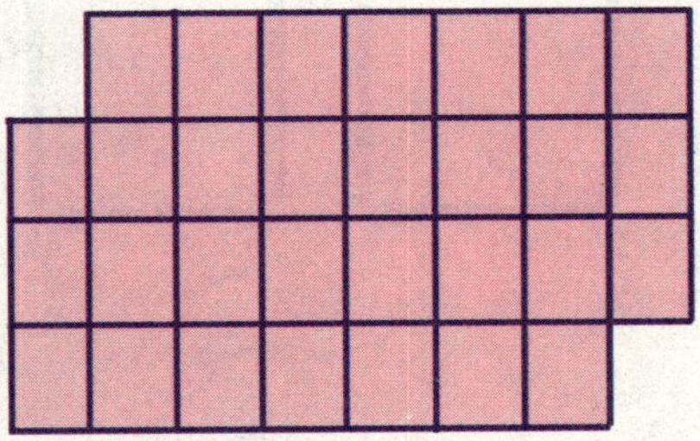

左图中这块黑板的两个角掉了。你能不能不用其他木料而把它拼成一块完整的黑板呢？

366 拼桌面

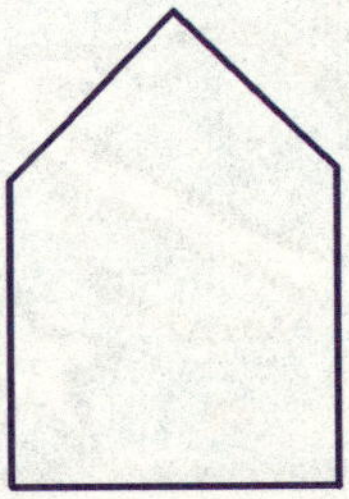

有一块木板，上面是一个等腰三角形，下面是一个正方形。你能在不浪费木料的情况下，把木板拼成一个正方形的桌面吗？

367

唐诗填字谜

唐诗填字谜是运用灯谜"漏字法"的手法，先填好唐诗句中的空格，然后顺着填进的字，运用借巧、烘托、增损等手法，另成谜底。

①二十四 ___ 明月夜。（戏曲影片名）

②旧时王谢堂前 ___。（影片名一）

③转轴拨 ___ 三两声。（影片名一）

④ ___ 能得几回闻。（影片名一）

⑤今 ___ 不乐思岳阳。（影片名一）

⑥鸳鸯不独 ___。（影片名一）

⑦宠极 ___ 还歇。（影片名一）

⑧ ___ 不与周郎便。（京剧名一）

⑨相见时 ___ 别亦 ___。（成语一）

⑩孤帆天 ___ 看。（成语一）

⑪言师采 ___ 去。（中药名一）

⑫ ___ 长江滚滚来。（成语一）

⑬我辈岂是蓬蒿 ___。（成语一）

368

没招儿就认输

用8根火柴摆2个正方形，可移动其中的4根火柴，使图中有2个正方形、8个三角形。哈哈！你还有招儿吗？

369

哪颗行星

有一颗行星，你不必穿太空服，便可在上面做一件事：往空中抛一个铁球，它只在空中走了一段路，之后会折向你的方向返回来。你知道是哪颗行星吗？

370

水果与图形替换

先花两分钟观察下面水果对应的数字，然后用纸将它蒙上，做下面的题目，看你能不能在3分钟之内做完。

371

提示性推理

由下列给出的提示项推理出一个概念或名词。

A.元末明初　　B.三顾茅庐　　C.一部历史画卷

372

吃羊

有一只野羊，狮子用2小时吃完它，熊3小时吃完它，狼6小时吃完它。如果3只野兽一块儿吃，用多少时间才能吃完它？

373

矫正视觉

仔细观察右图，然后做判断：

①图中两扇门一样大吗？

②马路与此建筑物的一面平行吗？

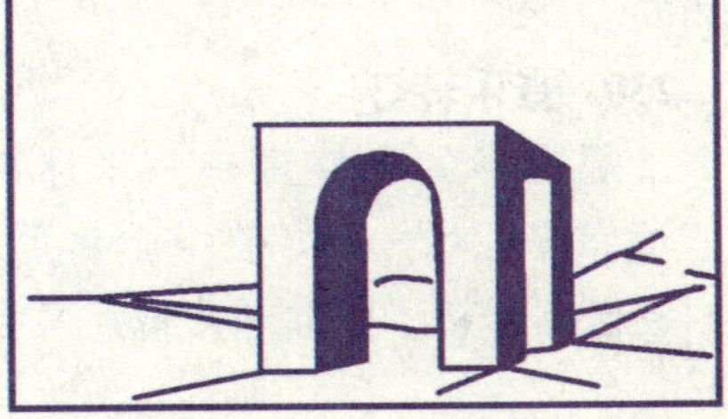

答案及解析

246. 字母谜题

E 与其他字母不同，A、I、O、U 左右对称，而 E 不能。

247. 为什么没有受伤

别去想他有什么神奇的本事了，他只是做了一件连你也能做到的事，即从座椅上跳到了机舱里，当然他不用担心安全问题了。

248. 分图片

需沿虚线剪开。

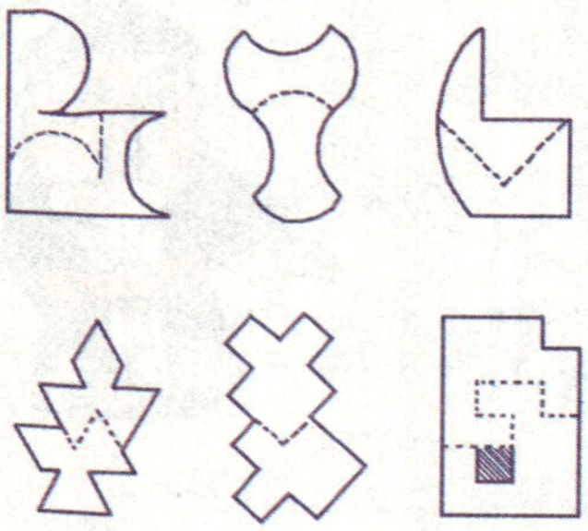

249. 谁走的路短

如果不考虑街巷的宽度，单从理论推算的话，两人走的路程是一样长的。但实际上，皮皮走的路程要短些，因为街巷不是一条细细的直线而是有宽度的，路面越宽，皮皮走的路就越直，即可选择斜边走；而琪琪走的全是两直角边，而斜边是小于两直角边之和的。

250. 音乐转灯

给那么多的条件只是为了迷惑你，请你仔细想一下，在一分钟后，它们各自刚好转了整数圈，肯定又会恰好对齐。

251. 六角星变长方形

如下图，将六角星的上下两个角剪下来，一分为二，拼到左右两个缺口上。

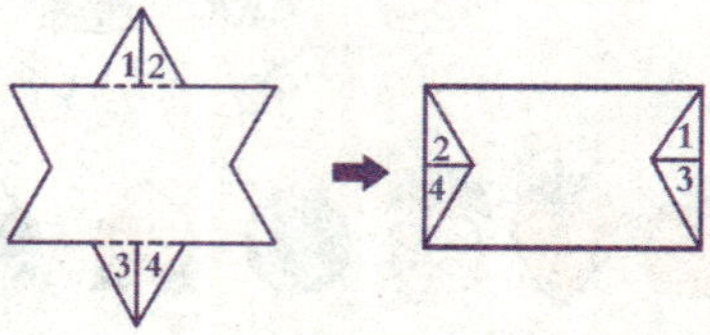

252.有趣的算式

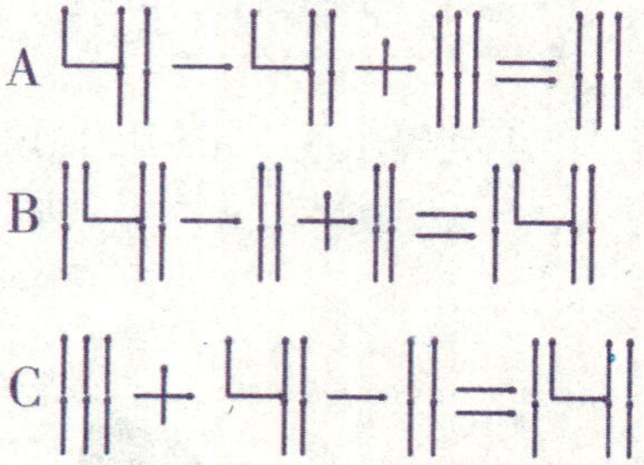

253. 数字的逻辑

3 与 5 的差为 2，5 与 8 的差为 3，8 与 12 的差为 4……最后的数是 23。它与 17 的差是 6。

254. 调转火柴

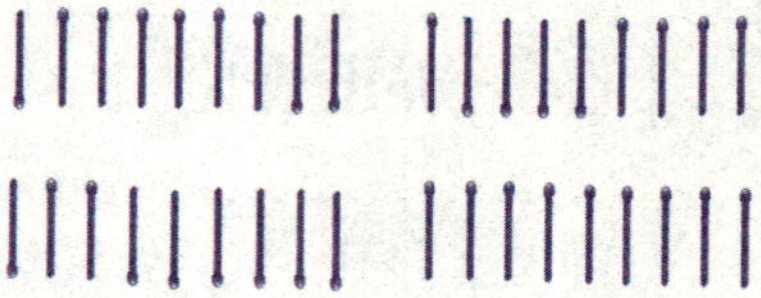

255. 一个奇怪的人

很简单，他没有双眼，但有一只眼睛。他看到了树上有两颗李子，摘下一颗并留下一颗，所以他认为摘了李子也留下了李子。你想到了吗？

256. 花数相连

39。各符号代表的数值：❁ = 9，∾ = 6，▥ = 3，⬡ = 24。

257. 毕氏三角数

我们把毕氏三角数还原成勾股定理就可以很容易看出规律。

$3^2+4^2=5^2$

$5^2+12^2=13^2$

$7^2+24^2=25^2$

$9^2+40^2=41^2$

奇数3，5，7，9……出现在第一列；第二列增加4的倍数，加8、加12、加16、加20……而第三个数比第二个数多1，所以下一个是 $11^2+60^2=61^2$，即121 + 3600 = 3721。

258. 善变的火柴

259. 一题三解

7+5-6=6

1+9-2=8

1+9-8=2

260. 猜中国城市名称

连云港，宁波，福州，洛阳，开封，长沙，无锡，武汉，蚌埠，烟台，天津，大同，贵阳，古田，锦州。

261. 龟兔赛跑

比仰卧起坐，这样乌龟就输定了。你猜对了吗？

262. 哪个图形不同

A和其他三个不一样，只有它是由单条封闭曲线组成。

B和其他三个不一样，只有它是由一条线段和一条曲线组成。

C和其他三个不一样，只有它是由两条曲线组成。

D和其他三个不一样，只有它全部由线段组成。

不管怎么样，你都是对的，但你有没有看出它们所有的区别呢？如果让你找出它们的共同点，又是什么呢？

263. 盲人分袜

幸好搞混的是袜子。袜子不分左右的，所以两人只要各取每一双袜子的一只，就会各自组成两双蓝袜子、两双红袜子。

264. 天平倾向哪边

天平最终是平衡的。冰在高温下一融化，西瓜那端就会下沉滚走，冰化成水后也会流走，剩余的水也在高温下蒸发了，天平最后依然保持平衡。

265. 智者的趣题

把最左边的小圆画在极远的右边。如下图：

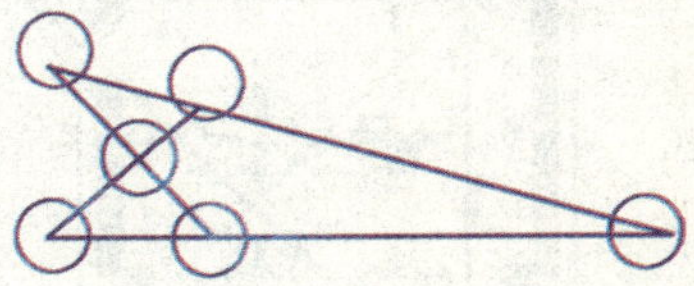

266. 发生在公共汽车上的怪事

唉！这年头，家家都买了小汽车，公共汽车的生意差多了。车上只有一位乘客，那就是皮皮，他买了票，司机和售票员当然不会向他们自己索要车票。

267. 火柴排队

268. 丑小鸭变天鹅

269. 戴墨镜的杀手

如果有人戴着墨镜从寒冷的室外进入热气腾腾的室内，镜片上会蒙上一层雾气，根本无法看清屋里的人。

270. 办公室平面图

如下图所示，撞到墙后再转弯。

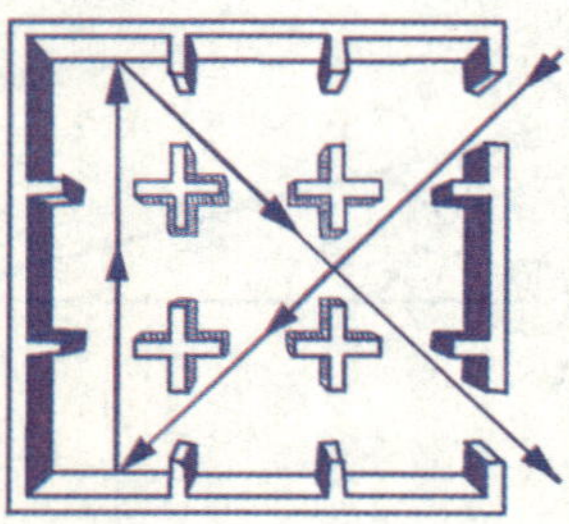

271. 旋转的圆圈

永远不能。是不是感觉上当了？

272. 妙在动 1 根

273. 保持平衡

5 个太阳符号。各符号的数值为：月亮 = 2，云 = 3，太阳 = 4。

274. 锯成“十”字形

沿虚线锯开即可。

275. 倒金字塔

5。将上一行数列去掉最大和最小数，然后反向排列得到下一列。其实无论第一行的数如何排列，因为要去掉最大和最小的数，最后肯定剩下中间数:5。

276. 不一样的图形

D。因为 A、B、C、E 4 幅图中黑块在中间且左右对称，而 D 不是。

277. 连线谜题（1）

如下图。不论中间 4 个菱形的位置如何改变，都有办法做到。

278. 连线谜题（2）

279. 图形对应

E。图形等于折叠成一半，深色箭头遮盖在淡色箭头上。

280. 展开成大环形

如图，答案有两个：2和4。其中虚线是形成环形的部分。

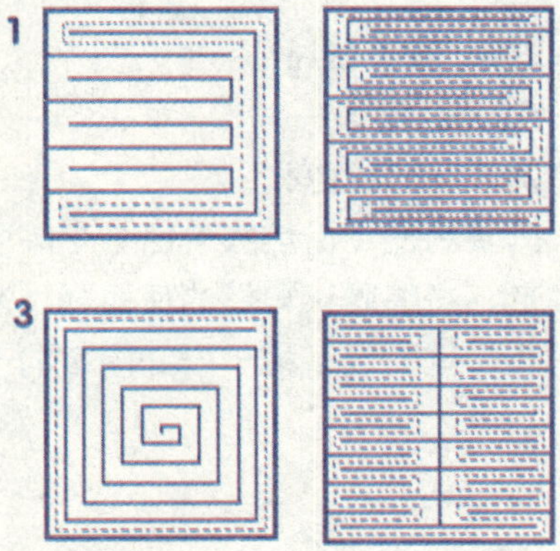

281. 一封假遗书

詹姆是看了信上的日期后，才推断凶手可能是美国人。因为英国人写时间是先写日期，再写月份的。但美式写法则刚好相反，是先写月份，再写日期的。

282. 提示猜想题

撒哈拉沙漠。

一共5个字，它的面积是900万平方千米。著名作家的作品，写的大部分与撒哈拉有关。撒哈拉沙漠的地表主要是草原、沙丘、矿质荒漠和荒山等。

283. 巧摆瓶子

将一只瓶子的瓶口朝下，让4只瓶子的瓶口成一个正四面体。

要解决这道题，关键要由平面想到立体，由一般地顺着放想到倒着放。

284. 浓烟飘向哪个方向

现在电动机车不像以往的蒸汽机车，它不会喘气冒浓烟了。这道题目与你开了个玩笑，不过它很能考你的反应能力和观察问题的能力哦。

285. 莫明其妙的对话

主席台上一共站了13人，女员工有4人，老田是男的，小王是女的，他们都没算自己。

286. 扑克牌的暗示

“牌”与“π”谐音，π即圆周率3.1415926……一般取3.14计算。数学家用π的数值提醒人们，罪犯是住在这间酒店314号房间的人。

287.合二为一

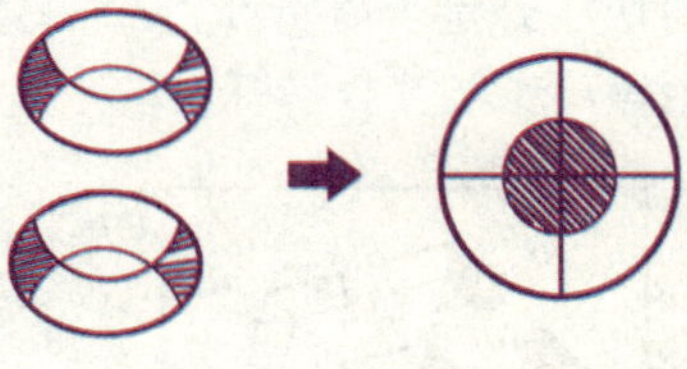

288. 掉在井里的喜鹊

不能。因为鸟的飞行原理与一般飞机相同，必须有足够长的飞行空间。它学不了直升飞机，所以只能“坐井观天”了。

289. 有几种路线

有3种，如下图所示：

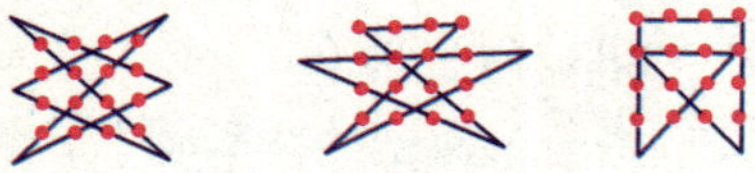

290. 破绽在此

案件的破绽就是那顶帽子。由于昨晚有台风刮过，因此，死者的帽子不可能遗留在现场。

291. 世界难题

当然是先有蛋。为什么？请你再看一下题目，题中问的是"蛋"，而不是非鸡蛋不可。爬虫类也会下蛋，它们比鸡要早出现好多万年，所以当然是先有蛋了。

292. 字母逻辑

Z应该是蓝色的。所有的蓝色的字母都能一笔写完，白色的字母则不行。

293. 展开后的图形

答案是图形1。可以在4个图形上试着把折线画出来，如果呈现出和阴影部分相同的图形，就是答案。或者仔细观察展开图，观察四边形的阴影部分的切口处是否平行及两个四边形的间距等，也能够找到答案。

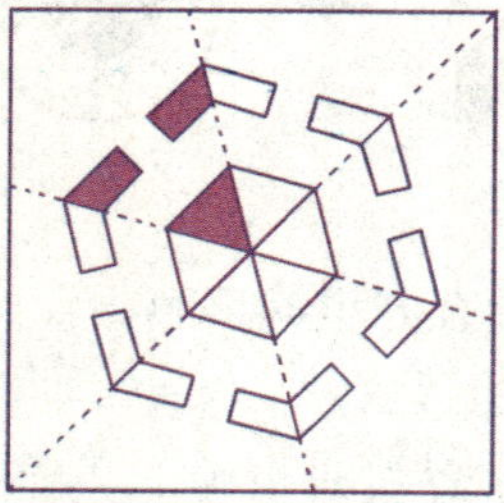

294. 连动齿轮

如果你找到了答案，你应该知道我在骗你，因为按照这样的组合，没有一个齿轮可以转动。每个轮子要有相同的齿距，整个齿轮组才能转动。并且你会发现，无论你向哪个方向转动，最后传递回来的都是相反的力量，所以答案是一圈也转不了。

295. 数字谜语

分头，三七，八一，补心丸，舌头，始终如一，三三两两，一字之差，以一当十，一五一十，一刻千金，百里挑一，三十六计，百年树人，接二连三，百无一失，无独有偶，七上八下，始终如一，漏洞百出，陆定一，百合，不等式，井，连环画，双打，白，《连环计》。

296. 骰子布局

C。

297. 说变就变

只要将图1沿虚线剪出一个等腰三角形，将等腰三角形的反面翻过来拼上去，就变成了另一张如图2的卡片了。

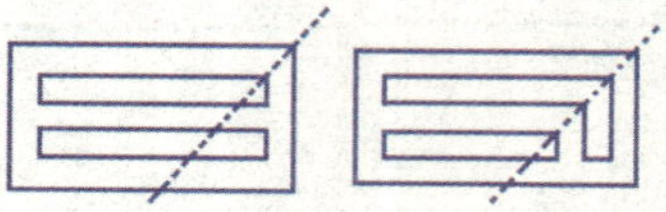

图1　　图2

298. 三等分

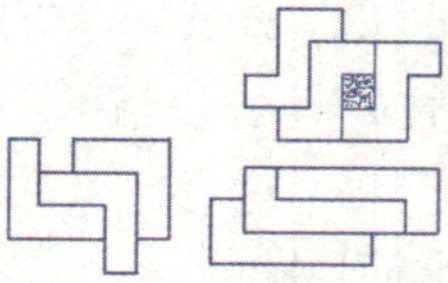

299. "无情"的丈夫

你绝对错怪他了！他的妻子是外科医生，正在给病人做手术。

300. 哪一个图形相似

B。理由是小长方形与圆共有一个圆点，但大长方形与小长方形间没有共同的圆点。

301. 镜子里的影像

其实这和镜子没有什么关系，是因为人的眼睛分左右，所以镜子中的影像就分左右了。如果你侧身看镜子，也就是一个眼睛在上，一个眼睛在下，你就可以看到上下颠倒的影像。

302. 布满镜子的小房

也许你会想，你能看到无数个自己，其实你什么也看不见。因为没有光线能射进房间里面，到处一团漆黑，即使你有火眼金睛也不行。

303. 太空人打赌

当然能。只要他一直往前走，超过1千米就行。在他走过的路线上，绝对有一点与他出发点的距离恰好1千米。

304. 摔碎的塑料尺

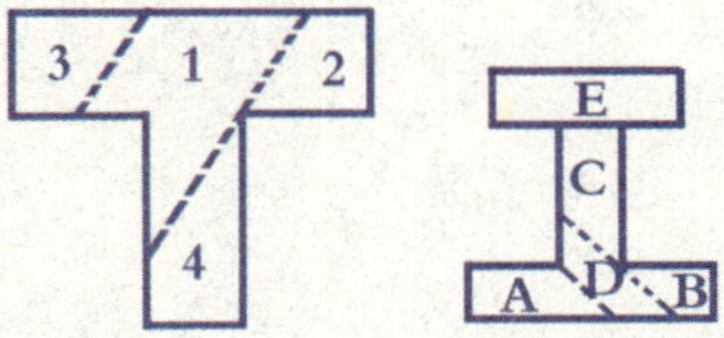

305. 自动飞回的皮球

没什么本事，只需要将球垂直向上扔再接住即可，想必你也一定能做到。

306. 比面积

三边是3，4，6的三角形的面积大。也许你还想去求两个三角形的面积，然后比较大小，可两者的面积不那么好求。其实本题根本不用去求三角形的面积。3，4，6能构成一个三角形，它的面积不为0；而300，400，700不能构成一个三角形，只是一条长的线段，当然面积为0了。所以，三边是3，4，6的三角形的面积大。做题时，可要先好好分析一下题干！

307. 三角形管线

也许你会有点惊讶，因为还是深色的那一面朝上。这是该几何图像看起来很有说服力的原因，虽然它不可能在实际中制造出来。

308. 能上下颠倒的数

88。

309. 只准剪一刀

把2个图形叠起来剪（如图1），一刀就行了。然后再拼起来，便是正方形了（如图2）。

图1

图2

310. 猜一猜典故谜语

①岳母、令郎。

用典：取南宋抗金名将岳飞母亲在岳飞背上针刺“精忠报国”，激励岳飞忠心报效国家的故事。见《宋史·岳飞传》。

②残兵败将。

用典：见《史记·项羽本纪》等篇。

③半路出家。

用典：取《水浒》中鲁达打死了镇关西后才半路出家当和尚，改名鲁智深之说。

④一日千里。

用典：见李白《朝发白帝城》诗和北魏郦道元《水经注》中“……有时朝发白帝，暮至江陵，其间千二百里，虽乘奔御风，不加疾也”的记载。

⑤一载赴黄粱。

用典：谜面取唐人沈既济传奇小说《枕中记》故事，谜底句出自《红楼梦》十二钗正册贾迎春判词“子系中山狼，得志便猖狂。金闺花柳质，一载赴黄粱”。

⑥楚人一炬。

用典：谜面出自白居易长篇叙事诗《长恨歌》。谜底取《史记·项羽本纪》项羽放火烧阿房宫的史实。底文出自杜牧《阿房宫赋》。

⑦《收获》。

用典：取《三国演义》中诸葛亮七擒七纵孟获的故事。

⑧无与伦比。

用典：根据李白诗句“桃花潭水深千尺，不及汪伦送我情”（《赠汪伦》）而得。

⑨遭。

用典：取《三国演义》中，关公在华容道边放走曹操之意。

⑩诩。

用典：谜面是楚霸王项羽乌江自刎前说的话。

311. 涨潮

不能。皮皮忘了“水涨船高”的道理。因为潮水上涨了，船也随之升起，船与绳子连在了一起，绳子当然也随着上浮。水涨多少，它们上浮多少，依然是最下面的一个手帕结接触到水面，所以他测不出来。所以，凡事要三思而后行，不然只会徒劳一番。

312. 时髦妈妈的裙子

剪两刀很容易，分别剪去两边突出的部分（见图1）。剪一刀需先左右对折一下（见图2），再剪去突出的部分，即可。

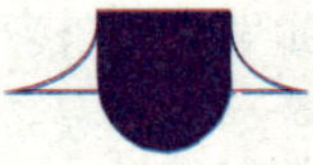

图1

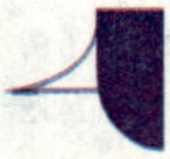

图2

图3

313. 最大和最小

$$55+39=94$$

$$50-39=11$$

314. 奇妙的摩比斯带

不能。摩比斯带只有一个边及一个面。

315. 新阵式

316. 湖光塔影

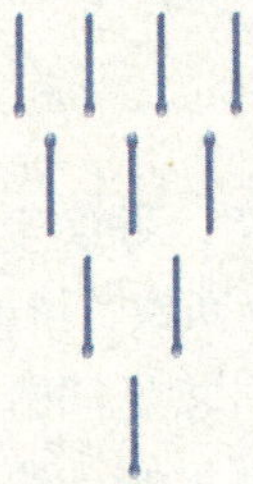

317. 吃梨子

要5分钟。5个人用5分钟吃了5个梨子，也就是说1人吃1个梨子要花5分钟（记住是5分钟，而不是1分钟），那100个人吃100个梨子，也就是1人吃1个梨子，当然也是要花5分钟。

318. 大挂钟

55秒。记住，钟敲了12下，但时间的间隔只有11下，所以为55秒。

319. 拼长方形

如下图所示：

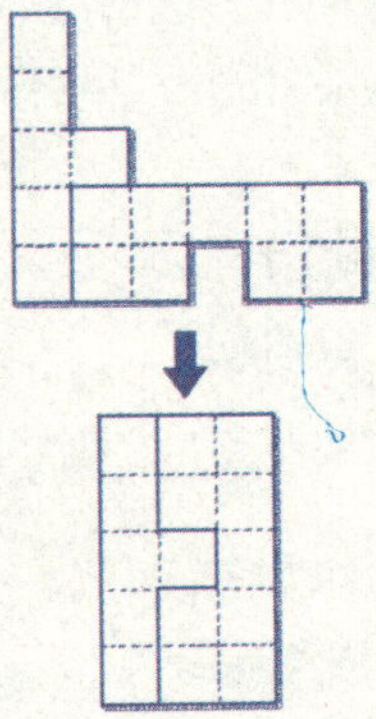

320. 纠错

2B。

321. 比周长

一样长。圆的周长是直径与圆周率的乘积，而4个小圆的直径之和刚好等于大圆的直径，圆周率是一定的，所以两者当然相等。

322. 称砝码

当然能，用1千克、5千克、8千克3个砝码即可。

323. 哪个不合群

C。只有它的“台阶”笔画数在三角形个数的一半以下。

324. 步行比乘车快多少

皮皮白白地辛苦地行走了全程的1/2，他步行加乘车与一开始就乘车所用的时间一样多。因为他步行了全程1/2所用的时间就跟他在车站上等车是一样的，他走与不走最终都要按那辆班车到达目的地所用的时间计算。他除了在心理上得到一点安慰外，是不会节约一分钟的。

325. 找图配词

（1）C图。我们视觉上的平衡并不是几何上的平行，它是美学上的平衡，如书法上的“横”，一般左端微翘起，体现一种重心的平衡。

（2）C图。我们常听人讲，这幅画画得很美、很和谐，那么这里的“和谐”是指什么呢？它是指视觉上的谐调，能给人一种挺舒服的感觉，A和B给人的感觉有些孤单、零乱，只有C才让人看得舒服。

（3）A图。原理同（2）。

326. 猜概念或名词

中国象棋。

中国象棋上有楚河、汉界，比喻楚汉之争。

中国象棋变幻无穷，像一场纸上的战争，故称为“纸上谈兵”。

中国象棋有32颗棋子。

拿不定主意，即举棋不定。

327. 下一个图形是什么样

如下图。此图形的变化规律是：顺时针方向转180度，逆时针方向转135度，顺时针方向转90度，逆时针方向转45度。如此反复。

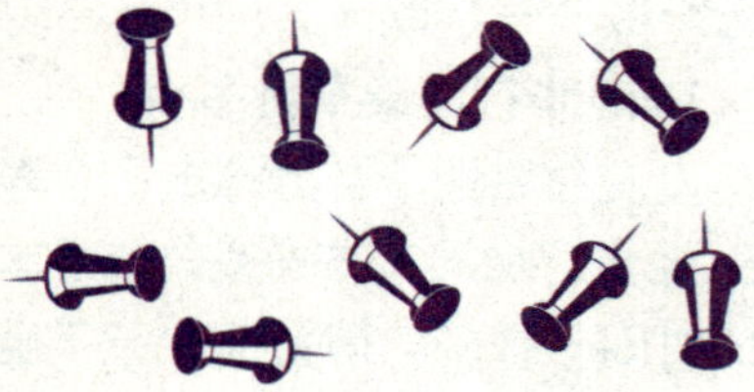

328. 指路

当你走到只有左转或右转的两种选择的T字路口时，只要左转就行了。

329. 巧移1根

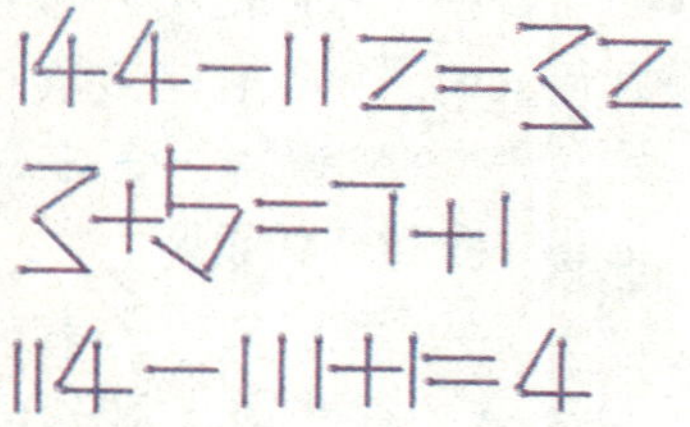

330. 哪只鸭子先上岸

左下角的鸭子先上岸。鸭子上岸时，先要抖掉身上的水，再用嘴梳理羽毛。

331. 司机的妙计

司机将货柜车的车胎放气，货柜车的高度因而下降，当下降到某一程度时，货柜车便可顺利通过。

332. 找不同

仔细观察，只有D是不对称的。

333. 找对应

F。均有一曲线变为直线，一直线变为曲线。

334. 搭桥

这种结构的桥，好像没办法搭出来，因为还没搭上两块，桥就会倒塌。如何让桥不倒塌，才是问题所在。看了下图，你会恍然大悟，原来只要一开始多放两块砖做桥墩，等到桥的构架完全稳定后，再取走多余的桥墩就行了。

335. 戒烟的妙法

只需要算一算第39根香烟后要等多久才能抽第40根香烟，即可知晓。要等的时间为$2^{39}=536870912$秒＝149130.8小时＝6213.8天，快10年了。能在这么长的时间不抽烟，想不戒怕不成吧！

336. 神奇的超车

小汽车已经沿湖跑了一圈，又快追上慢腾腾的小货车了，所以掉在小货车的后面。

337. 变脸

A。规律是：脸部加一画，然后在脸部加一画和一根头发，再加一根头发，再在脸部加一画和加一根头发。如此反复。

338. 谜语大聚会

黑板，天下奇才，巧言令色，金

鱼，蜘蛛，荷花，西瓜，铅笔，凹、凸，春夏秋冬，蟑，风筝，子弹，围巾，西红柿。

339. 扑克游戏“24”

（1）7 ×（3 + 3 ÷ 7）= 24

（2）（10 × 10 − 4）÷ 4 = 24

（3）5 ×（5 − 1 ÷ 5）= 24

（4）（9 × 10）÷ 6 + 9 = 24

（5）6 ÷（1 − 3 ÷ 4）= 24

值得强调的是，题目中并未规定不让用分数。

340. 立体图形

10+11=21(块)。

341. 图形互补

C。

342. 对应图

A。

343. 三角柱体展开图

观察立体图形的展开图时，先试着改变展开图的方向，然后再从每面的相对位置来看。

顶面的图形中，深色在左边。图1的展开位并没有任一面符合“深色在左边”的条件，可以排除图1。立体图里和底面相连的侧面的图案为右上到左下的深色条状，图2中没有这样的图案。图4也不符合条件。

那么，请想想，图3符合条件的地方在哪儿呢？

344. 李白买酒

李白先遇店，后遇花，第三次见到花前壶中正好有1斗酒。那么，在遇第三个店前有 $\frac{1}{2}$ 斗酒。以此类推，第二次见花前壶中酒是 $\frac{3}{2}$ 斗，第二个店前有酒 $\frac{3}{4}$ 斗。那么第一次加倍之前，也就是原来有的酒应该是：$\frac{1}{2}\times(\frac{1}{2}\times\frac{3}{2}+1)=\frac{7}{8}$（斗）。这个题也可以用方程解。

345. 爬楼梯

当然不对啦！皮皮上楼要走7层楼梯，琪琪要走3层楼梯，皮皮要多爬一倍多的楼梯。

346. 找不对称的图形

B。把A、B、C、D重新排列一下，就可以清楚地看出来了。

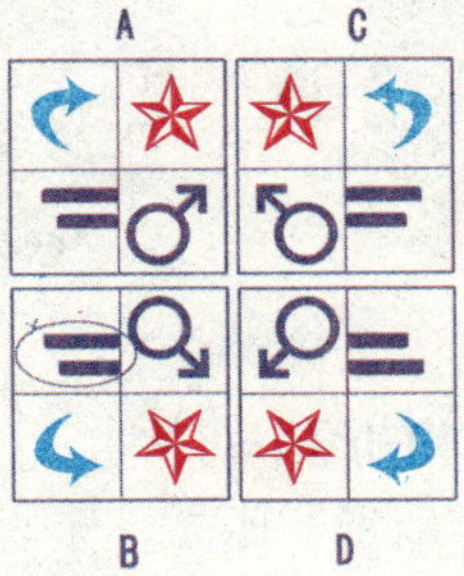

347. 巧摆木棍

能。

348. 越变越多

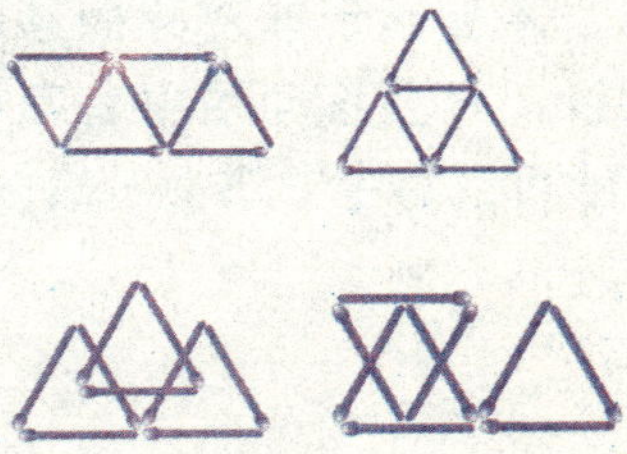

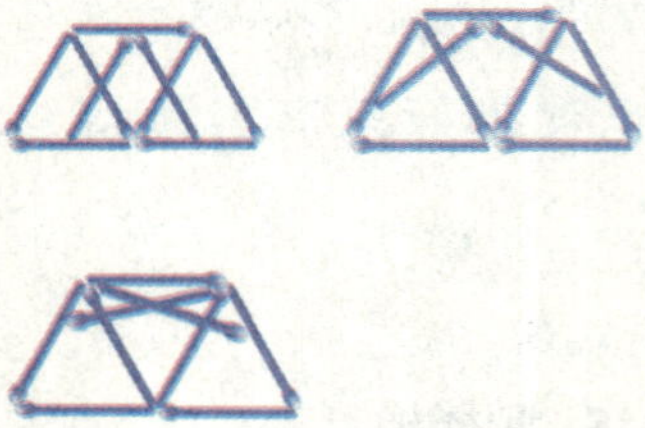

349. 有几处不一样

350. 飞来的超车罚款

当然有可能啦！比如，你的车在途中抛锚了，停了一段时间，车修好后，为了赶上你的朋友，当然就超车了。这时，你的车没有超越你朋友的车，不过交警还是一样会“关心”你哟！这样的错误，以后可别犯！

351. 硬币金字塔

7枚。

其实，只有当金字塔层数是3的倍数时，才会出现非对称的移动方式。所以，只要移动图中有颜色的硬币，就可以将金字塔上下颠倒了。

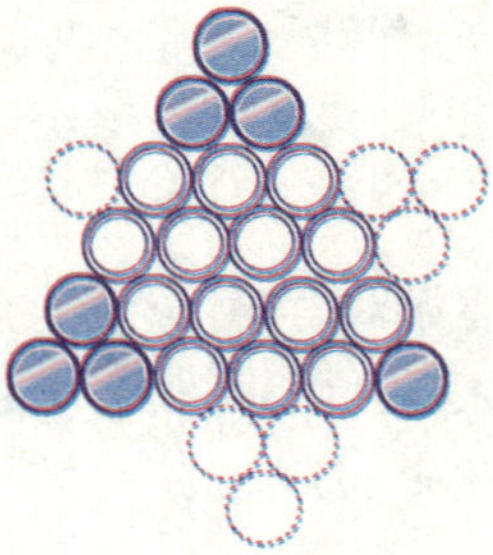

352. 计划有变

这是个巧答题，阿哈去时用了2倍的时间，也就是把原计划往返的时间全用了，这样，他即便飞着回来也来不及了。

353. 农夫的话

不可信。因为野鸭会孵蛋，而家养的鸭子经过长期的人工选育已经退化，是不会孵蛋的。农夫在撒谎。

354. 四等分图形

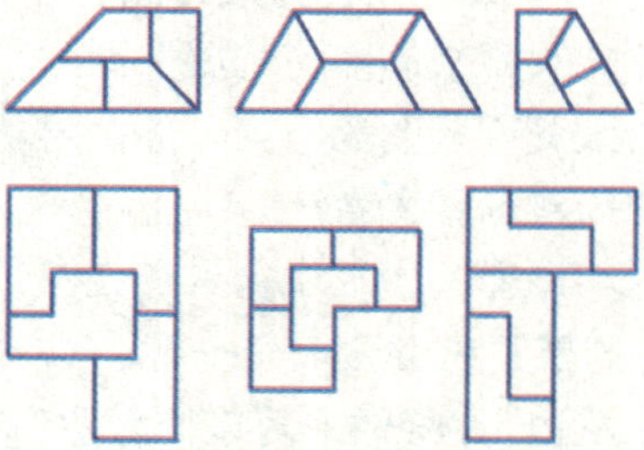

355. 口红印记

凶手是代号608的光，因为女侦探背着手写下608，数字排列发生变化，正反顺序也颠倒过来，608成了809。

356. 这句话对吗

肯定不对。因为从第一只杯子里放1枚棋子算起，要想数目不同，只能是把2，3，4……放入相对应的杯子里，这样得出15只杯子中棋子数全不相同，最少所需的棋子数是1 + 2 +

3 + 4 + … + 15 = 120。现在只有100个棋子，当然是不够装的。

357. 快速建楼房

只需要将原图转动 90 度再看即可（如下图）。

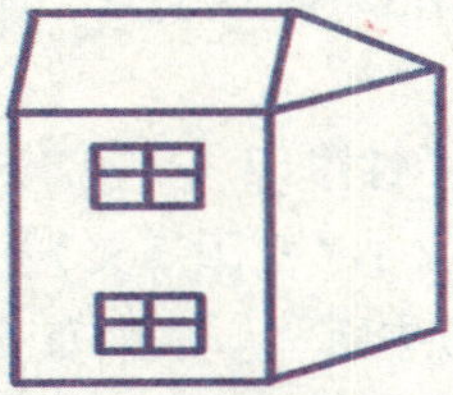

358. 鱼鳞片的变化规律

如图，鳞片变化规律是加2，加3，减1，如此反复。鳞片为双数时，鱼头变换方向。

359. 找相同的地方

有两处相同，如下图。你发现了吗？

360. 拼字游戏

书桌

361. 数图形

三角形有 14 个，长方形有 7 个，六边形有 2 个。

362. 骡子下驹

农夫纯粹是撒谎，因为骡子不能下驹。

363. 巧裁缝

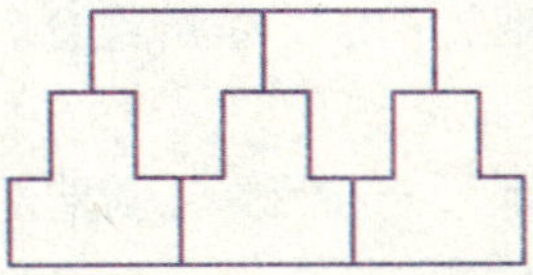

364. 问题手表

D 的评价是正确的。皮皮犯的正是“混淆概念”的错误，两个“3 分钟”是不相同的，一个标准，一个不标准，因此，皮皮的推断是错误的。

365. 修黑板

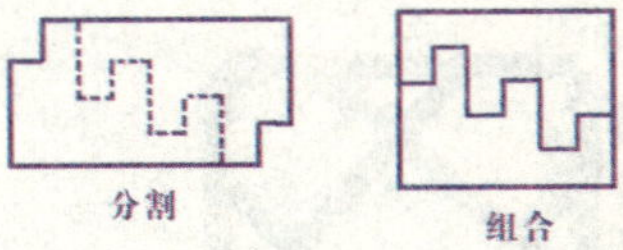

366. 拼桌面

367. 唐诗填字谜

① “桥”，《断桥》（杜牧《寄扬州韩绰判官》）。

② “燕”，《燕归来》（刘禹锡《乌衣巷》）。

③ “弦”，《心弦》（白居易《琵琶行》）。

④ “人间”，《在人间》（杜甫《赠花卿》）。

⑤“我”,《勿忘我》(杜甫《寄韩谏议注》)。

⑥“宿”,《归宿》(杜甫《佳人》)。

⑦“爱”,《简爱》(李白《妾薄命》)。

⑧“东风”,《借东风》(杜牧《赤壁》)。

⑨“难”、“难”,难解难分(李商隐《无题》)。

⑩“际”,一望无际(孟浩然《早寒江上有怀》)。

⑪“药”,没药(贾岛《寻隐者不遇》)。

⑫“不尽”,取之不尽(杜甫《登高》)。

⑬“人”,后继有人(李白《南陵别儿童入京》)。

368. 没招儿就认输

369. 哪颗行星

还用问,当然是我们生活的地球了。只有在地球上,你不必穿太空服,太空中有没有别的行星能如地球般让你可以在其上自由生活,到目前为止应该说还没有找到。

370. 水果与图形替换

是75126345678123,你记错了没有?

371. 提示性推理

《三国演义》。《三国演义》是元末明初时,罗贯中所写。书中有一章节写刘备三顾茅庐请诸葛亮。《三国演义》再现了东汉末年的一段历史,是一部宏大的历史画卷。

372. 吃羊

狮子1小时吃1/2只羊,熊1小时吃1/3只,狼1小时吃1/6只,1/2 + 1/3 + 1/6 = 1,所以正好1小时吃完这只羊。不过你想想,这可能吗?让狮子、熊和狼一起吃晚餐,它们还不先打起来,至于多少时间能吃完,要看运气了。

373. 矫正视觉

①两门一样大。

②平行。

第四部分

分析辨别思维游戏

通过分析纷繁复杂、暗藏玄机的题目，寻找线索，理清思路，找到解决问题的规律和方法。在这个过程中，你可以显著提高自己的观察力、推理力以及反应力。

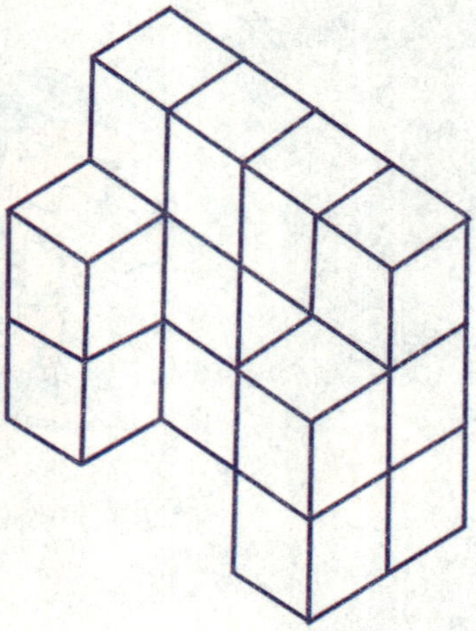

374

还需多少方块

左图中所有的方块尺寸相同，在不移动图中已有的方块的前提下，还需多少块方块才能构成一个立方体？

375

魔幻方格

将1到25这25个自然数分别填入右图的方格中，使每行、每列和每条对角线上的数字之和为65，而且要求在涂了颜色的方格中的数字必须是奇数。

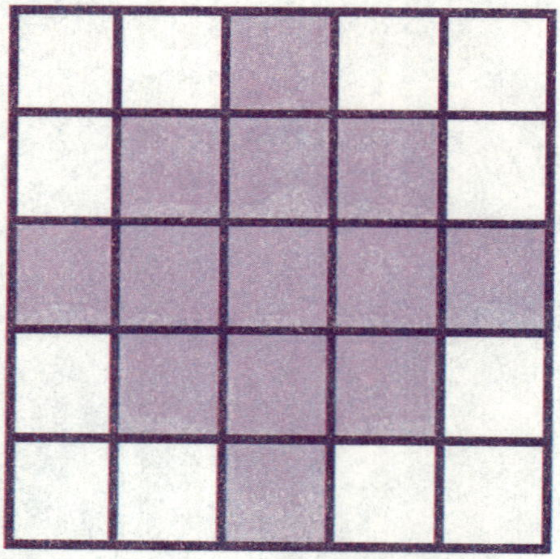

376

黑色星期五

如果4月13号是星期五，那么距离下一个13号星期五有多少天？

377

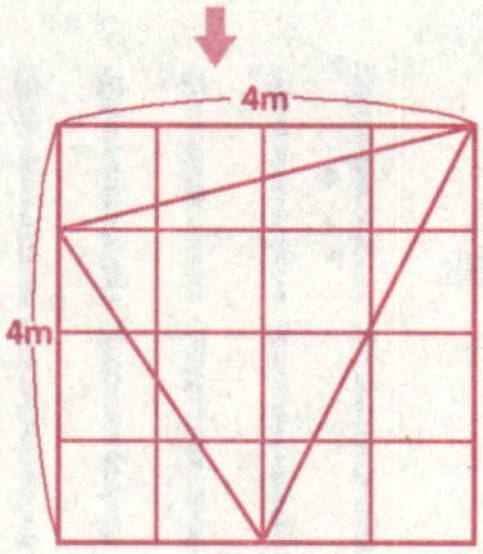

地毯的面积是多少

在一间边长为4米的正方形房间里铺着一块三角形地毯。请问，这块地毯的面积是多少？

378

拉不开的门

一个人被关在密闭的房间里，只有一扇门，但无法拉开。他该如何出来？

379

等于1的趣题

在下列六个算式中，添上四则运算符号，使等式成立。

（1）1 2 3 = 1

（2）1 2 3 4 = 1

（3）1 2 3 4 5 = 1

（4）1 2 3 4 5 6 = 1

（5）1 2 3 4 5 6 7 = 1

（6）1 2 3 4 5 6 7 8 = 1

380

拼摆长方形

准备12根火柴，你能不能用它们排出下面的这两种长方形？

A.无论长方形的哪一边，火柴数目之和都是5；

B.纵横各3排，无论哪一排，火柴数目之和都是4。

381

哪条鱼不一样

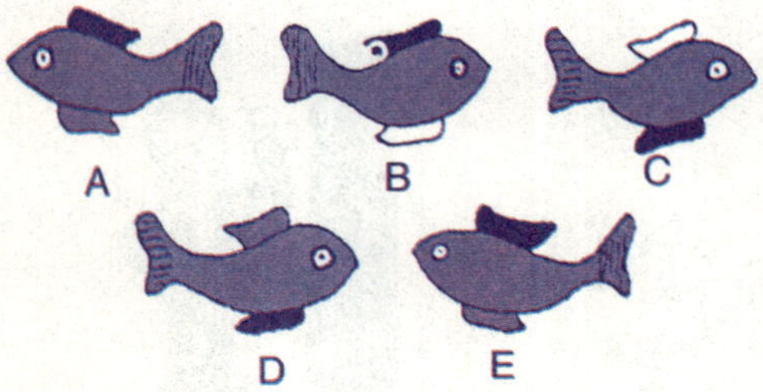

左面5中条鱼中，有一条与其他4条不一样，你能挑出来吗？

382

骰子推理

一个立方体的六面，分别写着字母a、b、c、d、e、f，根据右边4张图，推测b的对面是什么字母。

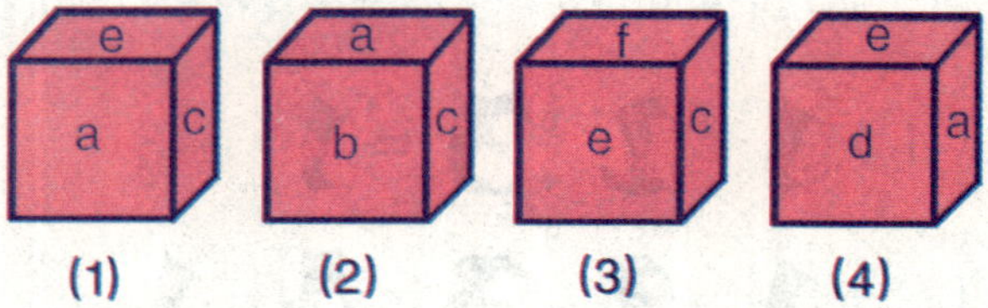

383

神奇的数字4

你能不能只用数字4的组合来表示0到10？可以使用加法、减法、乘法、除法和括号等基本的数学运算符号，而且还可以使用任意多的4，但要尽量找出每个数字最简单的表示方法。

384 伤号与逃犯

一场混乱的枪战之后，某医生的诊所里冲进一个陌生人。他对医生说："我刚穿过大街时突然听到枪声，只见两个警察在追一个逃犯，我也加入了追捕。但是在你诊所后面的那条死巷里遭到那个家伙的伏击，两名警察被打死，我也受伤了。"医生从他背部取出一粒弹头，并把自己的衬衫给他换上，然后又将他的右臂用绷带吊在胸前。

这时，警长和地方议员跑了进来。议员喊："就是他!"警长拔枪对准了陌生人。陌生人忙说："我是帮你们追捕逃犯的。"议员说："你背部中弹，说明你是逃犯!"

在一旁目睹一切的亨利探长对警长说："这个伤号不是真凶!"

那么谁是真凶呢?

385 快速计算

已知：$A \times B=12$，$B \times C=13$，$C \times D=14$。那么，$A \times B \times C \times D=?$

386 大胆想象

想知道你的想象力有多丰富吗?这儿就有一个检测你的想象力的难题：请观察右面一组图形，充分发挥你的想象力和创造力，看它们像什么?

387

颜色搭配问题

下面的这些色彩排列中，7种基本色和搭配色之间的排列有点问题。你知道是什么问题吗？

赤	黑	橙	白	绿	灰	黄	翠绿	青	粉红	蓝	淡紫	紫

388

缺少哪一块

左图中最后一个轮子缺的应是哪一块？

389

圆的直径

如图，A点是圆心，长方形的一顶点C在圆上。AB的延长线与圆交于E点。已知BE=3 cm，BD=6.5 cm，求圆的直径。

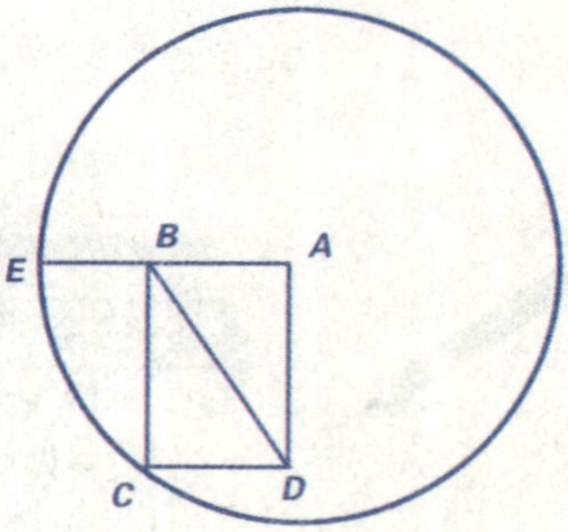

390

千万富翁的遗书

千万富翁维克多乘坐私人直升飞机到别墅度假。一小时之后，直升机折回机场。驾驶员向警方报案称：维克多在飞行途中，突然打开舱门跳机自杀了，座椅上留有一封遗书。

警方立即到直升机上查看，果然发现维克多所坐的椅子上有一封遗书，其内容是说他已厌倦人生，所以自杀，与别人无关等等。警方经过调查研究，发现了一个很大的破绽，于是立即将驾驶员拘捕，指证是他把维克多推出机外，然后把遗书放在坐椅上的。

请你动动脑筋，警方为何得出这样的结论？

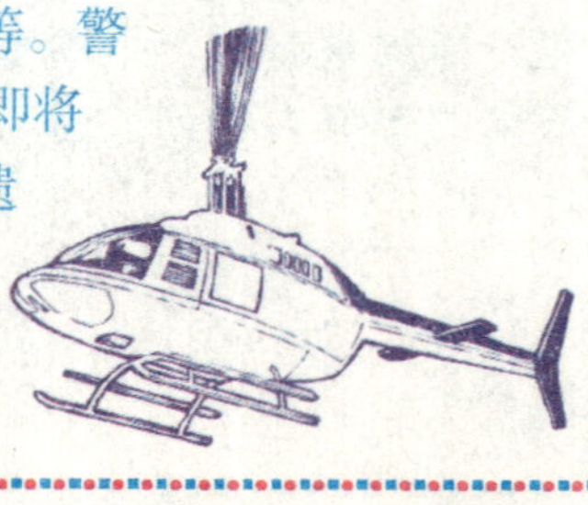

391 不打自招

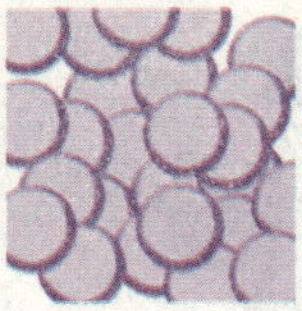

某富翁将自己的独女视为掌上明珠。但不幸的是，有一天她被人绑架了，数日后，尸体被附近一幢别墅的户主发现。

这位户主说：“我是做船务生意的，经常外出。我爱人和孩子在国外，这里大概有两年多没住人了。昨晚我才返回，早上特地来这里取一些衣服，打算寄给我爱人。没想到，在衣柜内竟发现了这具女尸。不过，绑匪似乎对这里的环境很熟。我希望能尽早查个水落石出！”

警方听完他的供词，又将衣柜检查了一遍，发现衣柜里放了不少樟脑丸，随即逮捕了别墅户主。

你知道原因吗？

392 移糖果

24 粒糖果分成三堆：第一堆 11 粒，第二堆 7 粒，第三堆 6 粒。移动每堆的糖果，最后每一堆都为 8 粒。要求只能移动三次，而且向某一堆添加的数目要等于这一堆原有的数目。

393 最好的类比

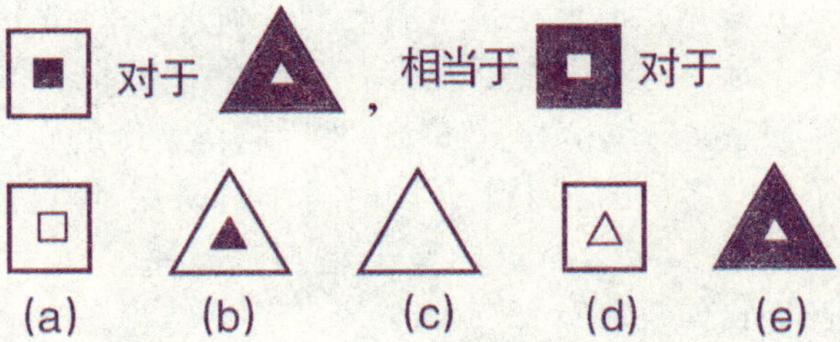

(a)~(e)5 个答案中，哪一个是第一行左数第三个图形最好的类比？

394 自杀还是他杀

这天，宋警官接到报案，说有人在家里自杀了。宋警官与助手很快赶到发案现场。只见死者全身盖着毛毯躺在床上，头部中了一枪，使用过的手枪滑落在地上。床头柜上放着一张纸，上面写着："我赌输了钱，负债累累，只有一死了之……"助手看完现场，没有发现什么可疑的迹象，便说："看来这人是自杀的。"

宋警官没有作声，又走近床边，揭开盖在死者身上的毛毯，看了看说："他不是自杀。"助手不解，问为什么。宋警官向他解释了一番，助手恍然大悟。不久，他们捉住了杀人凶手。

宋警官根据什么断定这不是自杀？

395 巧装棋子

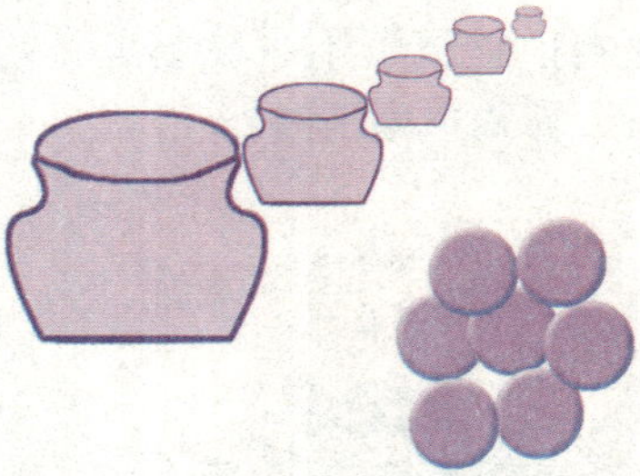

有100枚棋子，要求分别装入12个盒子中，并且使每个盒子里的棋子数字中必须有一个"3"。如何装？

396 杀妻案

一天晚上，小野先生打电话报警，说他妻子在家开枪自杀了。警官接电话后，立即赶到小野家。

小野说，他正在楼下看电视，忽然听到楼上卧室里传来一声枪响，跑上楼一看，他妻子右手握着一把手枪，头部中弹趴在梳妆台上，已经死去。警官听完，仔细检查了卧室，然后将溶解了的石蜡涂在小野妻子的右手上，同时对小野说："等石蜡一凝固，就能断定你妻子是不是自杀了。"小野见状便乖乖认罪了，交代了杀妻经过。

你知道这是怎么回事吗？

397

考考你

右图中问号处应填什么？

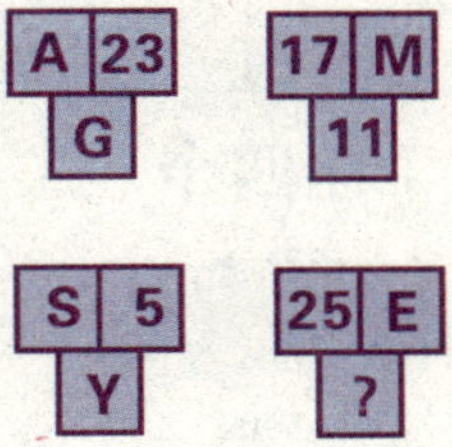

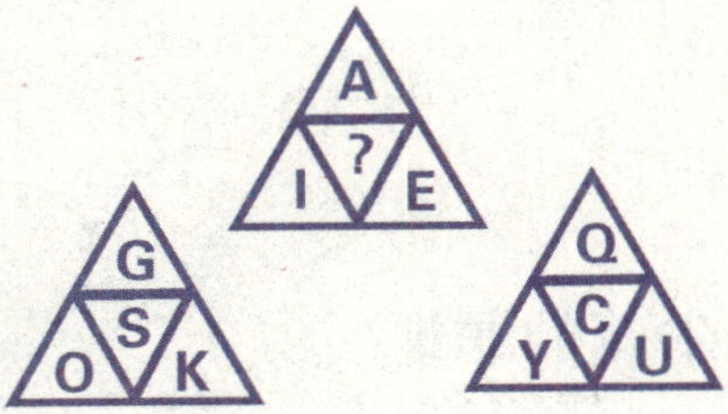

398

该填哪一个字母

按照左图中字母排列的逻辑，问号处该填哪一个字母？

399

丁丁的生日

一位阿姨问丁丁的年龄。丁丁想了会儿说：“前几天我是 11 岁，明年我将 14 岁了。”

请问：丁丁的生日是哪一天？阿姨是在哪一天问丁丁的年龄的？

400

丰产的苹果树

把苹果摘回来以后，就该考虑怎么享用苹果了：肯定要吃一点，但一个人又吃不了那么多。于是，第一天我用一半的苹果换了葡萄酒喝，葡萄酒好喝又能放一段时间，可以够我喝上一阵子了，然后我还高兴地吃了 4 个苹果；第二天用剩下的一半去换其他的水果来尝尝，因为吃了其他的水果，所以我就只吃了 3 个苹果；第三天，吃了 1 个苹果后，觉得一个人吃没有意思，应该和朋友们一起分享，所以把剩下的苹果的一半分给了朋友们。这时，我还有 5 个苹果、其他一些水果和葡萄酒。你知道今年我的苹果树一共结了多少个苹果吗？

401

一个比四个

有两个一样大的正方形，一个正方形内有一个内切圆，另一个正方形分成了4个完全相同的小正方形，每个小正方形内有一个内切小圆。请问：4个小圆的面积之和与大圆的面积哪个大？

402

牵牛花的罪证

夏日的早晨，一家大型超市的出纳上班时发现保险箱被撬了，共失窃价值25万元的财物。警方在箱体上发现了罪犯留下的指纹，并确定作案时间是凌晨2至4点。经过调查，给超市送货的食品公司货车司机的指纹与现场作案指纹相符。

警方传讯了司机，可司机却说这段时间他正在家中拍摄牵牛花开花的过程，并拿出了拍摄照片。审讯陷入僵局。

迷惘的刑警来到植物研究所，请教了专家，证实牵牛花确实是在夏日早晨开放。而且经对比，确认拍摄的照片就是司机家中的盆花。这就怪了，指纹是不可能相同的。

那么司机究竟是不是盗窃犯呢？如果是，那他又是采取什么办法分身的呢？

403

字母排列

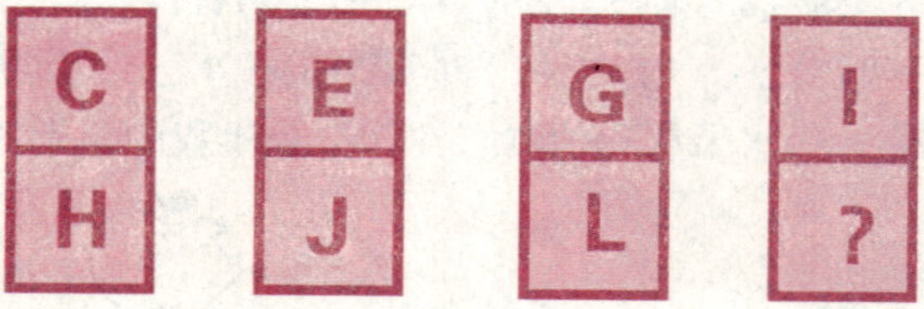

你能看出右图中字母排列的逻辑，从而推出问号处应填哪个字母吗？

404

对称

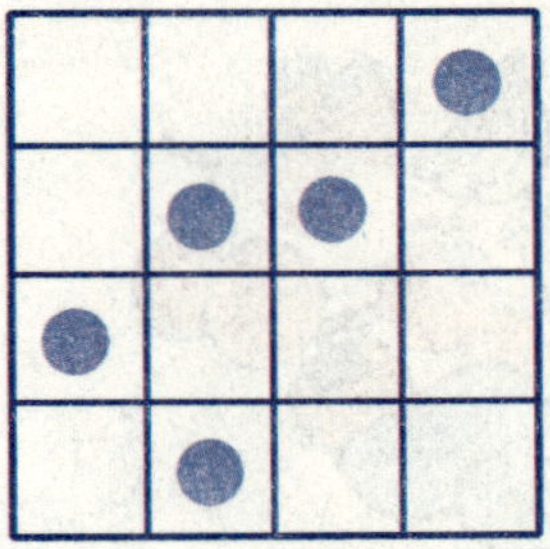

右图是围棋盘的一角，上面已摆下5枚棋子。如果要将它变成一个上下左右都对称的图形，最少要摆几枚棋子？

405

到底中了几枪

一天晚上，住在某旅馆里的一位空姐被人枪杀。

凶手是从30米外对面的屋顶用无声手枪射中她的。

窗户是关着的，窗子上有一个弹洞。从这一迹象看，凶手只开了一枪。但奇怪的是，被害者的胸部和腿部都中弹了——大腿被子弹射穿，胸部也留有子弹。这样看来，凶手好像开了两枪。如果凶手开了两枪，那么另一颗子弹是从哪里射入被害者的房间的呢？这颗子弹又在哪里呢？

大家无法回答，于是去请教大胡子探长，他肯定地回答："中了一枪。"

大胡子探长为什么这样说呢？

406

找规律

根据同样的规则，可以由左边的数字推出右边的数字，你能找到这个规律，并找到问号处的数字吗？

2 —— 99 —— 305 —— 188 ——？

407

泳道有多长

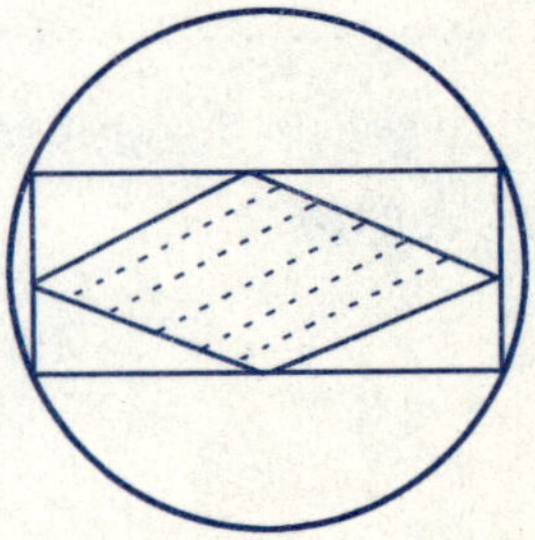

在一个直径100米的圆形场地上，新建了一座长方形的游泳馆，它的长为80米。馆内修了一座菱形的游泳池，菱形的游泳池的各顶点刚好在长方形的游泳馆各边的中点上。你能快速算出游泳池的泳道有多长吗？

408 水果密码

经过破译敌人密码，已经知道了“香蕉苹果大鸭梨”的意思是“星期三秘密进攻”，“苹果甘蔗水蜜桃”的意思是“执行秘密计划”，“广柑香蕉西红柿”的意思是“星期三的胜利属于我们”。那么，“大鸭梨”的意思是什么？

409 视觉幻象

这个谜题用到了一个有名的视觉幻象。右图中只有一枝箭尾和箭头是配对的，请你找出来。

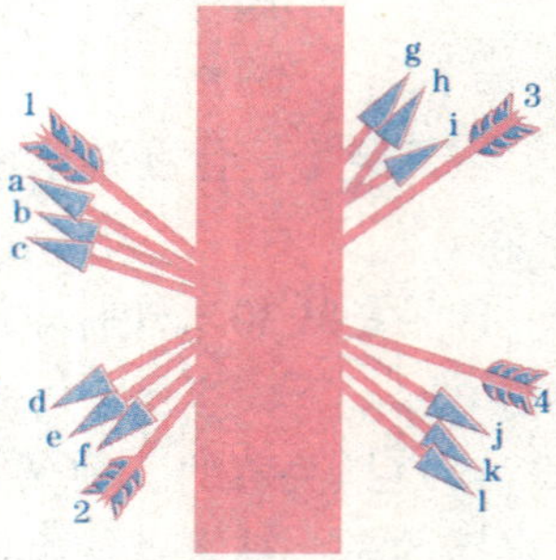

410 问号处填什么数

你能推出问号处代表什么数吗？

1，3，4，7，11，18，29，？

411 五角星的数

依据图 1，找出图 2 问号所代表的数。

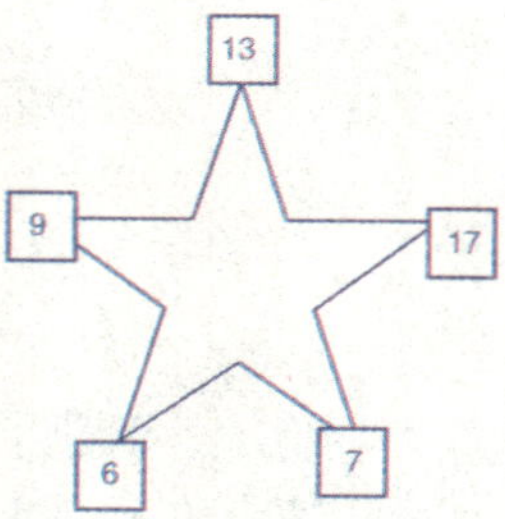

图 1

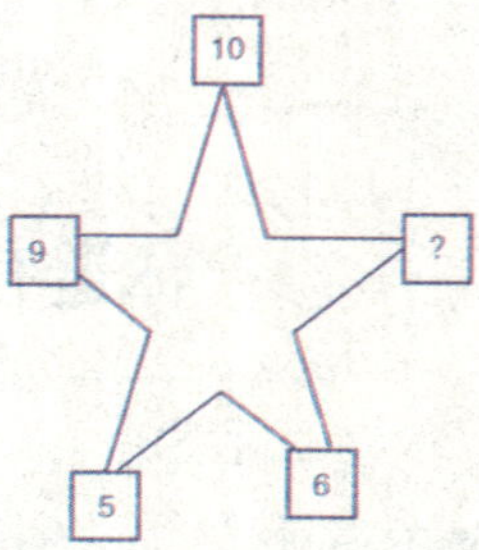

图 2

112

奇怪的绑架案

某公司老板的儿子被绑架，对方要求拿10万美元来交换。绑匪在电话中说："你把钱包好，用普通邮件在明天上午寄出，我的地址是……"

老板马上报了案。为了不打草惊蛇，警察化装来到罪犯所说的地址。可奇怪的是，这儿有地区名、街名，却没有罪犯说的门牌和收件人。

警察经过研究，马上确定了嫌疑犯，并很快找到证据，将其抓获，救出了人质。

这个绑匪是什么人呢?

113

A尺寸纸张系列

这是
A_{10}
纸张

我们用纸时，常看到纸有A_1，A_2，A_3，A_4等的标号，不同的标号表示不同大小尺寸的纸。最大的是A_0，尺寸为$841 \times 1189mm^2$，面积为$1m^2$。A_1纸张的尺寸为$595 \times 841mm^2$，A_2为$421 \times 595mm^2$，A_3为$297 \times 421mm^2$，A_4为$210 \times 297mm^2$……A_{10}为$26 \times 37mm^2$。那么一张A_0的纸张可切成多少张A_{10}的纸呢?

114

按键密码

请找出问号处所代表的数字。

5567 3685 3060

9217 1564 960

2689 2314 ?

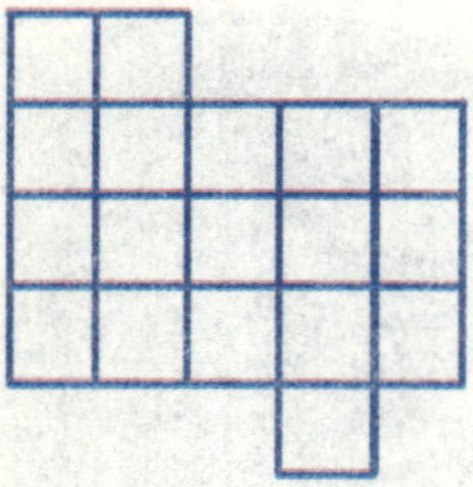

115 二等分

你能将左面图形分成大小、外形完全相同的两个小图形吗？

116 破译字母密码

以下的数字密码中，每个字母其实代表一个独一无二的数字，而且符合下列条件：

①任何一列中，最左边的数字不可为“0”。

②字母与数字为一一对应。即假设M代表“3”，则所有的M都为“3”，而且其他字母皆不可为“3”。

译码后，DESMOND代表什么数字？

```
   S E N D
+  M O R E
----------
 M O N E Y
```

117 豪华客轮上的谋杀案

一艘豪华客轮正在太平洋上航行。一天早晨，在船尾的甲板上发现了一具女尸。死者是以服装设计为职业的崔素美，她是被人用刀刺死的。死亡时间约在前一天晚上23点左右。

客轮正航行在太平洋的中央，凶手即使想利用救生艇逃走，也不见得保住性命，所以凶手应该仍然留在客轮上，但凶手为什么要留下尸体呢？

事实上，船客之中，有两个人具有谋杀崔素美的动机。

崔促达——被害人之侄，也是遗产的继承人。因为嗜赌如命，欠了别人一屁股债。

廖维欣——被害人之秘书，由于侵占公款，被革职不久。

根据以上资料，请你推理看看，谁是凶手？如能解开其中之谜，你就有资格成为名探。

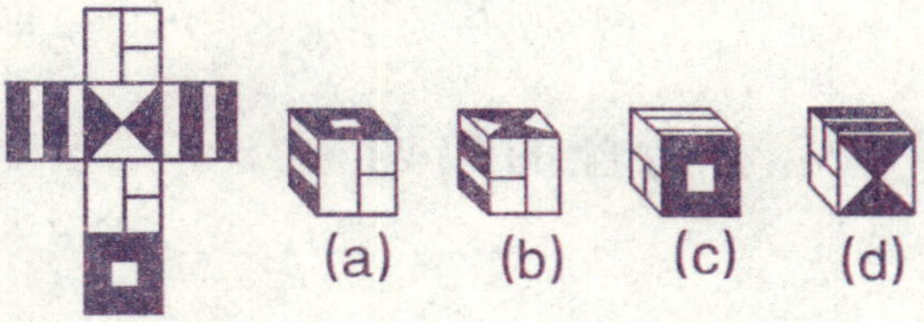

418 图案盒子

(a)、(b)、(c)、(d)中哪一个盒子是用左边的硬纸折成的?

419 比大小

用4个1组成4个不同的数，使它们一个比一个大；用3个9组成4个不同的数，使它们一个比一个小；用5个5再加上一些普通的数学符号，组成一个等于1的算式。

4个“1”：( ) < ( ) < ( ) < ( )

3个“9”：( ) > ( ) > ( )

5个“5”：5 5 5 5 5 = 1

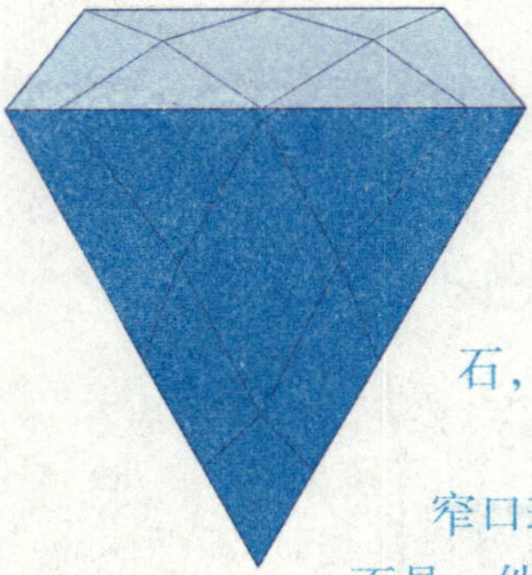

420 不翼而飞的钻石

大富翁维特常常向人炫耀他那颗价值连城的大钻石，因此吸引了不少朋友到他家来参观。

为了安全、美观起见，他特意把钻石放在一个很大的窄口玻璃瓶内。玻璃瓶本身重60多千克，普通人想搬走也不是一件容易的事。何况，维特又在放钻石的房间周围装上了防盗警报，只要有人把玻璃移动，警报系统就会发出叫声。

有一天晚上，维特从外面回来，走进放钻石的房间一看，大吃一惊，那颗钻石竟然不翼而飞了！维特急忙报了警。

经警探调查得知，维特外出后曾有三个人先后进入过这间房子。一个是负责清洁地毯的工人，一个是管家，一个是守卫。这三人之中，谁能够不移动玻璃瓶，而把那颗钻石偷走呢?

421 奇怪的数列

找出问号处应该是什么数。

1, 10, 11, 100, 101, 110, ？, ？

422 猜扑克牌

有三张扑克牌，其中一张是A，A右边的两张中至少有一张K，而K左边的两张中也有一张K，三张中有一张是梅花，而梅花右边的两张中至少也有一张是梅花。

你知道，这三张牌分别是什么吗？

423 变算式

这是两个不成立的算式，请你移动1根火柴，使它们左右相等。

4=14+1−1+1

12−2+7=11

424 下一朵花是什么样子

这组花形序列的下一个应是什么样子？

425 哪一个是鸭子的影子

A、B、C 三幅图中，哪一幅是左面图形的影子？

A　　B　　C

426 凶案现场

湖面上漂浮着一具男尸，看上去很像是溺水自杀。公安人员接到报案后，迅速赶到现场。尸检时，在被害人的内衣里发现了一只蟑螂。

刑警队长立刻断定说：“这个人是在室内被杀死，然后转移到湖里的 。”

请问：队长的根据是什么？

427 变三角形

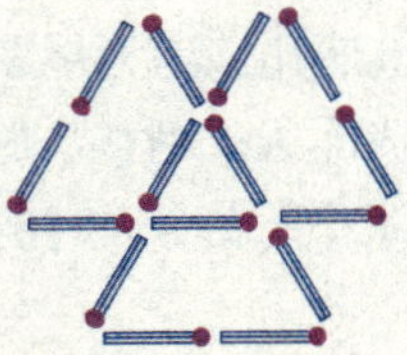

把左面的图移动4根火柴，使正三角形变成5个。试试看吧！

428

来访的凶手

女教师在星期日下午被发现死在宿舍里。她身穿睡衣，满身是血地躺在地上。经法医鉴定，死者由于胸部被刺，于昨晚21点左右死亡。

据调查，在星期六晚21点左右，有两名男子先后来拜访过死者：一个是她的男朋友，另一个是她的学生。两人都先后按了门铃。警察查看现场时，发现死者的房门上安着一个"猫眼"，于是他有了新发现。经过缜密思考，推断出了真正的杀人凶手。

你知道他推断的凶手是谁吗？

429

排队买票

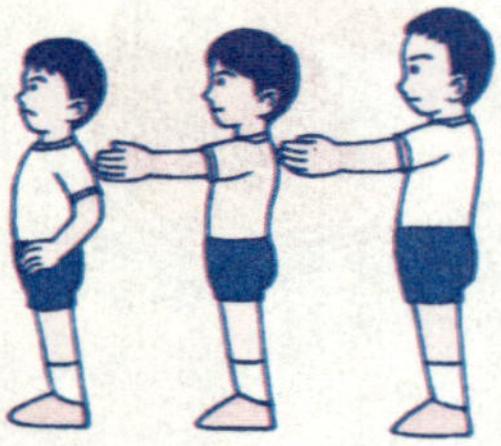

汤姆、沃克、杰尼、鲍勃、芬尼和杰克去买世界杯的球票，他们来得太早了，只得等售票窗口打开。杰克的一个朋友打电话来问杰克买到球票没有，杰克说："还没有呢，应该快开门了。"

杰克的朋友说："你排第几啊？别忘了帮我买票。"

杰克说："我不是最后一个。而且芬尼也不是最后一个。"

"那你到底是排在第几？"

杰克说："我看看：汤姆的前面至少有4个人，但他也没有排在最后；鲍勃不是第一个，他前后至少都有两个人；杰尼没有排在最前面，也没有排在最后面。"

你知道他们排队的顺序吗？

430

今天星期几

暑假的日子很快乐，因为不上课，所以都不记得今天是星期几了。两个孩子想弄明白到底是星期几，因为星期六有好看的动画片。吉米说："当后天变成昨天的时候，那么'今天'距离星期天的日子，将和当前天变成明天时的那个'今天'距离星期天的日子相同。"

同样是比较混乱的逻辑，但今天到底星期几？他们还能看上动画片吗？

431

空缺的数

根据下列数字的排列规律，填出空缺位置的数。

1，3，6，10，15，____，28，36。

432

以一胜三

这个游戏可以让一个人赢过3个人：

找一根竹竿，再把一本书放在地上，三人握住竹竿，把竹竿竖着举起，一端对准书，保持45厘米的距离。另一个人趴在地上，手掌对着这根竹竿的侧下方。手握竹竿的三人一起捣地上的书。趴在地上的人只要轻轻一推，就能让三个人无法用竹竿捣到书。知道是怎么一回事吗？

433

与众不同的图形

下面5个图形中，有一个图形与其他4个图形不同，请把它挑出来。

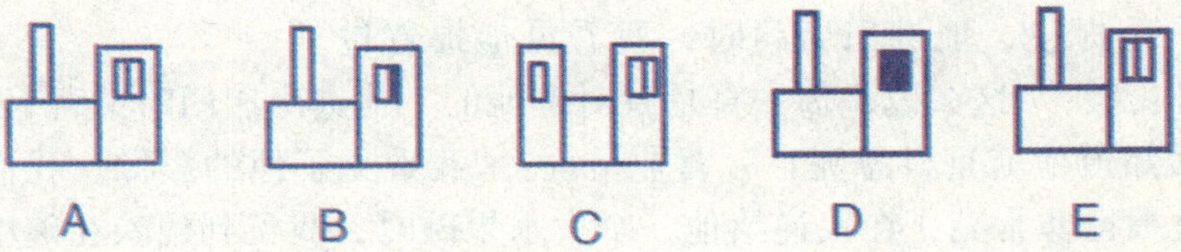

434

不属于同类

右边四组物品中，每组都有一个与其余 3 个不同。你能挑出来吗？

① 西红柿、苹果、桃子、香蕉；
② 菜刀、水果刀、案板、剪刀；
③ 山羊、黄牛、梅花鹿、老虎；
④ 二胡、吉他、小提琴、笛子。

435

哪根绳子没打结

找出下图中哪几幅图中绳子没打结？

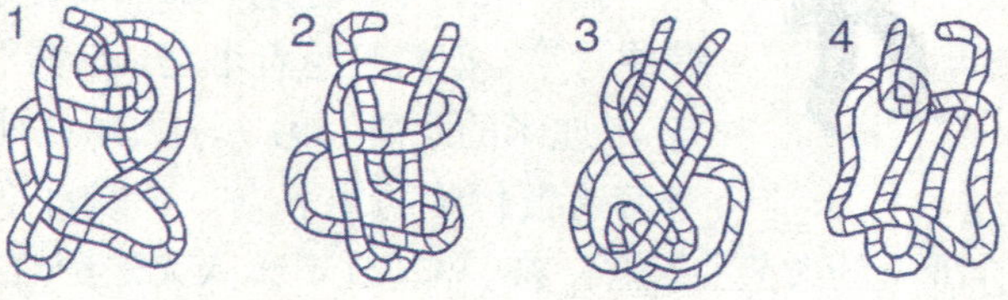

436

银店抢劫案

市区的一家银店遭劫。营业员指控科恩是作案者：“银店刚开门，科恩就闯进来了。当时我正背对着门，他用枪抵在我背上，命令我不准转过身来，并叫我把壁橱内的所有银器都递给他。我猜他把银器装进了手提包，他逃出店门时，我看见他提着包。”

警长问：“这么说，你一直是背对着他的，他逃出店门时又背对着你，你怎么知道他就是科恩呢？”营业员说：“我看见了他的影像。我们的银器总是擦得非常亮，在我递给他一个大水果碗时，我见到他映在碗中的头像 。”

在一旁静听着的亨利探长发出了警告：“不要再演戏了，快把偷走的银器送回来，或许能减轻对你的惩处。”

探长为什么断定营业员是罪犯？

437

等于 2

在下列算式中添上四则运算符号，使等式成立。至少要写 3 种算式才算聪明哟。

4 4 4 4 = 2

4 4 4 4 = 2

4 4 4 4 = 2

438

多少种搭配方法

琪琪有 4 条裙子、8 件上衣、4 双皮鞋。把这些衣服鞋子混在一起，共有多少种搭配方法？

439

沙滩晨练

某警犬训练基地早上在沙滩中晨练，一队战士牵着一队警犬排成一路纵队从训练场上跑过。指导员数了一下刚跑过去的战士和警犬的脚一共是 890 只，政委数了一下战士和警犬的个数一共是 360 个。

请你想一想在刚刚过去的战士和警犬的队伍里面，有多少名战士和多少只警犬？

440 实话和谎话

琳达和她的男友一起出国旅游，在一个晴朗的午后他们来到异国的一个小村庄里找水喝。在这个村子里他们遇见一个男孩和一个女孩抬着一桶水，在他们当中有一个是只说实话的，另一个则只说谎话。琳达想知道他们抬的那桶水可不可以喝，就走过去对那个男孩说："今天的天气不错。"

"是的。"男孩回答。

"我们可以喝你们桶里的水吗？"

"可以。"

请问他们桶里的水到底可不可以喝呢？

441 深夜消失的车子

联结A地和B地的公路是高架式的车道，半路上也没有任何路口可以驶离车道。

在一个深夜，有两部车子由A地出发，向B地疾驰。一部是强盗的车，另外一部则是吊车。

然而，到达B地的却只有吊车，强盗的车子似乎在半路上像烟雾般消失了。也没有任何迹象显示，该车掉头开回原地。

那么，强盗的车到底跑到哪儿去了呢？

442 鸡兔同笼

小魏把家里养的鸡和兔子装在一个笼里。现在知道鸡的数量和兔子的数量是一样的，又知道把所有鸡脚的数量和所有兔脚的数量加在一起总共是90只。

想想，小魏把多少只鸡和多少只兔子装进了笼子里？

443 最大的数

6、4、7、9、2

7和8组合在一起，能得到最大的数是87。2，0，8三个数组合在一起能得到最大的数是820，那么用上图这5个数字组合在一起，能得到最大的数是多少呢？

444 算式连等

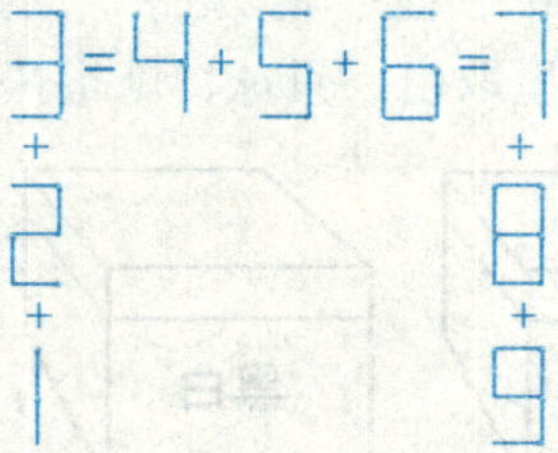

依照左图，用火柴拼出1，2，3，4，5，6，7，8，9，并在这些数字中间加上运算符号，你会发现这些算式是不相等的。请移动其中的3根火柴，使这些等式成立。

445 真假命题

这又是一个关于“否定”的问题！

如果“想象力虽不够丰富，但却充满生命力”这个命题是假的话，那么真命题应该是下面的哪一句话？

想象力很丰富或缺乏生命力。

想象力很丰富且缺乏生命力。

想象力很丰富但缺乏生命力。

想象力不够丰富且充满生命力。

446 大家族

爱聊天打发时间的婆婆又在和路人说话了，她告诉路人自己家可是一个大家族：有一位祖父、一位祖母，两位父亲、两位母亲，四位孩子、三位孙子，一位哥哥、两位姊妹，两位儿子、两位女儿，以及法律上的一位父亲、一位母亲和一位女儿，大家都住在一起。

路人恭喜婆婆好福气，可是婆婆却告诉路人家里其实就7口人。路人满脸惊讶，搞不清怎么回事了。可婆婆并没骗人，你想明白了吗？

447 盒子里的黑白球

有3只白球、3只黑球，分别放在三个外形看起来完全相同的铁盒子里，每个盒子里有两只球。其中一个盒子放了两只白球，一个盒子放了两只黑球，第三只盒子放了一白球和一黑球。主人特地在每一个盒子的外面贴了一张标签，标明“白白”、“黑黑”、“黑白”。但由于他一时疏忽，结果每个盒子的标签都贴错了。但他只从其中一个盒子里取出一只球，就很快辨明了每一个盒子中所装的分别是什么颜色的球 。

请问：他是从哪个盒子中取出一个球的？

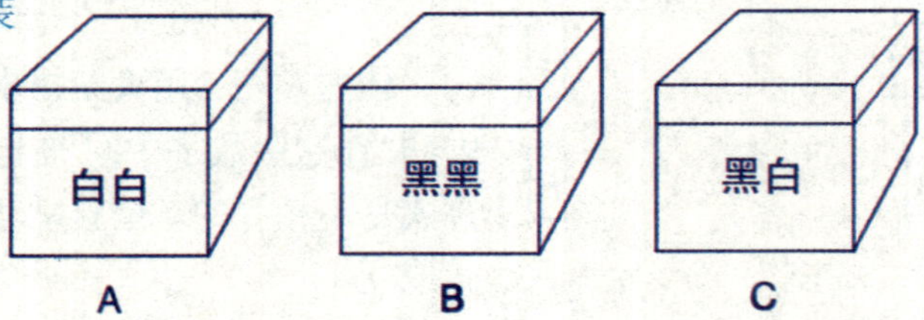

448 巧摆正方形

用12根火柴可摆出1大、4小5个正方形。变换一下，看你有没有办法摆出2大、3小的5个正方形。

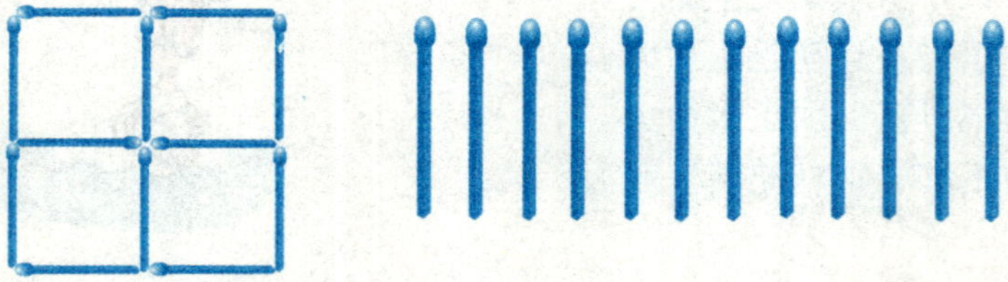

449 字母算式

下列算式中，每个字母代表0 ~ 9的一个数字，而且不同的字母代表不同的数字。如何解？

$$AB \times A = CAD$$

450

新兵的推理

“在下周四之前我们要进行一次拉练，希望大家做好准备。”教官说。

“教官，拉练是什么意思？”新兵杰克紧张地问。

“拉练就是在你们都不知道的时候拉你们出去训练，看看你们的反应能力。”

“可这是不可能的，教官。”新兵杰克继续说道，“如果下周一、周二没有进行拉练的话，周三就不能进行拉练了。因为大家都知道周三会进行拉练了。周二也不能进行拉练。因为周三不能进行拉练，周一不进行拉练的话，大家就知道周二肯定拉练。依此类推，任何一天都不能进行拉练。”

你觉得新兵杰克的推理正确吗？

451

移花接木

亚美死在卧室里，尸体是被来访的记者朋友发现的。他立刻拨打了110，刑警和法医以最快的速度赶到了现场。

大约过了1个小时。“死因和死亡时间出来了吗？”刑警问法医。

“是他杀，大概已死了24个小时了，但现场没有作案的痕迹。”法医回答。

“那就奇怪了。”

刑警忽然注意到桌子上的蜡烛在燃着，他顺手打开日光灯，却发现停电了。猛然，他意识到了什么。

“原来这尸体是从别处移过来的。”

请问，刑警是凭什么做出推理的？

452

平分菜地

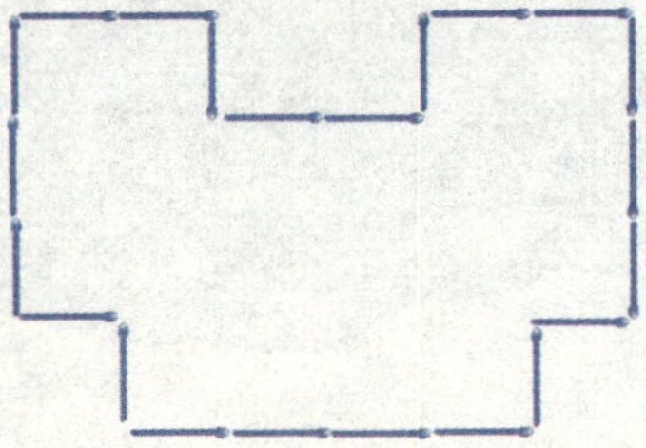

4个人共同开垦出一片菜地，每人要分得同样多，形状不同还不乐意。给你13根火柴，无论如何都要帮他们解决这个难题。

453

3个人猜拳

吉姆和亨特一块儿猜拳，老是分不出胜负。

于是吉姆想：如果再让一个人加入我们的游戏的话，就不会出现这么多次平手了。你觉得吉姆的想法对吗？

454

巧用1988

(1×9)−(8÷8)=8

1　9　8　8=8

1　9　8　8=9

1　9　8　8=1

用1，9，8，8这4个数，不改变顺序，只在中间加上四则运算符号和小数点，就可组成算术式。列出4个式子，使其得数分别是1，9，8，8。

已知：(1×9)−(8÷8)=8。

455

伪装的现场

某天清晨，在一堵围墙外的大树下发现一具尸体。死者赤着脚，脚底板有几条从脚趾到脚跟的纵向伤痕，而且还有血迹。旁边有一双拖鞋。

“死者是想爬树翻入围墙，但不小心摔死了。他可能是想行窃。”有人这样推断。

但是老练的刑侦科科长却说：“不，这个人不是从树上摔下来的，而是被人谋杀后放在这里的。凶手是想把被害者伪装成不慎摔死的假象。”

试问，科长为什么这样说呢？

456

费脑子的组合

（1）用 10 以下的 3 个相同的数组成得数为 30 的式子，你能组几个？

例如：10+10+10 ＝ 30。

（2）相同条件的得数改为 20，你能组几个？

457

聪明的木匠

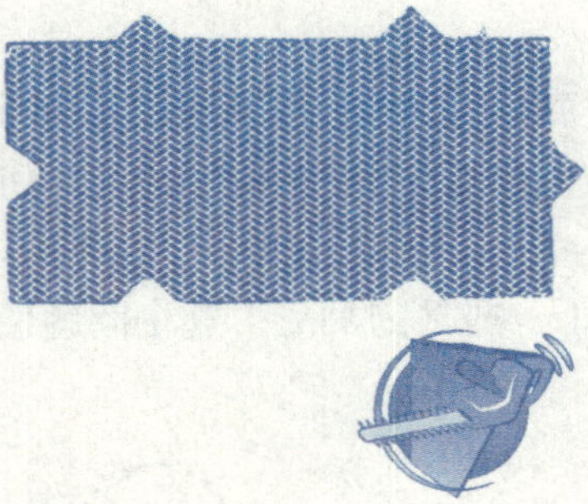

医院里有一张废弃的四边都凹凸不平的手术台，恰巧有个部门需要一块正方形的门板。聪明的木匠先把台面锯成了 4 块，不一会儿就拼出了正方形。你知道他是怎么拼的吗？

458

各行了多少千米

皮特的车行了 10000 千米，为了使包括备用轮胎在内的 5 个轮胎的磨损程度相同，他轮流使用这 5 个轮胎。那么，你知道每个轮胎行了多少千米吗？

459

相反数

有两个二位数，它们的数字位置相反，两者的差为 63。你能找出这两个数吗？

460 细心的警察

占生是某大公司的总裁，最近报纸登出这家大公司濒于破产的消息。消息刊出不久，占生就失踪了。两天后，人们发现他倒毙在郊外他的别墅中，是被刀片割断喉咙而死的。

在调查中了解到，占生死前曾购买了巨额人寿保险。保险条款中规定，如果占生死于意外，将会获得赔偿，受益人是他太太；如果死于自杀，则不能获得赔偿。

警方初步断定，这是一起保险诈骗案。占生属自杀，他企图造成一种他杀的假象，但是警方在房间里找不到自杀用的刀片。按照常理，人自刎之后不可能还有力气把刀片扔到别处。

最后，有一个细心的警察在死者旁边发现了一些鸟的羽毛，这个问题便迎刃而解了。

你知道为什么吗？

461 情人节买花

情人节的黄昏，你站在一条陌生的街道上，想要找一家花店为你的她买一大束鲜艳的玫瑰。在你的对面是五家连在一起的店面，都没有招牌也没有玻璃橱窗，你看不到里面的任何东西。

你知道这五家店分别是茶店、书店、酒店、旅店和你要找的花店，并且知道：

茶店不在花店和旅店的旁边；

书店不在酒店和旅店的旁边；

酒店不在花店和旅店的旁边；

茶店的房子是上了颜色的。

你的另一半还在等着你，你没有足够的时间一家一家地进去看，你能在最短的时间里找出花店买到娇艳的玫瑰吗？

462 火柴图形

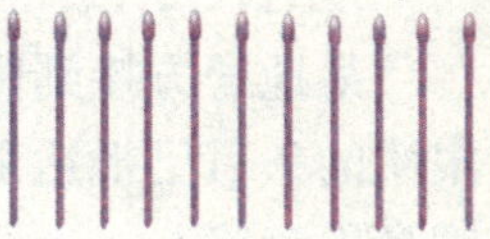

用 11 根火柴可以摆成多少种不同的三角形？ 12 根呢？

463 无辜的狗

星期三的早上，邓先生被发现死在家里。他是在和张先生通电话时被自己养的狗咬死的。最近，因邓先生外出，这只狗曾委托张先生代为照顾。

于是，张先生成为嫌犯，但无确凿证据。因为邓先生被狗咬死时，张先生在 5 千米以外的家里。即使他在照顾狗期间将狗训练成咬人的工具，也不可能在 5 千米之外发号施令，指挥狗咬人。

因此，一般人都推断是狗兽性突发，将邓先生咬死的。

但负责这件案子的探长却有不同见解，而且断定主谋就是张先生。

那么，探长凭什么断定张先生就是主谋呢？

464 钓了多少条鱼

大张、老李和小王周末的时候出去钓鱼。回来的时候碰上一位同事，同事问他们每人钓了几条鱼。老李自豪地说："俺老李钓的鱼跟他们两个钓的加起来一样多。"大张说："小王钓到的最少，不过要是把我们3个人钓的条数相乘的话，一共是 84 条。"

想一想，大张、老李和小王他们各钓到了多少条鱼？

165 谁是贩毒者

某地警方接到国际刑警通知，一个贩毒集团的头目已抵达某海滨城市，他藏匿在一艘豪华游艇上。

警方监视这艘游艇已经有三天三夜了，警长对船上的情况了如指掌。船上的人员情况如下：一个绅士，他除了每天早晚到舱外伸展一下腰腿，整天都待在舱内；一个厨师，他每天骑着自行车定时去采购，先去面包店，再去调料店，最后去菜市场，经常满载而归；还有5个水手，有时也会上岸去娱乐场所，但看不出干了什么与毒品有关的事。警长心急如火，因为游艇很可能在明天或当晚起航。

当然，警长最后还是从这些表象中找到了线索，顺藤摸瓜，一举破了案 。

你能分析一下贩毒者是谁吗？

166 移4变3

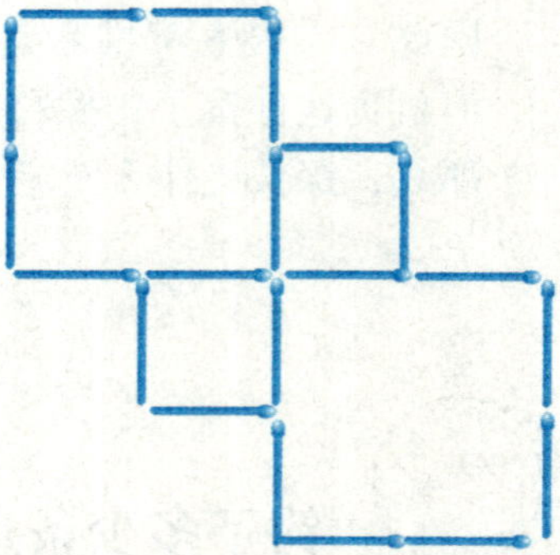

右面的拼图是2个大正方形带着2个小正方形。只要移动其中的4根火柴，它们就会变成3个形状、大小都相同的图形。

167 四等分五边形

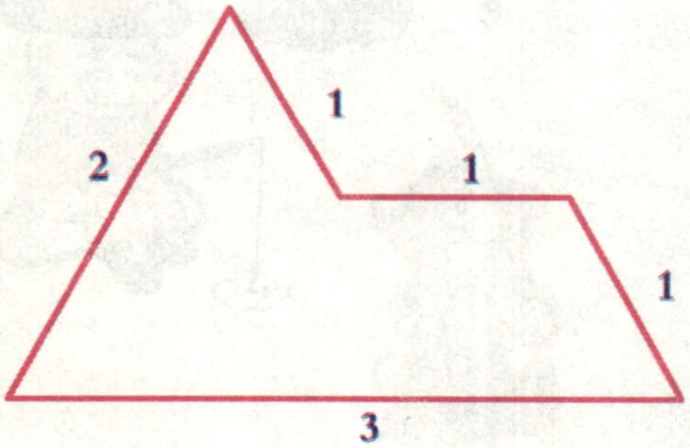

你能将左图的五边形分成形状、大小完全一样的且与原五边形相似的4个小五边形吗？

168

会长之死

在一幢被杂木丛所包围的别墅中，一位孤独的老人死了。在现场发现了写得很潦草的遗书，看起来他似乎是服毒自杀。

发现尸体的人是死者生前的女友，他们有好几年没见面了。

房后有很多鸟笼，一群小鸟不知主人已死，仍然在那里快乐地唱歌。

老人的女友告诉刑警说："一直到三年前，他都是爱鸟协会的会长。"

刑警听了以后，立刻就断定："既然是这样，这必然是他杀，遗书也一定是伪造的。"

请问：为什么呢？

169

有趣的数学课

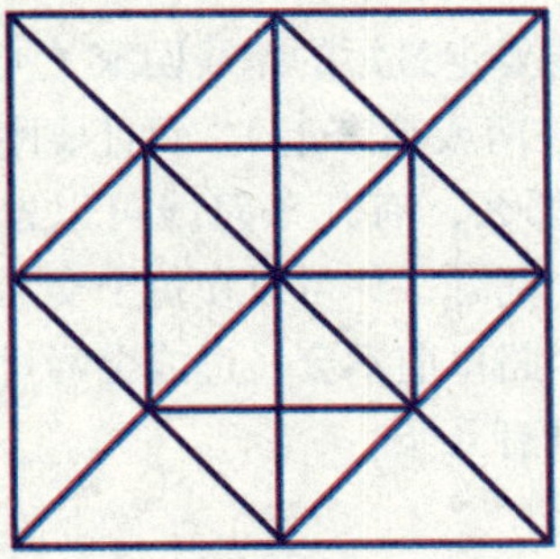

左图是一个复杂的图形，找找图中共有多少个三角形。你能找出来吗？有些三角形可是太狡猾了，它被隐藏在图案中呢。

470

数字填空

按照右图中数字的排列规则，问号处应该填什么数字？

471 三角形填空

最后一个三角形右下角缺一个什么样的符号？

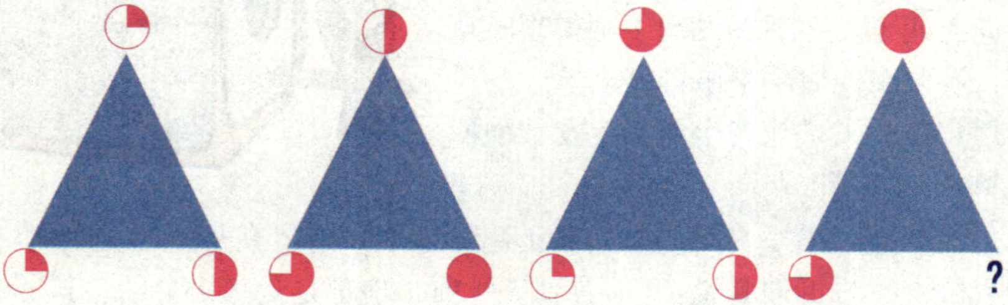

472 有几条路线回家

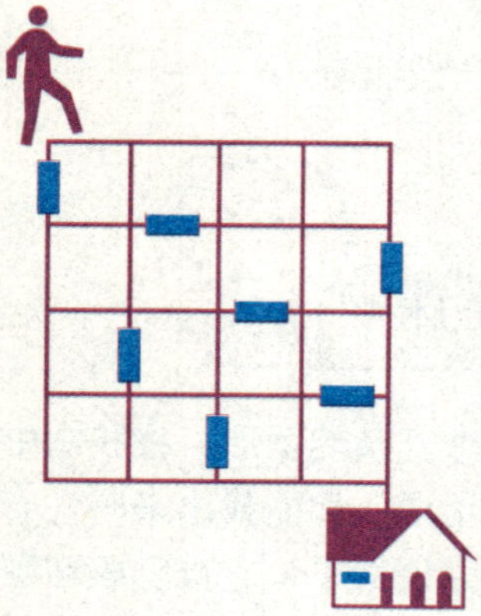

如左图，想要走最短的路线回家（换句话说就是一直往南或往东走），而且要刚好经过一座桥，那么，有几条路线可以选择呢？要解答这个问题，你可以在每个交叉路口计算，到一个路口前不会经过或会经过一座桥的路线分别有几条。

473 佛光寺里的失窃案

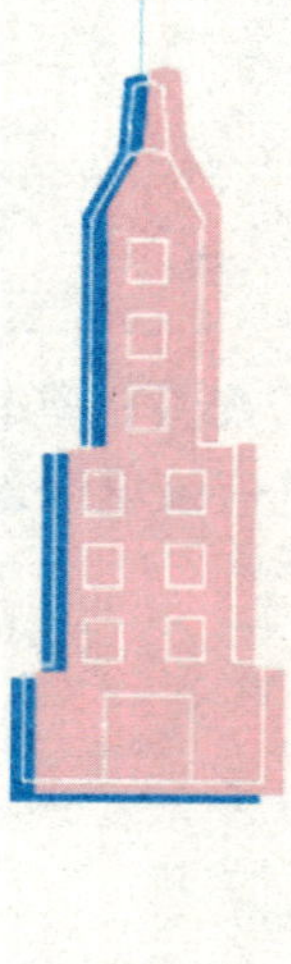

江陵城外有个佛光寺，寺里有座宝塔，塔顶上有一颗闪闪发光的大佛珠，寺庙因此而得名。这年中秋节，寺院的老和尚要外出化缘，便留下两个徒弟看守寺院。

半个月后，老和尚化缘归来，发现塔顶上的佛珠被人偷换走了，便叫来两个徒弟询问。大徒弟说："昨晚我上厕所，借着月光，看见师弟爬上塔偷走了佛珠。"小徒弟争辩道："我昨晚整夜都睡在禅房里，从没起来过，佛珠不是我偷的。好像自从师傅走后，佛珠就没有发过光。"老和尚听完两人的叙述后，便知道谁说了谎话，谁偷换了佛珠。

你知道是谁吗？

474

图形推理

请问 A、B、C、D、E 这一序列的下一个应是什么样的？

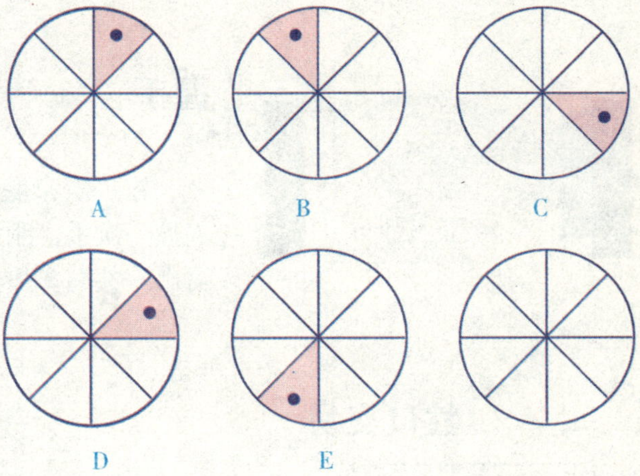

475

多少种付法

在澳大利亚，人们使用的小额硬币有 5 分、10 分、50 分、1 元和 2 元。如果你要支付 20 分，总共有多少种付费法？

476

下围棋

两个人在围棋盘上轮流放棋子，一次只能放一枚，要求棋子之间不能重叠，也不能越过棋盘的边界，棋盘上再也不能放下一枚棋子时，游戏结束。谁放下了最后一枚棋子，谁获胜。

如果你先放棋子，有没有确保必胜的秘诀？

477

握手

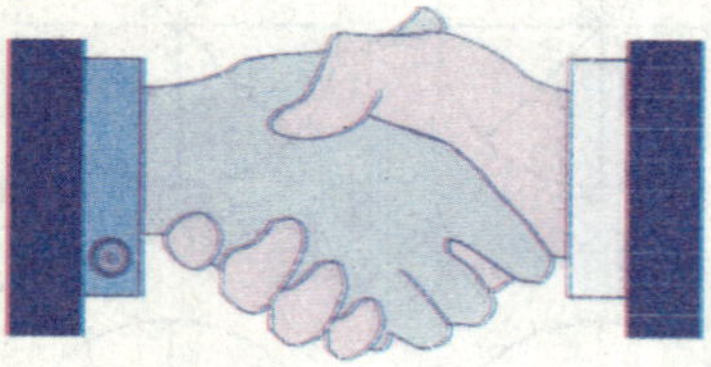

在一次家庭聚会上，每一个人都和其他人握一次手，刚好一共有 15 次握手。你能猜得出一共有多少人参加聚会吗？

478

牲口交易

在还不习惯使用货币的地方，大家是用以物易物的方法来解决双方的需要。集市上，3 个人带着自己的牲口准备交换。甲对乙说：“我用6头猪换你1匹马，那么你的牲口数量将是我所有牲口数量的2倍。”

丙对甲说：“我用 14 只羊换你 1 匹马，那么你的牲口数量将是我的 3 倍。”

最后，乙对丙说：“如果我用4头牛换你1匹马，那么你的牲口数量将是我的 6 倍。

请问：甲、乙、丙 3 个人各有多少头牲口？

479

缝隙有多大

假定地球是一个极大的标准圆球，现在有一根长绳子，它比地球的赤道周长还要长 10 m。若用此绳子将地球等距离（在赤道上）围住，那么在地面与绳子之间还有一道小小的缝隙。请问这个缝隙够不够一头猪（高 70 cm）不用碰到绳子就能走过去（不许跨过去）？

480

谁偷了手提包

这天，李经理去北京办事。他乘坐的包厢里的其他三人分别去邯郸、石家庄和北京。

列车运行到郑州站，停车15分钟，四人均离开了自己的铺位。在列车启动前，李经理回到座位，却发现自己的手提包不见了。他急忙去报告了乘警，乘警调查了其他三位乘客。

去邯郸的乘客说，停车时他下去买了些早点；去石家庄的乘客说，他到车上的厕所方便去了；去北京的乘客说，他去另一车厢看望同行的朋友了。听完他们的叙述，乘警认定去石家庄的人偷了李经理的提包。

你知道为什么吗?

481

找算错了的数

米琪小姐在一个商店里做收银员。有一天，她在晚上下班前查账的时候，发现现金比账面少153元。她知道实际收的钱是不会错的，只能是记账时有一个数字点错了小数点。那么，她怎么才能在几百笔账中找到这个错数呢?

482

谁是老实人

在老王、老张、老李、老林和老刘这5个同事当中，有两个是绝对不说谎的老实人，但是另外三个人是骗子，所说的话里一定有谎话。

下面是他们5个人所说的话：

老王："老张是个骗子。"

老张："老李是个骗子。"

老李："老刘是个骗子。"

老林："老王和老张他俩都是骗子。"

老刘："老王和老林，人家两个可都是老实人。"

请你根据他们所说的这些话，找出哪两个人是真正的老实人。

183

找正方形

右图中一共能找出多少个正方形？

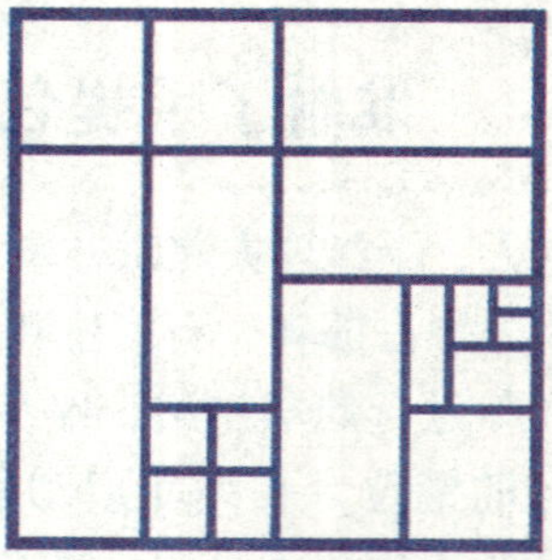

184

能循环工作吗

有甲、乙、丙、丁4个清洁工负责一条环绕着正方形公园的4条公路上的清洁工作，但是他们4个人只有一套清洁工具，并且他们每个人竭尽全力也只能完成其中一边路段的清洁任务。所以他们的工作总是不能让领导满意。

于是，一个清洁工想出了一个办法：他们4个人分散在公园的4个角上，先由甲拿着清洁工具开始清理，清理完一条边后到达乙的位置就把工具交给乙，乙就开始清理，甲休息。乙再清理完一条以后丙开始工作，乙休息。以此类推，当丁做完之后再把工具交给甲，他们就可以一直不停地循环下去了。

你觉得他们的想法真的能实现吗？

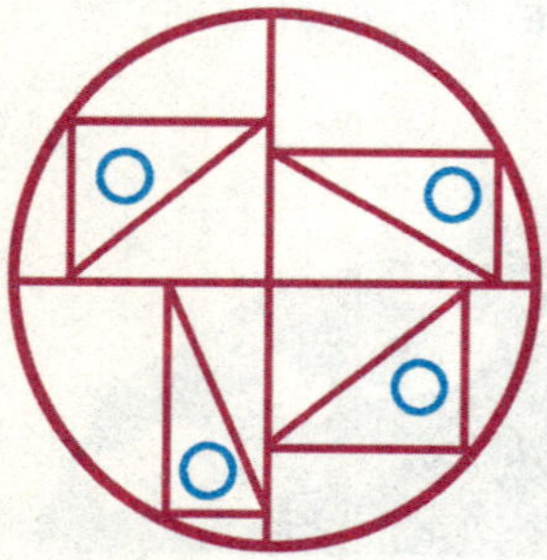

185

猜斜边

一个直径为60厘米的圆上，放着大小不同的4块直角三角板。你能在一分钟内算出这些三角板的斜边是多少厘米吗？

186 不变的值

右图中的算式题结果是100，怎样从中拿走3根，使它的结果仍为100？

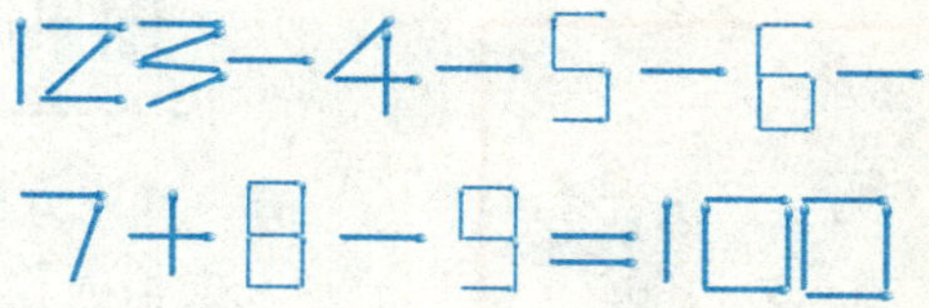

187 如何找假金币

一次偶然的机会，蕾蒂从她的朋友那里得到8枚外表一模一样的金币。但是其中有一枚是假的，重量特别轻。于是她找来一架天平，想用它找出那枚假的金币。

想一想，蕾蒂最少需要用天平称几次，才能找出那枚假的金币？

188 奇怪的中毒事件

一天，亨利探长应友人之邀去一家小酒店饮酒。突然，隔壁桌上的一位老板呻吟着呕吐起来，两位保镖立即拔出匕首，对准与老板同坐的一位商人。

亨利探长一问，才知道双方刚谈成一笔生意，共同喝酒庆贺，谁知老板竟中毒了。那位商人举着双手，吓得不知所措。

探长走上前，摸了摸温酒的锡壶，又打开盖子，看见黄酒表面浮着一层黑膜，就说："果然是中毒了!"

这时，中毒的老板摇晃着身子说："探长，救救我!他身上一定带着解毒药!搜出来……"探长笑着说："错了，他身上没带解毒药!这酒是你做东请客的，他怎么有办法投毒呢？"

那么，毒酒从何而来呢？

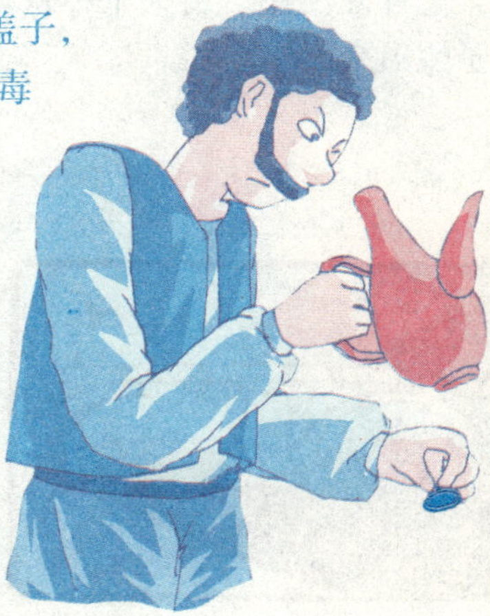

489

围果园

有一片正方形的果园，每边100米。水果快成熟了，农夫怕人偷水果（你也知道，现在好多人都不那么自觉，我们的社会公德有待进一步提高），想用铁丝网将果园围起来。农夫在果园的边界上每10米插一根大柱子，你帮他算一算，要用多少根柱子？

490

最佳救火路线

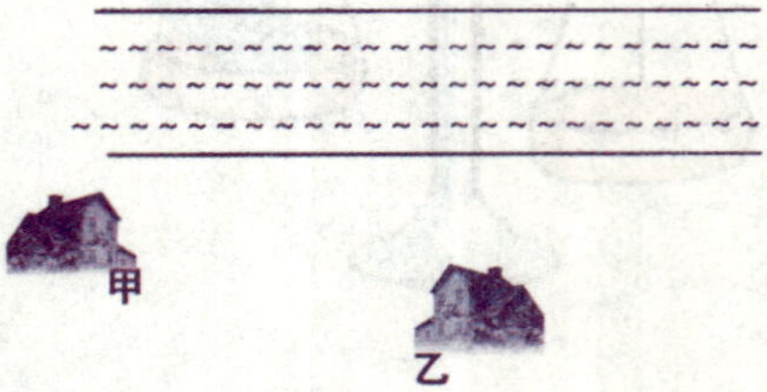

如右图所示，在一条大河同一岸边住着两户人家。一天，乙家不小心失火了，甲家发现后，立即挑着水桶去河里打水救火。甲家应选择什么样的路线才是省时省力的最佳路线呢？

491

找不一样的瓶子

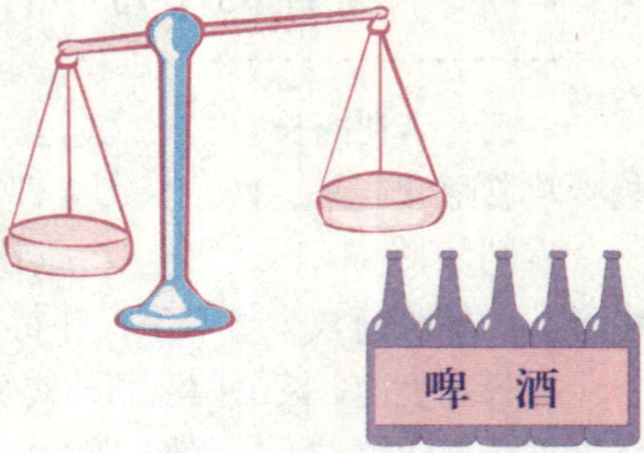

现有80个重量、外形完全相同的啤酒瓶和1个外形相同、但重量较轻的啤酒瓶，怎样才能用一台天平尽快地将这个瓶子挑出来？

492

怎样架桥

A、B两地在一条宽10米的河两岸，两地的水平距离为200米。如何在河上架一座桥，使从A地到B地的距离最短，并且桥不能是从A到B的斜桥呢？希望你能发挥最大的想象力，你想象得到的都有可能。

493

倒水

有一个桶能装10升水。你能用它量出5升的水吗？

494

橡胶藏在什么地方

在一家提炼橡胶的工厂，经常发生工人偷运橡胶倒卖的事件。工厂的负责人为了防止橡胶被偷运，特意雇用了保安人员，对下班出厂的车辆、工人进行严格检查。

这一天，保安部接到举报，说今天有人要偷运橡胶出厂。保安人员立即行动起来，对来往行人、车辆都十分认真地进行检查。这时，一辆满载胶桶的货车准备驶出工厂大门，保安人员检查时，发现车上装的只是一些空胶桶，并没有发现橡胶装在里面，就准予货车驶出工厂。过了一会儿，举报人又打来电话，说："刚才出去的那辆车已把橡胶偷运出厂了。"说完就挂掉了电话。保安人员十分不解，他们对货车进行了全面检查，橡胶被藏在什么地方呢？亲爱的读者，你能想得到吗？

18	6	4	30	47	29
45	30	6	18	17	2
1	21	1	42	23	5
3	28	7	17	1	6
44	4	32	43	30	40

495

划分方格

你能将左图的方格分成 6 个完全相同的部分，并且每一部分中，所有数字之和都是 100 吗？

496 设计邮票

你能设计出一套邮票，最多只贴3枚，就可以支付1到70元的所有邮资吗？这套邮票最少多少枚，面额分别是多少？

497 排列规则

你能看出下面10个数字是按什么规律排列的吗？

8 2 9 0 6 7 3 4 5 1

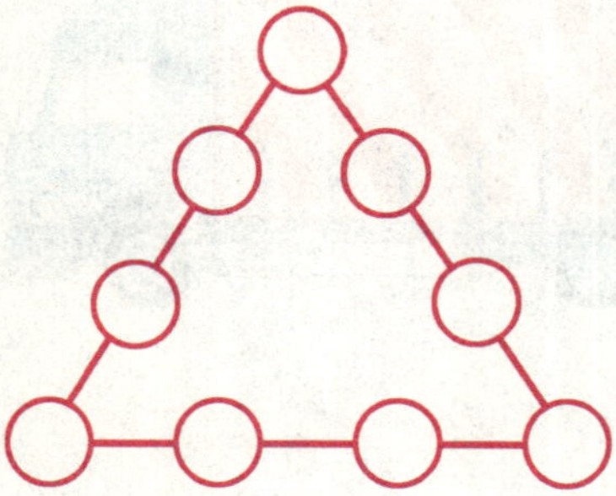

498 神奇的三角形

三角的三边有9个圆圈，你能把1～9这9个数填在圆圈里，使每边的数字和相等，而且每边数字的平方和也相等吗？

499 结果是30

用29根火柴排成5个数字，使这5个数字相加的和是30，你知道是哪5个数字吗？

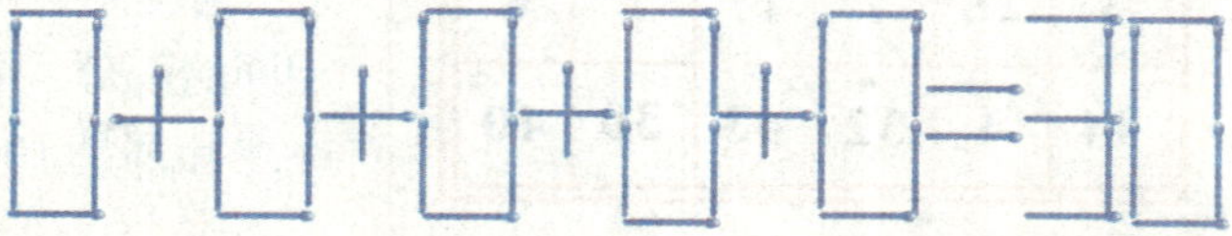

答案及解析

374. 还需多少方块

4 × 4 × 4−16=48（块）。

375. 魔幻方格

想必不少人都看过《射雕英雄传》，当然记得瑛姑曾给黄蓉出过这样一道题：用 1 到 9 这九位数排成三行三列，使每行、每列之和相等。这就是最简单的幻方。本题对一般的人来说是有些难度，起初有种茫然不知所措之感，但这种数学幻方很能培养人的推理力、分析力、逻辑力和观察力，使人享受到数学带来的乐趣与数学图形的美感。

14	10	1	22	18
20	11	7	3	24
21	17	13	9	5
2	23	19	15	6
8	4	25	16	12

376. 黑色星期五

如果4月13号是星期五，那么下一个13号且是星期五的那天应是7月13号，相距91天。

377. 地毯的面积是多少

7 平方米。首先求出地毯之外的面积，再用房间的面积减去这部分面积即可。

①是 2 平方米；②是 3 平方米；③是 4 平方米，房间面积为 16 平方米。16 −（2+3+4）= 7（平方米）。

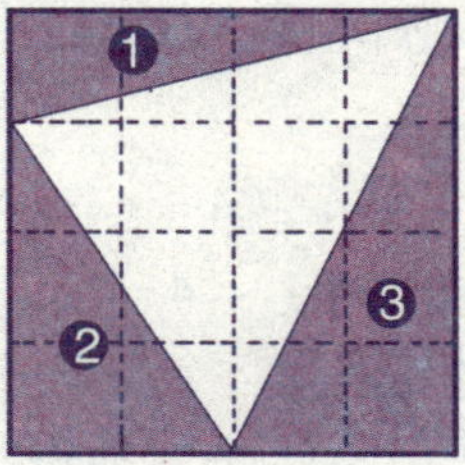

378. 拉不开的门

把门推开。

379. 等于 1 的趣题

（1）（1 + 2）÷ 3 = 1

（2）1 ×（2 + 3）− 4 = 1

（3）[（1 + 2）× 3 − 4] ÷ 5 = 1

（4）（1 × 2 + 3 − 4 + 5）÷ 6 = 1

（5）（1 + 2 + 3 + 4）÷ 5 + 6 − 7 = 1

（6）（1 + 2 × 3 − 4）− 5 × 6 ÷（7 + 8）= 1

380. 拼摆长方形

A

B

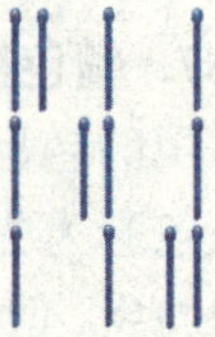

381. 哪条鱼不一样

B。

382. 骰子推理

e。这是考察你的空间想象能力，b 的对面应该是 e。如果还不明白，你可以动手做一个骰子看看就知道了。

383. 神奇的数字 4

0 = 4 − 4

1 = 4 ÷ 4

2 =（4 + 4）÷ 4

3 = 4 − 4 ÷ 4

4 = 4

5 = 4 + 4 ÷ 4

6 = (4 + 4) ÷ 4 + 4

7 = 44 ÷ 4 − 4

8 = 4 + 4

9 = 4 + 4 + 4 ÷ 4

10 = (44 − 4) ÷ 4

384. 伤号与逃犯

议员是真正的凶手。他进诊所时，陌生人已经换上了干净的衣服，并且吊着手臂，他不应知道陌生人是背部中弹。

385. 快速计算

168。真是很简单的一道题。如果你被其中的 $B \times C = 13$ 所迷惑，那只能证明你的粗心。如果换一种表达方式你就明白了：$A \times B \times C \times D = (A \times B) \times (C \times D) = 12 \times 14 = 168$。差不多口算就能算出来了。

386. 大胆想象

像一张世界地图。

387. 颜色搭配问题

这里的色彩排列顺序基本上是以彩虹的色彩为先后，每两色之间夹有一种别的色。但在基本色当中，黄、绿的顺序颠倒了。

388. 缺少哪一块

如下图，三个轮子相对应的一瓣中都各有一黑二白分瓣，黑分瓣位置各不相同。

389. 圆的直径

13 cm。也许你正试图进行复杂的几何运算，去求 BA 为多少，然后用 $BE + BA = AE$，得出圆的半径吧。如果真的是这样的话，说明你不细心，没认真分析问题。这道题很简单，只要联结 AC，就可知 $AC = BD = 6.5$ cm，AC 就是圆的半径。2 倍的 AC 就是圆的直径，所以为 13 cm。口算也行，根本不用那么复杂。记住，以后做什么事时，先多想一想，分析一下，有时会取得事半功倍的效果。

390. 千万富翁的遗书

飞机在空中飞行，机舱门突然打开，会因机舱内高压、机舱外低压而产生巨大的吸力。因此，遗书不可能放在座椅上，而会被吸出机外。显然，驾驶员说了谎。

391. 不打自招

因为衣柜里放有樟脑丸。如果真像别墅主人所说，两年已没有在这里住过，那么放在衣柜内的樟脑丸早已挥发完了。

392. 移糖果

第一步：从第一堆的 11 粒中移 7 粒到第二堆，于是三堆分别为：4 粒、14 粒、6 粒。

第二步：从第二堆的 14 粒中移 6 粒到第三堆，于是三堆分别为：4 粒、8 粒、12 粒。

第三步：从第三堆的 12 粒中移 4 粒到第一堆，于是三堆分别为：8 粒、8 粒、8 粒。

393. 最好的类比

此类型的题必须先把第一组之间的关系思考清楚，这样根据这些关系去选出相对应的图形就可以了。第一个图形与第二个图形之间是正方形对三角形，并且颜色相反；同理，与第三个图形相对应的应该是（b）。

394. 自杀还是他杀

死者若是自杀，他拿枪的手必然露在毛毯外面，而他的手却在毛毯里面。可见，是有人杀了他后给他盖上毛毯，伪造了现场。

395. 巧装棋子

在第1、第2、第3个盒子中各放入13枚棋子，第4至11个盒子中各放3枚棋子，第12个盒子中放入37枚棋子，这样刚好100枚棋子，每个盒子里的棋子数字中都有一个“3”。

396. 杀妻案

如果是开枪自杀，死者手上、衣袖上会粘上火药微粒。石蜡可以检验出是否有火药微粒残留物。

397. 考考你

19。字母按字母表倒数序号（Z为1，A为26，等等）排列，A之后跳过两字母为D（倒序号是23），再跳过两字母为G，再跳过两字母为J（倒序号17），等等。至问号处为H（倒序号19）。

398. 该填哪一个字母

M。从字母A开始，顺时针方向，每两个字母之间均间隔3个字母。

399. 丁丁的生日

丁丁的生日是12月31日，阿姨是在1月1日问丁丁的。

400. 丰产的苹果树

64个。

401. 一个比四个

一样大。设小圆的半径为a，4个小圆的面积为$4a^2\pi$，大圆的面积为$(2a)^2\pi$，也是$4a^2\pi$。

402. 牵牛花的罪证

司机就是盗窃犯。他用特定的方法(比如用纸做套子，套在花蕾上)推迟了牵牛花开花的时间，在作案后迅速返回住处，拍摄出花开全过程的连续照片作为伪证。

403. 字母排列

N。每块牌由上而下都是进5个字母，再退3个字母到下一块牌。

404. 对称

11枚。如下图，必须摆满。

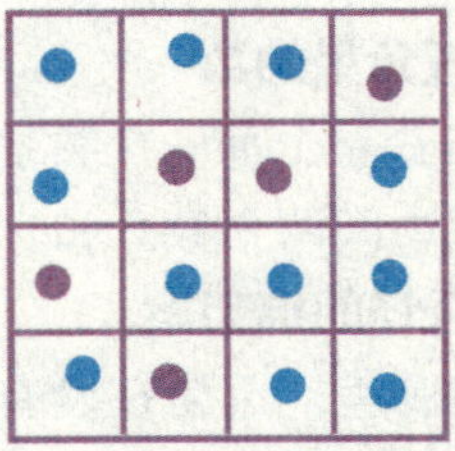

405. 到底中了几枪

凶手开枪时，被害者正背对窗子弯腰，子弹射穿了她的大腿后进入胸部，所以表面上看好像是中了两枪。

406. 找规律

27。

407. 泳道有多长

刚好等于圆形场地的半径，50米。用图解析立即可知。

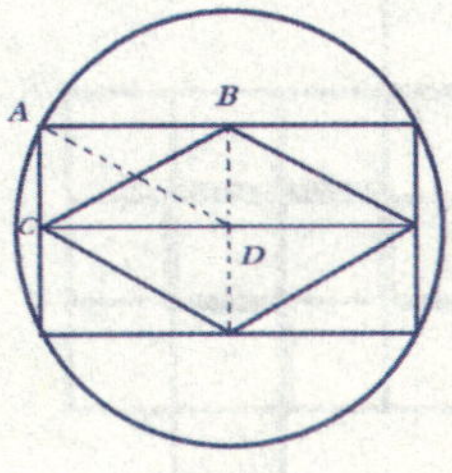

408. 水果密码

进攻。

409. 视觉幻象

箭头 e 和箭尾 3 是配对的。

410. 问号处填什么数

47。这同样是一个有名的数列，叫鲁卡斯数列，是仿斐波纳契数列，从第三个数字开始，每个数都等于前几个数之和。最神奇的是任意取两个相邻的数，然后用大数去除以小数，得到的结果是一个接近“黄金比例”1.618……的数，而且越到后面越接近。

411. 五角星的数

12。五角星上面一个数加最下面两个数等于中间两个数之和。

412. 奇怪的绑架案

绑匪是邮差。因为在没有门牌和真实姓名的情况下，只有他能安全收到钱，但如果是挂号信就不行了，所以他要求用普通邮件。

413. A 尺寸纸张系列

1024 张。

414. 按键密码

322。规律是同一行的前一个数的前两位数乘以后两位数等于下一个数。

415. 二等分

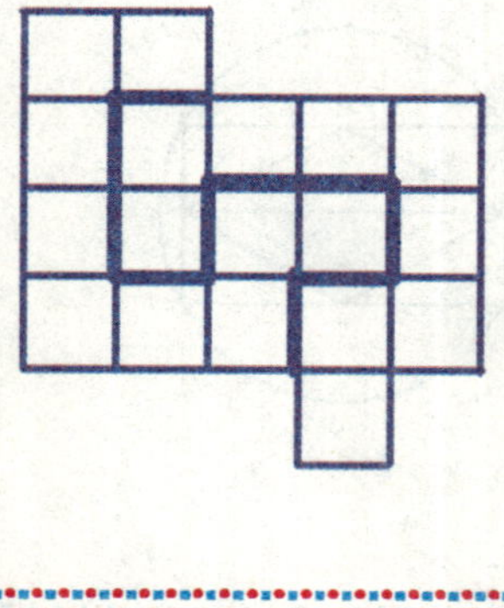

416. 破译字母密码

DESMOND=7591067

```
    SEND  9567
+   MORE  1085
--------------
   MONEY 10652
```

417. 豪华客轮上的谋杀案

凶手是遗产继承人崔促达。他为了早点把遗产弄到手，没有将尸体丢入大海，而是刻意留下。因为法律规定，在失踪期间，失踪人的财产是不能被继承的。

418. 图案盒子

(a)。

419. 比大小

$1^{111} < 111^{1} < 1111 < 11^{11}$

$9^{99} > 99^{9} > 999$

$[(5\times5)\div(5\times5)]^{5}=1$

420. 不翼而飞的钻石

清洁工人。他利用吸尘器吸出了钻石。

421. 奇怪的数列

111，1000。这是电子计算机计数用的是二进位位制，写法只有两种数字：0 与 1。我们所熟悉的 1，2，3，4，5，6 用二进位的写法，则变成了 1，10，11，100，101，110。所以后面应该是 7 和 8 的二进制写法。

422. 猜扑克牌

三张扑克牌从左到右依次是：梅花 A、梅花 K、红桃 K。

423. 变算式

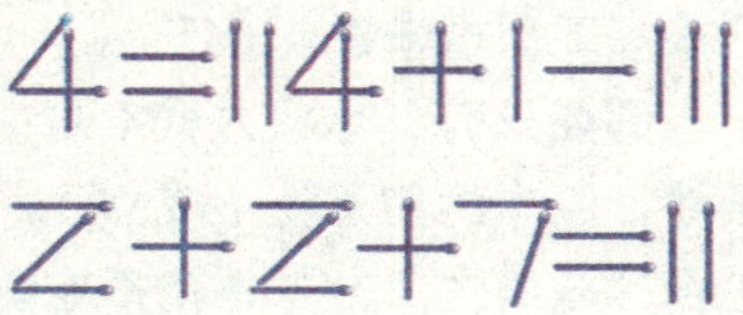

424. 下一朵花是什么样子

如下图，变化规律是：添一叶，再添两花瓣，然后减一花瓣和添一叶，如此反复。

425. 哪一个是鸭子的影子

C。

426. 凶案现场

蟑螂不在野外生存，因此，被害人是在室内被杀害并滞留，在此期间蟑螂钻进了尚有体温的尸体。

427. 变三角形

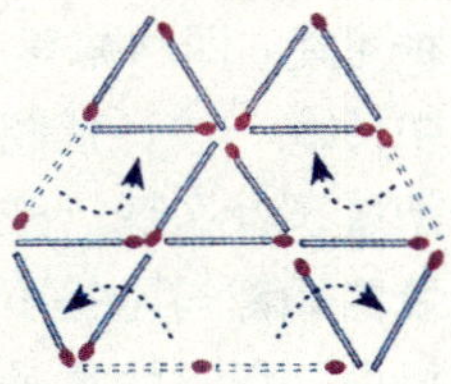

428. 来访的凶手

凶手是女教师的男朋友。因为女教师死亡时身穿睡衣。若是外人来访，她会通过“猫眼”看见，并换上整齐的服装。

429. 排队买票

排队的顺序是：芬尼，杰尼，杰克，鲍勃，汤姆，沃克。

430. 今天星期几

今天是星期天了，当然也就看不成星期六的动画片了。

431. 空缺的数

21。这是一个三角形数的数列。

432. 以一胜三

因为四个人用力的方向并非相反，也不在同一平面上，所以，下面的那个人只要轻轻一推，就能使竹竿远离目标。

433. 与众不同的图形

C。

434. 不属于同类

①西红柿是蔬菜，其余是水果；

②案板不是刀具；

③老虎没有角；

④笛子是管乐，其余是弦乐。

435. 哪根绳子没打结

图 2 和 3 中的绳子没打结。

436. 银店抢劫案

依据在银碗中见到的影像，营业员不可能认定罪犯是谁，因为碗中反射出来的影像是个变形的影像。

437. 等于 2

① $4 \div 4 + 4 \div 4 = 2$；

② $4 - (4 + 4) \div 4 = 2$；

③ $4 \times 4 \div (4 + 4) = 2$；

④ $4 \div [(4 + 4) \div 4] = 2$。

438. 多少种搭配方法

$4 \times 8 \times 4 = 128$（种）。

439. 沙滩晨练

在这个队伍里有 275 名战士和 85

条警犬。

战士：(360 × 4 － 890)÷(4 － 2)＝275(个)；警犬：360－275＝85(条)。

440. 实话和谎话

正确答案是桶里的水是可以喝的。

这道题在所有辨别真伪的游戏题里面，算是再简单不过的了。

你想想，你在一个晴朗的午后说："今天天气不错。"对方回答："是的。"那就说明对方是那个只说老实话的孩子。他说桶里面的水是可以喝的，那就一定是可以喝的喽！

441. 深夜消失的车子

强盗中途利用吊车改变了路程。在立体交叉路口，用吊车把强盗的车吊起，放置在高架式公路底下的另一条公路上。这样一来，强盗车可以不必经过B地而安然逃走。

442. 鸡兔同笼

鸡脚加兔脚是6只，因只数相等，所以90 ÷ 6 ＝ 15，笼中有15只鸡，15只兔。

443. 最大的数

99742。你答对了吗？

444. 算式连等

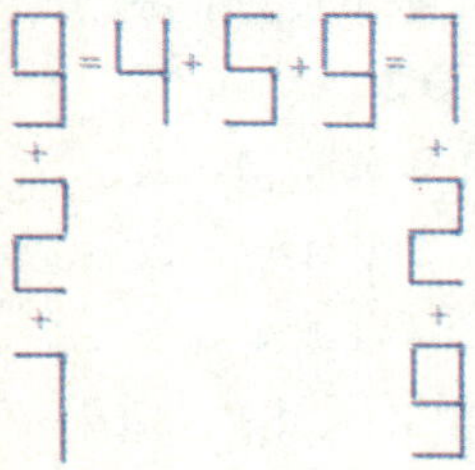

445. 真假命题

正确的答案应该是：想象力很丰富或缺乏生命力。

原来的命题是用"但是"连接前后两句的，所以否定句就改用"或"来连接。下面再来说明一下：

假如只有"想象力很丰富"这个条件，原本的句子就不成立了。这时是否"充满生命力"也就不重要了。

假如只有"缺乏生命力"这个条件，原本的句子也不成立。这时是否"想象力丰富"也就不重要了。

两项都是对的，所以用"或"连接。

446. 大家族

依婆婆的叙述，将这一家族的家谱列出即可明白，所谓家属七人，乃是两位女孩和一位男孩，以及他们的父母、祖父母。

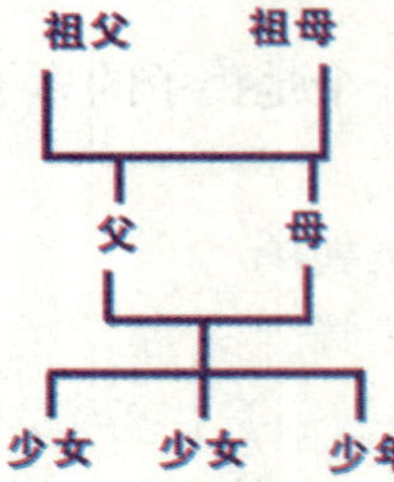

447. 盒子里的黑白球

只有一种可能，即从贴有"黑白"标签的盒子中任取一球，就能辨明每个盒子中分别装了什么球。既然每一个盒子中所装的球都与贴签不同，那么，贴有"黑白"标签的盒子中装的两球要么是两个白球，要么是两个黑球。如果从这个盒子中取出一个球是白球，那么这个盒子里装的是两个白球，而贴有"白白"标签盒的两个球只能都是黑球；"黑黑"标签的两球是一白一黑；如果取出的是黑球，那么这个盒子里装的是两个黑球，而贴有

“白白”标签盒的两个球只能是一白一黑，“黑黑”标签的两球是白球。如先从“白白”盒或“黑黑”盒中拿，都无法确定盒中是什么球。想一想，为什么？

448. 巧摆正方形

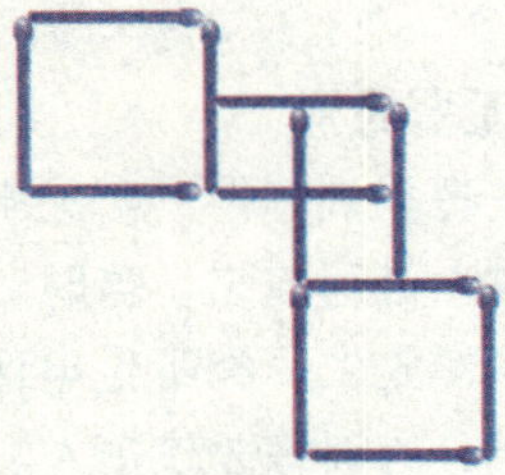

449. 字母算式

85 × 8 = 680

450. 新兵的推理

新兵杰克的推断是不正确的。

教官可以在周四以前的任何一天进行拉练，如果杰克表示反对的话，教官可以问他：

“你真的认为今天不应该进行拉练吗？”

杰克肯定会回答：“是的，教官。按照您的说法今天是不能进行拉练的。”

教官就可以告诉杰克：“那就是说你不知道今天进行拉练。按照我的说法，今天可以进行拉练！”

这下新兵杰克就只能干瞪眼了。

451. 移花接木

刑警看到蜡烛后产生了怀疑，再加上停电，蜡烛一直没有熄灭。假如亚美是在自己屋里被杀，过了24个小时，蜡烛早就燃尽了，一定是有人夜里把尸体弄来，走时忘了灭蜡烛。

452. 平分菜地

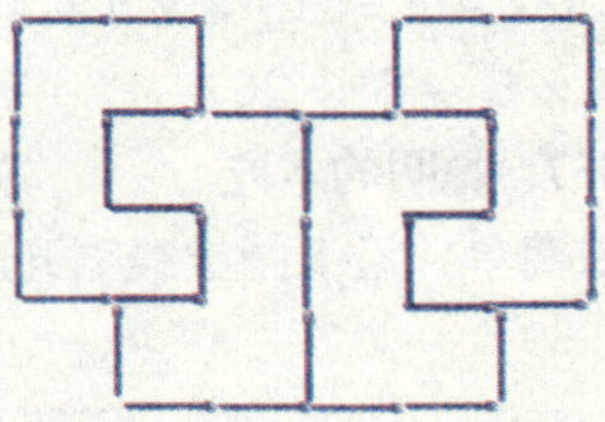

453. 3个人猜拳

不对，两个人猜拳的排列组合有9种，有1/3的机会是平手。而3个人猜拳时的排列组合会有27种，平手的机会是这样的：

石头：石头：石头，石头：布：剪刀，石头：剪刀：布；

剪刀：石头：布，剪刀：剪刀：剪刀，剪刀：布：石头；

布：石头：剪刀，布：剪刀：石头，布：布：布。也是9种。

因此，两个人猜拳平手的机会和三个人猜拳时平手的机会是一样的，都是1/3。

454. 巧用1988

0.1 + 0.9 + 8−8 = 1

(1 × 9)+(8−8) = 9

−1+9−8 + 8 = 8

455. 伪装的现场

死者脚底板的伤痕从脚趾到脚跟是纵向的，若他真是爬树时从树上摔下来的，那么脚底板不会有纵向的伤痕。因为爬树时要用双脚夹住树干，脚底受伤也只能是横向伤痕。

456. 费脑子的组合

除了题目中列出来的一个，等于30的组合还有3种，等于20的也有3种。

(1)33 − 3 = 30；5 × 5 + 5 = 30；

$6\times6-6=30$。

(2)$22-2=20$；$4\times4+4=20$；$5\times5-5=20$。

457. 聪明的木匠

很简单，沿下图虚线锯开。

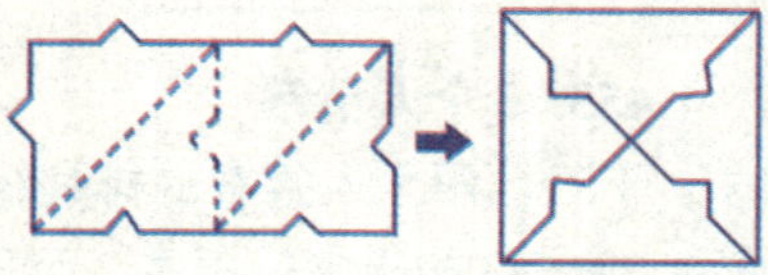

458. 各行了多少千米

8000千米。车有4个轮胎，也就是4个轮胎各行了10000千米，4个共行了40000千米。如果5个轮胎均匀使用，即40000/5=8000（千米）。

459. 相反数

18和81，或者29和92。

460. 细心的警察

秘密在于鸟。占生把刀片绑在鸟的爪子上，自杀以后，鸟由窗口飞走，带走了凶器。

461. 情人节买花

花店就是从右边数的第二家。

根据前三个的条件，旅店不在茶店、书店和酒店的旁边，所以旅店应该是两头的两家店里的一家。而它的旁边就是茶店、书店和酒店以外的花店了。花店的旁边不是茶店或酒店，那就是书店了。

根据第二个条件，酒店不在书店的旁边，下一家应该是茶店。那么，剩下的酒店就是在两头的两家店中的一家。但是，茶店的墙是上了颜色的，所以茶店应该是左数第二家。

以此类推，就可以推出答案的顺序了。

462. 火柴图形

11根火柴可以摆4种三角形，边长如下：4－4－3，5－3－3，5－4－2，以及5－5－1。12根火柴却只能摆3种三角形，边长如下：4－4－4，5－4－3，5－5－2。

463. 无辜的狗

张先生将狗训练得一听见电话铃响就立刻对人进行攻击。当时，张先生打电话给邓先生，狗听见电话铃声后便依照平日的训练去攻击人。

464. 钓了多少条鱼

老李钓到了7条，大张钓到了4条，小王的最少，只钓到了3条。

465. 谁是贩毒者

厨师在往船上运毒品，因为调料的用量不大，每天买调料是不正常的。

466. 移4变3

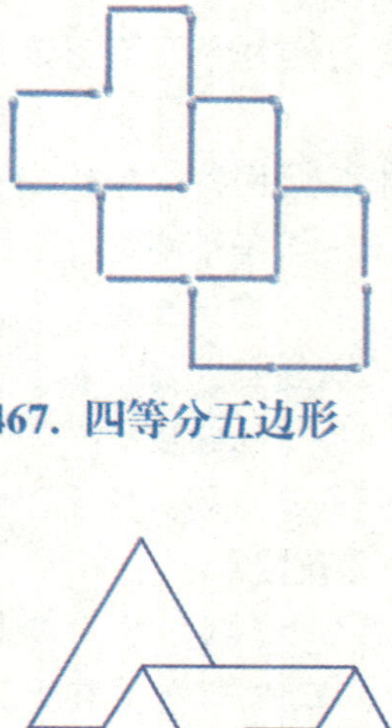

467. 四等分五边形

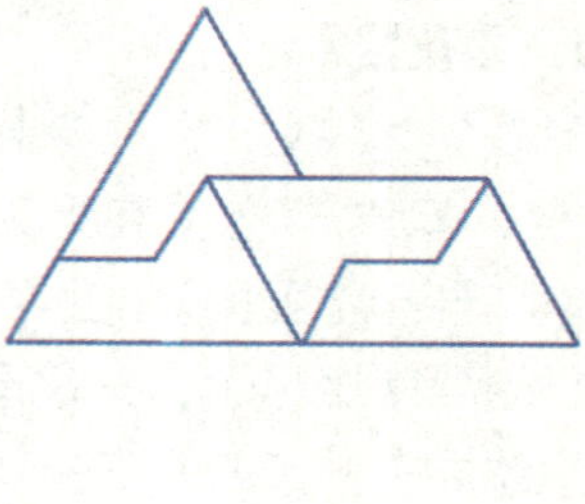

468. 会长之死

刑警是看到鸟笼的情形而判断的。既然死者是爱鸟协会的会长，在自杀前他肯定会把小鸟放出去。因为这些小鸟没有人喂养，一定也是死路一条。这位爱鸟的老人绝对不可能带着小鸟们一起自杀。

469. 有趣的数学课

共有35个三角形。

470. 数字填空

4。图中数字排列的规律是：外圈每格两个数字相乘，其积等于顺时针方向的下下格内圈之数。

471. 三角形填空

全黑圆。从各三角形上端圆圈和下边圆圈来看，变化的规律都是圆圈黑影每次多1/4（1/4，1/2，3/4），直至全黑。

472. 有几条路线回家

不会经过桥的路线有6条，会经过一座桥的路线有23条。

473. 佛光寺里的失窃案

大徒弟说了谎，是他偷走了佛珠。因为，老和尚走了半个月，昨晚应是农历初一，没有月亮，哪能有月光呢？

474. 图形推理

从第一圆圈内黑点开始，首先逆时针退一格，再顺时针进三格，如此反复。

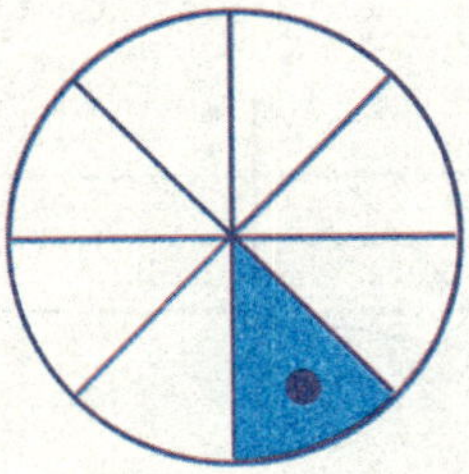

475. 多少种付法

3种付法。10分+10分；10分+5分+5分；5分+5分+5分+5分。

476. 下围棋

第一枚棋子放在棋盘的正中间，也就是围棋盘的天元上。此后无论对方在中心点之外选取哪一点放棋子，你都有可以以中心点为对称点，找到另一个对称点。这样，只要对方能找到放棋子的位置，你同样也能找到相应的放置位置。因此，你必能获胜。

477. 握手

有6个人参加聚会。

478. 牲口交易

甲有11头牲口，乙有7头牲口，丙有21头牲口。

479. 缝隙有多大

不仅一头猪可以走过去，甚至你也可以走过去，如果你的个子不高的话。设地球的半径为R，绳子与地球的间隙为h，则是：$2\pi(R+h)-2\pi R=10$，即$h=5/\pi$。所以，这条绳子产生的间隙约有1.6米高。

480. 谁偷了手提包

因为列车在停靠车站时，为了保证站内卫生，厕所一律锁门，禁止乘客使用。去石家庄的乘客在撒谎。

481. 找算错了的数

170。如果是小数点的错，账上多出钱数是实收的9倍。所以153÷9=17，那么错账应该是17的10倍。找到170元改成17元就行了。

482. 谁是老实人

正确的答案是老王跟老李是真正的老实人。

我们先假设老张是老实人。那么，把老李说的话颠倒过来，老刘就成了老实人。这样一来，老王和老林也都成了老实人了，这样就超过只有两个老实人的限制了。

那假设老林是老实人的话，把老王说的话颠倒过来，老张就成了老实人。但是，照老林的说法，老张应该是个骗子，这样就产生矛盾了。

再假设老刘是老实人，则加上老王跟老林就又成了3个老实人，所以也行不通。

483. 找正方形

13个。

484. 能循环工作吗

这是不可能实现的，因为当丁走完一条边的时候，甲并不在他原来的位置上而是在乙原来的位置上，所以丁和甲并不能成功地交接，他们也就没办法循环下去了。

485. 猜斜边

4个三角板的斜边都等于半径，即30厘米。

486. 不变的值

123－45－67
＋89＝100

487. 如何找假金币

她只需要用天平称两次就可以找出那枚假的金币了。

由于那枚假的金币特别的轻，她可以先在天平的左右两个称盘里都放上3枚金币。如果天平保持平衡的话，她就只需要再称剩下的两枚金币就可以了。

如果天平没有保持平衡，就从较轻的3枚中拿两枚分别放进左右称盘，较轻的那一边就是假金币；如果天平保持平衡，则手里的那一枚金币就是假的了。

488. 奇怪的中毒事件

毒酒是温酒温出来的。这里的锡壶大多是铅锡壶，含铅量很高。酒保把铅锡壶直接放在炉子上温酒，酒中就带上了浓度很高的铅，多饮几杯，就会出现急性铅中毒。

489. 围果园

40根柱子。也许你会想过头，以为只要36根，即每边10根，再减去四个角的4根柱子。你仔细想一想，其实每边有11根柱子，才能使每两根之间保持10米，这样应是44－4=40。

490. 最佳救火路线

乙家与河边的垂直线段是最佳的救火路线。人们习惯用几何的方法，如图所示：延长BC至B_1，使$BC=CB_1$，再联结AB_1与河岸交于D点，这样$AD+DB$为最短的距离，因此D点是取水点。可是，你再仔细想一想，如采取这一条路线，甲必须挑着重重的一桶水走DB的线路，甲能快速到达乙家吗？这样，问题就变得简单多了，选择乙家到河边的最短距离，就是最佳路线。

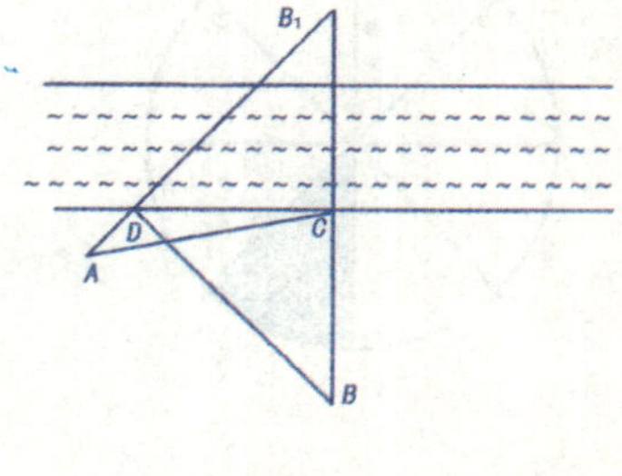

491. 找不一样的瓶子

因为天平称重有三种结果：①两边一样重，②左边重，③右边重，所以可以用三分法。

先将81个啤酒瓶三等分，在天平两边各放27个，剩下还有27个。若两边一样重，则较轻的在天平下的27个中；若左边重，则在天平右边的27个中；若右边重，则在天平左边的27个中。

然后再将有较轻瓶子的一堆三等份，继续上面的做法。因为81=3×3×3×3，所以只需要称4次就可将较轻的啤酒瓶挑出来。

492. 怎样架桥

架一座宽200米的桥，自然可以斜着走直线从A地到B地了，距离当然也是最短的了。

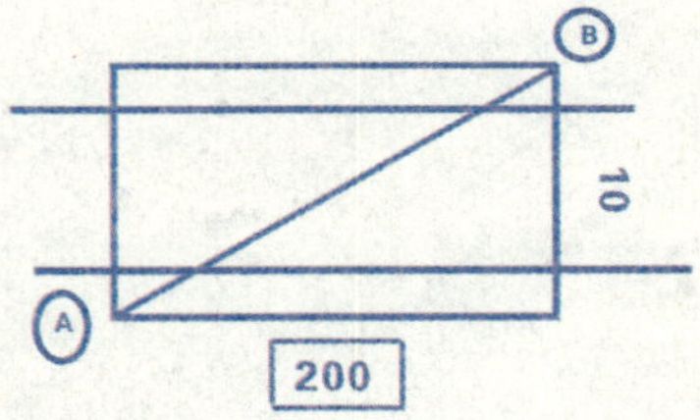

493. 倒水

把桶倾斜，使桶具的两个顶角与另两个底角处于同一水平面上。此时水的体积正好是5升。

494. 橡胶藏在什么地方

那些空胶桶就是偷运出去的橡胶。工人们先将橡胶做成桶形，待运出厂后，再将它熔化掉，转卖给他人。

495. 划分方格

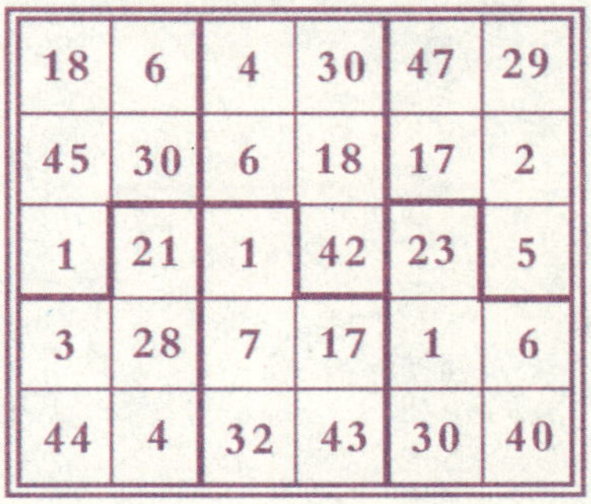

496. 设计邮票

最少要7枚邮票，面额分别是1元、4元、5元、15元、18元、27元与34元。

497. 排列规则

想不出来吧，其实非常简单，它们就是按汉语拼音读音的字母顺序排列。

498. 神奇的三角形

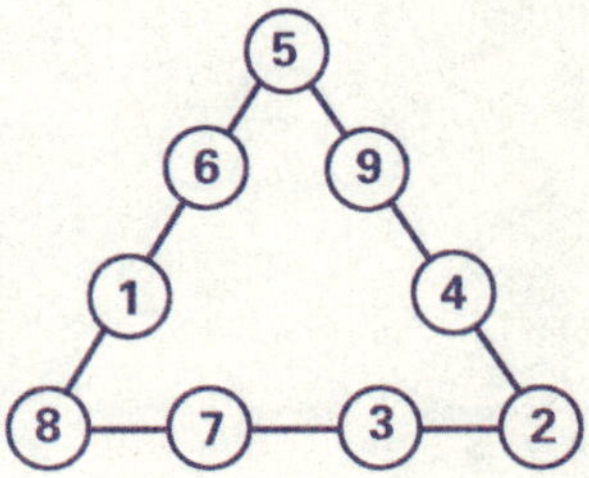

499. 结果是30

2+5+6+8+9=30

第五部分

自我测试心理游戏

人们往往对自己的认知停留在一个表面的层次，以至许多能力没有得到有效的开发，这是一种巨大的资源浪费，却一直被很多人忽略。

世界上最陌生的人就是自己，世界上最熟悉的人也是自己，你对你自己了解多少？

500

你了解自己的个性吗

如果你可以有一处自己的别墅，而且你可以按照自己的意愿去设计，你会给它设计一个什么样的栅栏呢？

A. 房子周围有铁栅栏包围　　B. 房子周围种许多花草树木

C. 房子周围被砖包围　　D. 房子周围用木栅栏围起

501

你是否容易冲动

和朋友一起去喝咖啡，却看见男友和一个女孩坐在桌旁，好像还很亲热，这时你会：

A. 马上冲过去，质问男友

B. 生闷气，无声地走开

C. 装成什么都没发生过

D. 大方的走上前，打招呼，给足男友面子

502

你是一个成熟的人吗

公共汽车上有一对陌生男女并肩而坐。车行不久后，这位女士打起瞌睡来，渐渐靠向正在看报纸的男士身上。猜猜看，这位男士的反应会如何？

A. 当作没看见，继续看报纸

B. 发出声音，引起她的注意并急忙站起身

C. 不怀好意地打量

D. 假装一脸无奈状，其实心中乐滋滋

503

你是否具有稳定的情绪

生活在纷纭复杂的社会里，每个人或多或少会有些神经质，会出现情绪的不稳定；我们要学会控制自己的情绪，让它尽量稳定，而不能做情绪的俘虏，不能让情绪控制你。下面这个测试可以测试出你的情绪稳定度，帮你更好地把握自己的情绪。

1. 在你度过的人生中，你一直觉得你能达到所预期的目标。( )

a. 是的　2分

b. 不一定　1分

c. 不是的　0分

2. 即使把凶恶的老虎之类的猛兽关在动物园的铁笼中，你见了也会惴惴不安，浑身战栗。( )

a. 是的　0分

b. 不一定　1分

c. 不是的　2分

3. 如果在一个全新的环境开始一种崭新的生活，你要( )。

a. 把生活安排得和从前截然不同　0分

b. 不确定　1分

c. 应该不会有大的改变　2分

4. 你坚信有能力克服各种困难吗？( )

a. 是的　2分

b. 不一定　1分

c. 不是的　0分

5. 每到一个陌生的地方，你都可以准确无误地辨别方向。( )

a. 是的　2分

b. 不一定　1分

c. 不是的　0分

6. 不知为什么，有些人总是回避你或冷淡你。( )

a. 是的　0分

b. 不一定　1分

c. 不是的　2分

7. 无论阳光明媚或是大雨倾盆，都不会影响你的情绪。( )

a. 是的　　　　　2分

b. 介于a、c之间 1分

c. 不是的　　　　0分

8. 在大街上，你常常避开你所不愿意打招呼的人。( )

a. 极少如此 2分

b. 偶然如此 1分

c. 有时如此 0分

9. 聚精会神地欣赏音乐时，即使有人在旁边大声喧哗，( )。

a. 我仍能专心听音乐　　2分

b. 介于a、c之间　　　　1分

c. 不能专心并感到恼怒 0分

10. 你有时会无缘无故地憎恨某种东西，有想毁灭它的欲望，但不久就会消失。( )

a. 是的　　2分

b. 不一定 1分

c. 不是的 0分

11. 你热爱所学专业或所从事的工作吗？( )

a. 是的　　2分

b. 不一定 1分

c. 不是的 0分

12. 梦境中情绪激动，往往会影响你的睡眠。( )

a. 经常如此 0分

b. 偶然如此 1分

c. 从不如此 2分

13. 你虽善意待人，但常常会有很强的挫败感。( )

a. 是的　　0分

b. 不一定 1分

c. 不是的 2分

计分方法：根据你的选项累计加分。0~8分为A型，9~19分为B型，20~26分为C型。

504

测试你的心理适应能力

在我们的周围，每天发生的事情像六月的天气变幻莫测，而我们不能被动地接受，必须学会主动地去适应。只有这样，才能做好自己的工作，才能生活得幸福快乐。你的心理适应能力到底如何呢？

1. 一件很重要的东西不见了，这时你会——。
   a. 急忙把那些可能的地方找一 3分
   b. 疯狂地掀起地毯来搜索 5分
   c. 镇静地回想一下可能会放在哪里 1分

2. 你急着去开会，半路却遇到严重堵车，你会——。
   a. 变得急躁不堪，同时想象等候者恼火的样子 5分
   b. 设想等候者会体谅你是不得已而迟到 1分
   c. 很着急，但想想急也无益，干脆不去想了 3分

3. 当你值班时，收到一封来自环保局的信，你会——。
   a. 试着自己来弄清事情的缘由 1分
   b. 装作没看到，谁爱处理谁处理 3分
   c. 找个理由推给办公室其他同事去处理 5分

4. 你向来用水笔写字，现在要你换钢笔书写，你会——。
   a. 感到别扭 5分
   b. 有时有点不顺手 3分
   c. 感觉与用水笔没什么差别 1分

5. 你在大会上演说的姿态、表情、条理性及准确性与你在科室里讲话相比怎样？
   a. 基本上没什么差别 1分
   b. 说不准，看具体的情况而定 3分
   c. 显然要逊色多了 5分

6. 到了聚会的地方后，发现全是陌生的面孔，你会____。
   a. 先灌几杯酒让自己放松一下 5分
   b. 有时感到不自在，有时又能从这种状态中摆脱出来，与人相叙甚欢 3分
   c. 积极地加入进去，不会感到一丝的陌生 1分

7. 已经到了递交论文的最后期限了，你会____。
   a. 变得更有效率了 1分
   b. 开始错误百出 5分
   c. 心中暗急，但仍勉强维持正常状况 3分

8. 刚与人进行了一番唇枪舌剑，你会____。
   a. 转回到工作上，但有时难免出神 3分
   b. 唠叨个不停，工作效率大减 5分
   c. 不受影响，继续专心工作 1分

9. 你出差或旅游到外地，住进招待所、旅馆，睡在陌生的床铺上，你会____。
   a. 失眠厉害，换一种睡眠姿势、换一个枕头也会引起失眠 5分
   b. 有时会失眠 3分
   c. 和在家感觉没什么差别 1分

10. 调了工作部门之后，尽管你很努力，还是没有以前的工作效率高，是吗？
   a. 对 5分
   b. 说不上 3分
   c. 不是这样的 1分

11. 你们公司的工作时间做了调整，你的反应是____。
   a. 在相当长一段时间内发生紊乱 5分
   b. 起初的两三天感到不习惯 3分
   c. 很快就习惯了 1分

12. 有人莫名其妙地把你骂了一顿，你会____。
   a. 头脑清醒，冷静而适度地予以回击 1分
   b. 一下蒙了，过后才去想当时该如何进行反击 5分
   c. 在当时就还了几句，但未中要害 3分

13. 你和朋友约好了时间去喝咖啡，当你赶去的时候，他却说不能来了，这时，你会——。

a. 有些不满，但既来之则安之，自己喝吧　3分

b. 总是在想这件事　5分

c. 赶紧打电话给其他朋友，总不能来了就走吧　1分

14. 同学们总说小李脾气古怪，特难相处，你——。

a. 倒觉得小李挺好接近的，大家恐怕太不了解他　1分

b. 说不上对他有什么感觉　3分

c. 也有同感　5分

15. 你正在看书，外面突然很嘈杂，你会因此而分心吗？

a. 是的　5分

b. 看吵闹的程度而定　3分

c. 不，只要不是跟我吵，坐在集市货摊之间也照读不误　1分

计分方法：根据你的选项累计加分。A.15~29分，B.30~57分，C.58~75分。

505

你的心境是豁达的还是灰暗的

拿出纸和笔，凭你的第一感觉回答下面的问题，不可以多考虑。

1. 一边是绿茵茵的草地，另一边是黑森森的原始森林，你是往草地去，还是向森林走？

2. 越过草地或森林，你希望在你面前出现的是辽阔的大海，奔腾的江河，还是涓涓的小河？

3. 涉过大海、江河或小溪，在你眼前出现了一间小茅屋。在你走向小茅屋之前，你是不是会回头望一望大海，江河或小溪？

4. 当你走进小屋，看见桌上有只花瓶，你希望它是古典式的，还是现代式的？是大的还是小的或中等的？

5. 你希望屋里有没有窗户？如有，是大的还是小的？窗户多还是少？

6. 桌上有只杯子，你不小心把它摔在地上，你希望这杯子碎不碎？是摔得粉碎还是摔碎一块可以修补？

7. 走出小屋，你面前有两条路，一条大路、一条小道。你选择哪一种？

8. 你来到沙漠，渴得要命。此时路边有杯水，你是看都不看就走？还是喝光再走？或只喝半杯，把剩下的带走？或喝一点放回原处？

9. 天渐暗了，你来到一处山谷，突然一位白发魔女站在你面前，你是掉头就跑？还是站着不动？或是上前搭话？

10. 翻过山谷，一堵墙挡住了去路，你是翻过去还是绕路而行？

11. 翻过了这堵墙，你就来到一个动物园，里面有马、狗、兔子、猫、虎、蛇、牛、猴子、羊、猪和鹰等，你喜欢哪一个？

12. 走过动物园，再往前走，你希望出现什么？

506

你乐于和他人交往吗

和朋友一起去餐厅吃饭，餐馆的4名厨师各穿着不同颜色的制服，你会觉得穿哪种颜色制服的厨师做的菜最难吃？

A. 红色　　B. 黄色

C. 蓝色　　D. 黑色

507

你有较强的组织和协调能力吗

假设你目前还是一个初中生，学校要进行黑板报的评比，老师把这个任务交给你和其他几位同学来完成，可有些同学总是嬉笑打闹，不专心，你会怎么做呢？你的朋友行为不当时你做出的反应，是你的协调能力的表现。

A. 一起玩

B. 不理会嬉闹的朋友继续写黑板报

C. 向老师报告

D. 大声劝告

508

你是否具有主动进取的性格

一个小男孩和他的父母去郊外放风筝，由于没掌握技巧，风筝落在了路旁的一棵树上，依你的思维来分析，小男孩会通过下列哪种方式拿回风筝呢？

A. 要求父亲帮他拿

B. 爬到树上去拿

C. 想办法用细长的木棍挑下来

509

测试你能否处变不惊

这天饥渴难耐，打开冰箱发现一瓶橘子汁，拿出喝了一大口之后，才注意到上面标示的有效日期是2个月之前，明显已经过期了，这时你的反应是:

A. 不喝了，把它扔掉

B. 不喝了，并想方设法把喝下去的吐出来

C. 管它呢，照喝不误

D. 马上去看医生

510

你是一个容易感情用事的人吗

感情丰富的人都可以称得上是性情中人。有的时候因为冲动或鲁莽，缺乏仔细的考虑，不免会因感情冲动而误事。下面，就来测试一下你是否容易感情用事。

1. 在各种行业中，你最喜欢____。
   a. 音乐 2分
   b. 其他 1分
   c. 手工制作 0分

2. 你喜欢做一个____。
   a. 设计各种服装款式的服装设计师 0分
   b. 其他 1分
   c. 国际知名的社会学家 2分

3. 阅读时，你喜欢选读____。
   a. 人文科学方面的书籍 0分
   b. 其他 1分
   c. 哲学性的理论书籍 2分

4. 你最钟情的音乐风格____。
   a. 轻松活泼的 0分
   b. 介于a、c之间 1分
   c. 感情深沉的 2分

5. 你愿意____。
   a. 和别人一起合作完成工作 2分
   b. 不确定 1分
   c. 指挥别人去工作 0分

6. 你一向热衷阅读____。
   a. 有关政治军事的纪事篇 0分
   b. 其他 1分
   c. 感情丰富的文艺作品 2分

7. 你愿意做一个表演艺术家而不愿做一个科技工作者？
   a. 是的　0 分
   b. 不确定　1 分
   c. 不是的　2 分

8. 你爱产生不切实际的幻想？
   a. 是的　2 分
   b. 不一定　1 分
   c. 不是的　0 分

9. 你是否认为不应该侮辱任何有尊严的人？
   a. 是的　0 分
   b. 介于 a、c 之间　1 分
   c. 不是的　2 分

10. 田径运动中，你较喜欢____。
   a. 百米冲刺　2 分
   b. 其他　1 分
   c. 长跑　0 分

计分方法：从计分表中查得你每道题的得分，加起来得到一个总分。14～20 分——A 型，10～13 分——B 型，0～9 分——C 型。

511

你承受孤独的能力有多强

你走在清幽的林间小道，夕阳在树叶间映出斑驳的影子，前方依稀现出一处乡间小屋，如果在这样如画的景色中再放一把可以欣赏日落的椅子，你会选择什么样的椅子？

A. 童话中的秋千椅
B. 精致的红木长椅
C. 竹藤躺椅

512 你想打破目前的状态吗

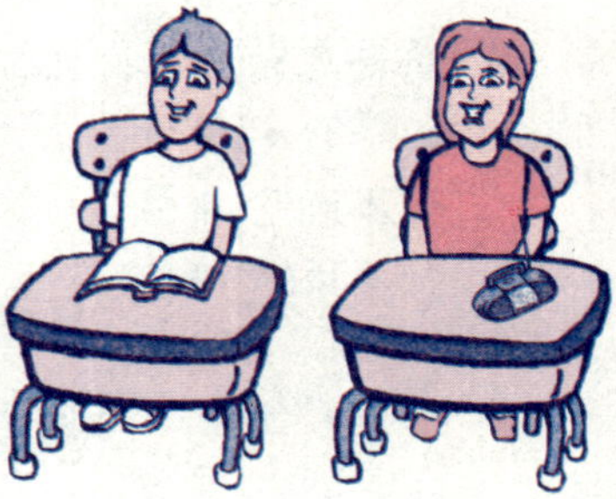

你是否对目前的状况很不满？烦琐沉闷的生活、单一乏味的工作、见利忘义的朋友等等，这些是否都让你不满、让你愤怒呢？你会尽力地去改变这一切吗？

安静的教室，一个女生投入地听音乐，一个男生说："我正在看书，安静点!"女生会有什么反应呢？

A. "对不起，不知道你在看书，我把声音放小一点。"

B. "是你喜欢听的音乐喔!一起听吧！如果不喜欢就关掉。"

C. "谁叫你在这个地方看书，我就是想听音乐。"

513 你能走出人生的低潮吗

假如现在是秋风萧瑟的季节。一对情侣坐在公园的亭子里聊天。不久，女孩开始掉泪，这时一阵秋风吹落了枯叶。请接着想象一下后来的情形，并选出一个最接近的答案。

A. 女孩流着泪说："再见。"然后离去……

B. 女孩一直默默注视着枯叶，直到眼泪流完为止。等恢复平静之后，说了一句"再见"，然后离去。

C. 女孩一直注视着男孩，凄婉地说："我走了，你好好照顾自己。"然后踩着落叶离去。

514

你有依赖性吗

独立自主是人的性格中非常可贵的一面，但是人与人相处的过程中难免会有相互的扶持和帮助。你的性格中的依赖成分有多高呢？如果你明天有要事要办，必须早起，你会给自己定一个闹铃叫你，那你会把你的手机放在哪？

A. 伸手可及的地方

B. 放在枕边，吵醒自己

C. 能听到就行，尽量远点

515

测试你的心理弱点

网络是虚幻的，但也有必须真实面对的事情。如果在QQ或者聊天室结识了让你认为一见如故、相见恨晚的网友，当你们聊天时间慢慢变长，觉得彼此之间有了某种默契或者已经对对方有些好感之后，总有一方会提出视频的要求。那么，当在窗口看到自己心仪的对方，并不是自己心中的他的时候，你此时会怎么想，怎么做？

A. 心想：这也忒丑了点，无法忍受，立即下线

B. 一时间无法接受，推说有事或者上厕所，待自己冷静之后委婉地说以后再聊

C. 说明他是诚实的，没有对你隐瞒或者有什么不良企图，毕竟人无完人嘛

D. 强压内心的感受，却语出伤人，即真实坦白地说出令对方难堪的话

516

你的性格保守吗

你所在的公司要为你们的产品制作广告，多家公司要承揽此项业务，老总把这件事交给你来负责。一天上午，你收到了一份没有寄件人地址的邮包，你想：一定是其中的一家公司寄来的，你的反应比较接近下面哪一个答案。

A. 弄清是谁寄的，然后再通过同样的方式送回

B. 打开再说，喜欢就留下

C. 请示上司

517

你有洞悉人性善恶的本事吗

有人赞成“人之初，性本善”，有人认为人性有邪恶的本质。你有洞悉人性善恶的本事吗？

你听说社区门前贴了张悬赏告示，奖金是10万元，你觉得是在找什么？

A. 寻找失物

B. 寻人启事

C. 寻找宠物

D. 为交通事故或其他犯罪事件寻找线索

518

你能控制对别人的忌妒心吗

当你赶着去参加女朋友的生日聚会，这时天公不作美，突然狂风大作，下起雨来。雨声中夹杂着雷声，附近林中甚至有棵树被雷中，你认为被击中的树是哪一棵？

A. 森林中的树

B. 矗立在山丘上的老枯木

C. 池塘边独立的一棵树

519

测试你的忧郁指数

美国新一代心理治疗专家、宾夕法尼亚大学的大卫·D·伯恩斯博士曾设计出一套忧郁症的自我诊断表——伯恩斯忧郁症清单（BDC），这个自我诊断表可帮助你快速诊断出你是否存在着抑郁症，且省去你用于诊断的不少费用。

请在符合你的情绪的项目上打分：

没有 0　轻度 1　中度 2　严重 3

1. 悲伤：你是否一直感到伤心或悲哀？
2. 泄气：你是否感到前景渺茫？
3. 缺乏自尊：你是否觉得自己没有价值，或自以为是一个失败者？
4. 自卑：你是否觉得力不从心，或自叹比不上别人？
5. 内疚：你是否对任何事都自责？
6. 犹豫：你是否在做决定时犹豫不决？
7. 焦躁不安：这段时间你是否一直处于愤怒和不满状态？
8. 对生活丧失兴趣：你对事业、家庭、爱好或朋友是否丧失了兴趣？
9. 丧失动机：你是否感到一蹶不振，做事情毫无动力？
10. 自我印象可怜：你是否以为自己已衰老或失去魅力？
11. 食欲变化：你是否感到食欲不振？或情不自禁地暴饮暴食？
12. 睡前变化：你是否患有失眠症？或整天感到体力不支，昏昏欲睡？
13. 丧失性欲：你是否丧失了对性的兴趣？
14. 臆想症：你是否经常担心自己的健康？
15. 自杀冲动：你是否认为生存没有价值，或生不如死？

520

你处理危机的能力如何

和朋友合力抬起一个重物上楼，抬到半途中，感到有些气喘，力不可支了。这个时候你会采取什么方式来解决呢？

A. 咬牙坚持抬到最后　　B.马上喊人过来帮忙

C. 边抬边劝朋友放下歇歇　　D.马上放下

521

面对竞争，你会轻易服输吗

胜败乃兵家常事。只要你参与竞争就不免有赢有输，暂时的输赢并不能代表最后的结果，关键在于你用什么心态去面对这暂时的结果。下面就通过体育运动来测一下你的竞争力吧！

下列体育运动中你觉得哪一项最能体现运动精神？

A. 赛跑

B. 障碍赛

C. 投球

D. 集体舞

522

你适合怎样的减压法

为了生存，时刻要面对竞争，就连坐车上班也不例外。因为搭乘的公交车总是人满为患。你虽然每天乘坐，但还是不能适应。为了不再和一些陌生人做最亲密的身体接触，你觉得下列哪种方法最好呢？

A. 提早起床赶避乘车高峰

B. 开车或骑自行车

C. 即使迟到也要错过高峰时间

D. 考虑与朋友一起乘坐，分散注意力以减少拥挤公交车时的不快

523

你的交际能力如何

美国著名教育家卡耐基先生曾指出：一个人事业的成功，只有15%是由他的专业技术决定，另外的85%，则要靠人际关系。那么你的交际能力能让你取得成功吗？请回答下面的问题。

1. 一位朋友邀请你参加（他）她的婚礼。可是，任何一位客人你都不认识。
   a. 你找理由拒绝
   b. 你愿意早去一会儿帮助（他）她筹备婚礼
   c. 你非常乐意借此去认识他们

2. 你正为一件急事而赶路，有一个陌生人向你询问去电视台的路，而且一时很难解释清楚，这时你会怎么办？
   a. 你让他去向远处的一位警察打听
   b. 你尽量简单地告诉他
   c. 抓紧时间带领他去电视台

3. 你表姐到你家来，你已经有两年没有见到过她了。可是今天晚上有一场精彩的足球赛，你又是一个铁杆球迷，这时你会：
   a. 边看球赛边和她说话
   b. 告诉她精彩之处，说服她和你一起看
   c. 不再想球赛，专心陪表姐聊天、看照片

4. 你的邻居出门旅行，让你照看一下他们的孩子。孩子醒后哭了起来。
   a. 你关上卧室的门，到书房去看书
   b. 给他食物和水，如果继续哭，就不再管他，看着他哭
   c. 你把孩子抱在怀里，耐心地哼着歌曲哄他入睡

5. 你通常通过什么方式结交朋友？
   a. 通过熟人或朋友的介绍认识
   b. 通过时间的考验
   c. 通过各种机会、各种场合的接触

6. 紧张的工作之余，你愿意做些什么？

a. 待在卧室里听音乐

b. 到商店里买东西

c. 与朋友一起看电影，并与他们一起讨论

7. 当你的朋友遇到特别伤心的事情，你会：

a .装作不知道，她不说你也不会主动去问

b. 如果见了面，会试探着安慰一下

c. 迫不及待地跑去安慰她

8. 如果有人请你去参加朋友聚会，你往往：

a. 断然回绝

b. 找个借口推辞掉

c. 饶有趣味地欣然应邀

9. 在你选择朋友时，你发现：

a. 话不投机半句多，你只能同你趣味相同的人们友好相处

b. 兴趣、爱好不相同的人偶尔也能谈谈

c. 只要不是白痴，什么人都能谈得来

10. 面对别人在某个方面对你的依赖，你会觉得：

a. 不习惯别人的依赖，避而远之；不喜欢结交依赖性强的朋友

b. 一般的说，并不介意，但是希望朋友能有一定的独立性

c.喜欢被别人依赖的感觉，会觉得自己活得有意义

计分方法:选择a,计1分；选择b，计2分；选择c，计3分。

521

你是否会让别人产生敌对情绪

如果你抱着一个精美的玻璃制品小心翼翼地上了地铁，这是朋友刚送的礼物，不幸的事发生了，一个急着上车的人把你挤在了扶手上——东西碎了，而这个人竟然是你以前的邻居。这时你会：

A. 不管他是谁，大发雷霆，把对方骂得狗血淋头

B. 算了！自认倒霉，只能气在心里

C. 要求对方照价赔偿

D. 安慰他说“没事的，不要紧”

525

你是个讨人喜欢的人吗

有的人说话像腊月的风雪，让人听了刺耳；有的人说话像三月的春风，让人浑身舒畅。能说会道、善解人意的人总能讨人喜欢，会被别人称赞为懂事明理的人，会被上司重用、同行善待。给自己把一把脉，看看自己是不是一个讨人喜欢的人呢？

一个年轻人手提一个精致的竹篮，篮中的东西是打算送给一个白发老人的，老人就站在他的面前。你认为篮子里面装的是下面的哪一种东西呢？

A. 桃子

B. 鲜花

C. 烤鸭

D. 蔬菜或其他水果

526

你会给人留下什么样的第一印象

大部分人都很在意自己给别人留下的第一印象如何，而你给别人留下怎样的第一印象与你的固有的性格特质有很大的关系。你想知道你会给别人留下怎样的第一印象吗？我们来一个很简单的测试：从性格、爱好、特质和受欢迎程度等多个方面来比较，你觉得你最像哪一种动物？

A.狗  B.猫  C.马  D.牛 

527

你的交际弱点在哪里

每个人的性格爱好都是不尽相同的，这就决定了每个人的处世方式中总有别人不习惯或者无法忍受的一面，个人本身很难对自己的这一面有所察觉，下面让这个测试题来帮你分析吧。

你在学校度过的时间里，特别是心理上极度叛逆的时期，你觉得老师身上最不能让你忍受的是什么？

A. 情绪不稳定，容易“歇斯底里”，对学生实行精神压迫

B. 专制，你听取学生的意见

C. 不公平，偏袒所谓的好学生

D. 对学生使用暴力

528

你是个有耐心的人吗

怎样的灯光能陪你入梦？有的人喜欢漆黑，有的人爱点一盏小灯，你会选择把什么样的灯放在床边，伴你进入梦乡？

A. 英国乡村蕾丝风格

B. 卡通造型

C. 欧洲宫廷华丽雕像

529

你的性格会对别人有何影响

物以类聚，人以群分。人们总会在不知不觉中欣赏和自己较类似的事物。所以，从你喜欢的东西，哪怕是图片，也可以看出你内心的心理特质。下面的5个选项中的树木具有5种不同的状态，代表了5种不同的心理状态，选出你认为最美的一种状态。

A. 狂风暴雨中的树

B. 干枯的枝条

C. 茂密的矮灌木

D. 雪地里的松树

E. 高耸入云的大树

530 你会为人处世吗

这个世间有很多种人，有的人讨人喜欢，有的人却惹人讨厌，有的人占了便宜还能博得同情的目光，有的人满怀善意却不受欢迎，这中间的奥秘可就深了。下面有10个问题，每一个问题设计了一种具体的时间、地点、背景，并且列出了4个备选方案。请你设身处地考虑一下，如果你面临这种背景，你的表现将与哪一段叙述更符合，请把它前面的字母代号圈出来。

1. 你买了一个崭新的球拍，自己还未用过，但有朋友向你借，你会怎么办?

A. 勉强借给他，但是满腹牢骚

B. 你把脸色、语气变坏，使得朋友不得不改口

C. 撒谎说已经借给别人了

D. 告诉他自己要试用一下，检查了球拍的质量后，再借给他

2. 当你正专注于做某件事，一位朋友上门来找你倾诉苦恼，你怎么办?

A. 放下手中的工作，耐心倾听

B. 很不高兴，流露出不耐烦的神态

C. 表面应酬，似听非听，脑子里还在想自己的事情

D. 向他直言自己的情况，同他另约时间

3. 在公共汽车上，你无意踩了别人一脚，马上说了声“对不起”，而那个家伙却对你骂个不停，你怎么办?

A. 只当没听见，随他去骂，骂够了也就完了

B. 与他对骂，看谁骂不过谁

C. 解释因为太拥挤自己才踩到他的，说对方不该怪自己

D. 请他原谅，同时提醒他骂人是不文明的

4. 你辛苦地干完了工作，自以为干得很不错，不料老板却说“怎么弄成这样”，这时，你怎么办?

A. 默默地听老板埋怨，但心中感到十分委屈

B. 愤怒地拂袖而去，因为你觉得自己不应受埋怨

C. 解释因客观条件限制，自己已尽了最大努力

D. 留意听取自己做得不够好的地方，以待改正

5. 当你觉得与公司的同事在各方面都合不来时，你怎么办？

A. 勉强应付，尽量凑合下去

B. 故意找碴儿，与他吵架，迫使领导注意并解决

C. 向领导打他的小报告，要求领导把他调到其他部门

D. 尽你所能谅解对方，实在不行，则向领导如实说明，待机解决

6. 在电影院看电影时，旁边的人总在炫耀他知道的剧情，使你感到讨厌，你怎么办？

A. 盼望有人能出面向他们提意见或他们知趣停止

B. 声色俱厉地指责他们

C. 叫工作人员来制止他们

D. 有礼貌地请他们小声点

7. 如果你公司的同事分成两派并且对立冲突起来，夹在中间的你应该怎么办？

A. 哪一边更有权就倒向哪一边

B. 采取不介入态度，明哲保身，不得罪任何一边

C. 哪一边是正义的就站在哪一边，态度明确

D. 来回奔走，设法调解两派人之间的矛盾

8. 你最近搬家了，周围邻居都不认识，显得较生疏，你怎么办？

A. 尽量不与邻居交往

B. 故意显出自己是很有来头的，让人家有种敬畏感

C. 观察邻居对自己的态度再决定

D. 马上与邻居打招呼，表现出友好的姿态

9. 当你的对手恶意攻击你取得的成绩时，你该怎么办？

A. 以后尽量显得平凡一些，因为树大招风

B. 同他挑明了大吵一通，让他知道你的厉害

C. 走自己的路，让别人去说吧

D. 一如既往地工作，但同时注意反省自己的做法，尽量照顾他人

10. 如果你的朋友虚荣心太强，让你看不惯，你将怎么办？

A. 反省一下对方的虚荣心是否同自己有关

B. 利用各种机会经常劝导他

C. 顺着他，随他怎么做，以保持亲密关系

D. 只要他有追求虚荣的表现，就同他一刀两断

531 你能与朋友相处得和谐融洽吗

如果今天是你地生日，你兴致勃勃地请一些同学和同事来参加你精心准备的生日宴会，新朋旧友齐聚一堂，其中有个伙伴竟然穿着一身“乞丐服”出场，使你觉得浑身不自在，请问：你会怎么处理这件事情呢？

A. 直接对他说：“你不觉得破坏了今天的盛会吗？”

B. 在他背后贴个标语整整他

C. 调侃着说：“不错嘛!这身打扮很适合你。”

D. 一句话都不说，一笑而过

E. 间接地提醒他，并说出自己的感受

532 你是个圆滑的人吗

一次公司举行庆功宴，大家玩得很开心，酒足饭饱之后，上司向你走了过来说：“你最近做得不错，有见识，有能力，更有前途，可称得上是我的得力干将。我们一起去唱歌好吗？”上司是个卡拉OK的高手，而你却不太会唱。这时你会怎么说？

A. “卡拉OK？好，我一定奉陪，一定。”

B. “卡拉OK？我五音不全，怕扰了您的兴致。”

C. “老实说，我不太喜欢卡拉OK，不过有机会跟您学习，也是求之不得。”

533 你能跟上不断变化的时代吗

如果你好不容易有一天的假期，可以不用考虑工作，自由安排，你又不想在家里看电视浪费时间，你会选择去什么地方度过一天有意义的假期呢？

A. 美术馆

B. 图书馆

C. 博物馆

534

你是一个多疑的人吗

《三国演义》中，周瑜因心胸狭窄，多虑多疑而命丧黄泉。你是一个多疑的人吗？你对人容易生疑心吗？

1. 你怀疑别人在背后说你坏话吗？
2. 你认为每个人做每件事都是有目的的吗？
3. 你怀疑许多人逃税吗？
4. 如果事先知道谎言不会被识破，你怀疑很多人都会欺骗别人吗？
5. 你很难信任别人吗？
6. 你不喜欢借东西给别人，因为你是在怀疑对方不会还吗？
7. 你会把日记本放在桌上，而不锁起来吗？
8. 你经常查对银行账单吗？
9. 付完账后，你总会数一下找回的零钱吗？
10. 你会随便将皮包放在自己看不到的地方吗？
11. 你相信别人随时都可能骗你吗？
12. 一时找不到东西，你会怀疑被别人拿走了吗？
13. 在陌生的城市向人问路，你会怀疑你所问的那个人有可能会骗你吗？
14. 如果对方临时取消约会，你会费尽心思地去猜测原因吗？
15. 你认为每个人都有诚实的时候吗？

计分方法：以上15道题中，除了第7题和第15题选择“是”计1分，选择“否”计0分外，其他的13道题选择“是”计0分，选择“否”计1分。

535

你是否会被别人左右

近朱者赤，近墨者黑。下面就来测试一下你是否是一个容易受别人左右的人吗?请使用下列4个条件画一幅画。

1. 房子　　2. 行人　　3. 树木　　4. 池塘

A. 人比房子小，但比树木大

B. 人在近处，其他在远处，人比树木、房子大

C. 人在远处，房子、树木都大，但人小

D. 比例基本一致

536 你会“说话”吗

你是否羡慕别人在演讲台上口若悬河，是否希望自己也能有三寸不烂之舌？会说话并不仅仅是拥有流利的口才，还要有一些技巧，也就是说不仅要会说，还要知道对不同的人采取怎样不同的方式。下面就来测试一下，看你是否会“说话”？

1. 当你不是话题的中心人物、不是众人关注的焦点时，你会不由自主地走神吗？

a. 强烈肯定
b. 有时
c. 绝对否定

2. 当有人试图与你交谈或对你讲解一些与你关系不大的事情时，你是否时常觉得很难聚精会神地听下去？

a. 强烈肯定
b. 有时
c. 绝对否定

3. 一个在火车上刚认识的朋友详细地向你讲述他从恋爱到失恋的全过程，并期待你的回应，你会：

a. 极不情愿，觉得不舒服
b. 无动于衷
c. 很乐意倾听并积极开导

4. 你是否觉得需要有时间及一个人静静地才能清醒一下和整理好思路？

a. 强烈肯定
b. 有时
c. 绝对否定

5. 你是否很难放松警惕，向他人倾吐自己的心事，除非他是你多年相交的密友？

a. 强烈肯定
b. 有时
c. 绝对否定

6. 你往往和哪种人最容易相处？
   a. 各种人
   b. 和已经了解的人
   c. 和相处很久的人，但往往感到很困难

7. 你是否会刻意避免表达自己的感受，因为你认为说了别人也不会理解？
   a. 强烈肯定
   b. 有时
   c. 绝对否定

8. 你是否认为轻易流露心情和感受的人是没有内涵的？
   a. 强烈肯定
   b. 有时
   c. 绝对否定

9. 你是否总在人群中的气氛达到高潮时反而有一种强烈的失落感？
   a. 经常如此
   b. 有时
   c. 从未有过

计分方法：选 a 计 3 分；选 b 计 2 分；选 c 计 1 分。

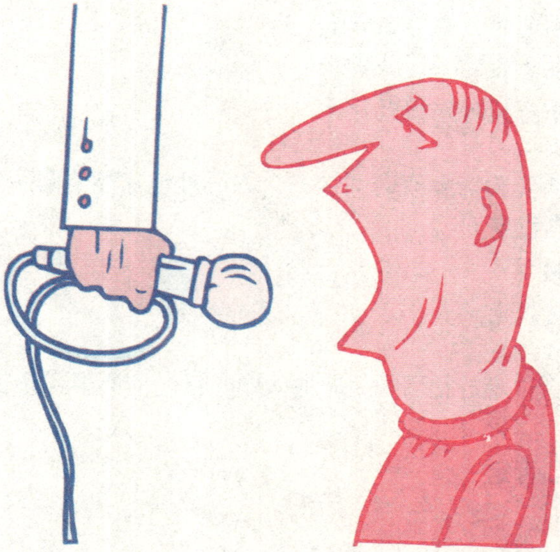

537 你能不能在E时代沟通自如

1. 你刚走进办公室，你的一位同事悄悄地跟你说："老板找你。"你会怎样应对？

a. 认为他在搞恶作剧

b. 主动找老板询问是什么问题

c. 马上向他打听会是什么事情

2. 你所在部门只有一个提升机会，上司没有把这个机会给那个好像条件比你好的人，而是给了你。当上任的第一天，你如何对待那位曾经的竞争者？

a. 打听他的QQ号或者他经常进的聊天室，以不知情的方式和他聊天

b. 不会找那个人，就当什么也没发生

c. 请同事们吃饭，并向他同时表示你的诚恳

3. 如果你是部门主管，你发现下属爱早退并且工作业绩有明显的下降，你会怎么办？

a. 定制度，早退罚款

b. 每天在下班前，开个小例会，直到大家觉悟为止

c. 找那些爱早退的人交谈，找出原因

4. 当你看见自己的亲友或邻居为一些琐事而争吵时，你会怎么处理？

a. 问清原因后加以劝解

b. 在一旁观看，并防止意外发生

c .不闻不问，让他们吵

5. 你的好友所追求的异性对象邀请你一起吃饭。第二天，你的好友反复追问你谈话内容，你会怎么办？

a. 轻描淡写，淡化主题

b. 只字不提

c .给好友提一些合适的建议

计分方法：

	①	②	③	④	⑤
a	1	2	1	1	2
b	3	1	3	2	1
c	2	3	2	3	3

538

你有团队合作精神吗

1. 当你就某一个问题与另一个人争论不休时，你会：
   a. 顽固地坚持自己的看法　　3 分
   b. 再试着沟通一下彼此的想法　　4分
   c. 坚持自己是正确的，但不会强求对方的认同　　2 分
   d. 请旁观者公平论证　　1 分

2. 当你做了一件错事，不巧被别人发现了，你会：
   a. 主动承认错误　　3分
   b. 拒不承认　　4分
   c. 找很多合理的借口来掩饰自己的错误　　2 分
   d. 一股脑儿把错误的责任推掉　　1分

3. 假如你和同伴去游玩，饥渴难忍时，看见一棵挂满果实的梨树，你会：
   a. 叫上同伴一起去摘梨　　4分
   b. 先自己解渴后再说　　2 分
   c. 让同伴去摘　　3 分
   d. 只叫上最好的同伴　　1 分

答案及解析

500. 你了解自己的个性吗

结果分析：

选 A 的人，你活泼开朗，与任何人都能轻松应酬，拥有众多同性与异性朋友，属社交家类型。你虽然心胸开阔，接纳任何类型的人，但如果一味地当老好人，恐怕难免招来不必要的误会。

选 B 的人，你对异性缺乏尊重，甚至态度强硬，常有不专情的行为。

选 C 的人，你常常孤高自诩，因为不服输的个性，常常会将主导权掌握在自己手里。选择这种类型的你，很重视自己的私生活。

选 D 的人，你好恶分明，对你喜欢的人，你会热情相交、融洽相处；对你不喜欢的人，你则冷若冰霜，爱理不理。因此，对你不很了解的人，常会对你产生误会。不过，你会心甘情愿地为自己的意中人献身，希望两人共谱一段轰轰烈烈的恋曲。

501. 你是否容易冲动

结果分析：

选 A：你为人没耐性，而且以自我为中心，很少顾及别人的感受，尤其遇到难题时，你会依赖别人的帮助。这样的性格很容易把朋友赶走的。

选 B：你是冲动派掌门人，做事往往不顾后果，乱冲乱撞，容易导致失败收场，提议你多听取别人的意见，可减少碰钉子的机会。

选 C：你是心思缜密的人，做事细心周密，遇困难时处变不惊，总不会叫别人为你担心。

选D：你是一个很有耐心的人，遇上麻烦事也不会乱了阵脚，凡事都会为他人着想，当遇困难时，身边的朋友定能助你一臂之力。

502. 你是一个成熟的人吗

结果分析：

选择A：对于旁人眼中的麻烦事，很能轻易化解，即使碰到忍无可忍的时候，也不致做出令自己遗憾终生的事，你是一个个性成熟且具理性的人。

选择 B：凡事要求太高，常常因为达不到理想而心浮气躁。这种人的焦躁不安已经达到爆裂边缘，然而，因为太过焦躁，以致时常搞不清楚自己为什么要这么做之前，错误便已造成。常常后悔自己做过的事，是一个心智不成熟的小毛头。

选择C：庸人自扰的典型人物，喜欢在平淡无味的生活中，增添一些刺激。反正，闲着也是闲着嘛。

选择 D：这是一般程度的焦虑行为，属于正常范围，不必太过担心。因为这种推理是最符合常理的，不会过于幼稚，也不会考虑太多。

503. 你是否具有稳定的情绪

结果分析：

A 型：情绪稳定。

你的情绪稳定，性格成熟，能面对现实。通常能以沉着的态度应付现实中出现的各种问题，行动充满魅力，能振作勇气，有维护团结的精神。有时，也可能由于不能彻底解决生活的一些难题而强自宽解。

B 型：情绪基本稳定。

你的情绪有变化，但不大，能沉着应付现实中出现的一般性问题。然而在大事前面，有时会急躁不安，不免受环境支配。

C型：情绪激动。

你情绪激动，容易产生烦恼，通常不容易应付生活中遇到的各种阻挠和挫折，容易受环境支配而心神动摇，不能面对现实，常常急躁不安、身心疲乏，甚至失眠等。要注意控制和调节自己的心境，使自己的情绪保持稳定。

504. 测试你的心理适应能力

结果分析：

A. 心理适应性强。

世界千变万化而你"游刃有余"，生活中的各种压力你常能化之于无形；你过得心情愉快、万事如意，这种精神品质有利于你的心理平衡与健康。你是个生命力强的人。

B. 心理适应性中等。

事物的变化及刺激不会使你失魂落魄，一般情形你都能做出适度反应，可是如果事件比较重大、变得比较突兀，那你的适应期就要拖长。你了解自己的这种情况之后，最好预先准备，锻炼自己的快速适应能力。

C. 心理适应能力差。

你对世界的变化、生活的摩擦很不习惯，不过，只要意识到了，还是有希望改善此状况的。首先你要从思想上对那些你总看不惯的东西冷静地剖析一番，它们真是十分难以忍受吗？其次，要在心理上具备灵活转移、顺应变化的快速反应能力，不要将自己拘禁在惯有的固定模式中。

505. 你的心境是豁达的还是灰暗的

结果分析：

第一步，去森林，说明童年生活并不是在父母的百般疼爱下度过的。同时也说明你喜欢冒险，不愿生活在平平淡淡的环境中。去草地，说明你有一个单纯幸福的童年，向往自由，是一个简单乐观的人。

第二步，选择大海，说明你的心胸十分宽广、深沉；选择江河，表明你的情绪易激动起伏；小溪则显示你的感情很温柔、细腻。

第三步，回头望，说明你过去的生活很快乐，使你"流连忘返"；若不回头，表明你对过去不满意，而对未来充满了希望、幻想。

第四步，喜欢古典式的，说明你比较保守；喜欢现代式的则比较开放，对伴侣的要求也是热烈活跃，属思想解放的类型。花瓶大小说明程度的差别。

第五步，希望茅屋没有窗户，表明你生活中没有朋友，是个封闭、孤独的人。希望窗户小且少，说明朋友少且知心的没有。相反则生活中有知心朋友。

第六步，希望杯子不碎，说明你生活的道路较为笔直；希望摔掉一块可以补，说明你生活受过挫折，并希望很快平复；希望摔得粉碎，说明你生活遭受过重大挫折。

第七步，选择大道，说明你认为以后的生活和事业之路是平坦和顺利的，同时也表明，你自信心很强，对自己的能力有充分的把握；选择小路，说明你对生活和事业的前程做了失败、坎坷、艰苦奋斗、不畏艰险的准备。

第八步，不喝就走，表明你做事情缺乏打算，或顾虑太多(担心水有毒)；喝光就走，说明做事只图眼前利益；喝一半再带走，表明你做事有计划、懂策略；喝一点放在原处，显示你道德品质高尚，习惯为他人打算。

第九步，见到白发魔女就跑，说明你胆子较小；站在一边不说话，说明你遇事冷静，懂观察，有谋略；敢讲几句话，那你的魄力很大。

第十步，翻过去，说明尽管有困难，但你能够克服；绕路走说明你害怕困难，缺乏魄力。

第十一步，马忠实，狗义气，兔子惹人爱，猫缠绵，虎凶悍，蛇狡猾，牛勤恳，猴子活跃，羊温顺，猪懒惰，鹰有雄心壮志。

506. 你乐于和他人交往吗

结果分析：

选择A：你总是喜欢一个人做决定，无论事情是大是小，这说明你是个很有个性及主见的人，在团体中多为众人的焦点。不过这种个性很容易演化成固执和自以为是，如果真的这样，你就很难和别人相处，也许有时你会是众人的焦点，但多数时候你总会一个人。

选择B：你总想让自己的生活充斥着不一样的色彩，好奇心很强，是个特立独行的人，对什么事情都勇于尝试，每天要有新鲜感才会觉得活得有趣，最痛恨的是一成不变的日子，因此一旦约会变成形式化后，就会另外找乐子满足自己。你的身边会有朋友，但具体的人总是在变。

选择C：你常常都是独来独往，不太与别人打0交道，是个相当注重私生活的人。恋爱以后，虽然也会让对方分享心情，但还是有限度，最无法忍受对方自以为很了解你而用他的想法来要求你，毕竟每个人都是一个独立个体，永远无法完全融合在一起。有的时候你心理上闭塞，会让你的朋友和恋人无法接受。

选择D：你是个标准的独行侠客。你是个追求自由的人，从小到大最讨厌被人管东管西，一旦谈起恋爱最痛恨的就是对方的干涉行动，让你有种像犯人一样的感觉。或许是对方对你不够信任才会如此，可要好好沟通才行！即使找到心目中的另一半，你也常常是独来独往，可能是特别喜欢自己一个人的自由，在你的世界里，自己永远是自己的焦点和中心。

507. 你有较强的组织和协调能力吗

结果分析：

选择A的人：你的特点就是人云亦云。你的协调性一般，容易随波逐流，而不是坚持自己的正确做法。即便别人的意见与自己不一致，也决不会坚持自己的主张，而是去适应周围的人。说得好听些是具有灵活性，说得不好听则是缺乏自主性。可能会有很好的人缘，但不易有大成就。

选择B的人：你总是把牺牲自己看成是化解矛盾的最佳方式，表面上你的协调性超群，能够与任何不同意见者达成沟通，不会把自己的意志强加于人。但是，你有时显得爱讲道理。

即便你说的都对，也请注意，如果过于追根究底，别人会对你敬而远之。只要你稍微改变一下方式就会更好地发挥自己的协调能力。

选择C的人：你善于把周围的人朝你所期望的方向调动，但往往效果并不明显。你擅长调动并组织周围的人，所以在大家的眼里你具有协调能力。你的这种能力只能依赖于外物或者持续时间很短。从某种意义上讲，你是一个非常精于世故的人。

选择D的人：你一定是一个相当负责的人，但你缺乏协调能力。"看不惯"是你常说的口头禅。也许是太过强烈的正义感干扰了你协调能力的发挥。正义感的确非常重要，但是一旦过度，特别是在重视协调关系的环境里，更是无法生存。你应该寻找一种解决问题的最佳途径。

508. 你是否具有主动进取的性格

结果分析：

选择A：你的性格中缺乏积极的主动性，是属于幼儿气质较浓、依赖心较强的类型。此种人内心隐藏着想依靠男人生活的心理。由于缺乏毅力和克服力，因此稍一碰到困难，便会轻易放弃，陷入低潮。建议你必须学会坚强一点，学会尽量用自己的力量和方式去解决问题。

选择B：你是属于个性积极并具有强烈竞争心的类型。此种人经常追求很高的目标，往往为了尝试而勉强自己去做能力未及之事。长久下来，身心累积过多的压力，最后终于导致无力感，可能会因精力殆尽，而陷入情绪低潮。因此，建议平常便要懂得化解自己的压力，同时不要让自己的身体太累。

选择C：你是属于常识丰富的模范生类型。因为这个答案任何人都想得到，丝毫不会令人感到意外。可以说是既安全又确实的方法。这是具有长子气质的人常见的现象。这种人的共同倾向是，只要是交代好的事，他们一定会做得漂漂亮亮。可是，一旦没人交代的话，便显得无所适从。别人吩咐的工作做完之后，不知道接下来该做什么，在这种情况下，便很容易陷入低潮。建议你不要总是走别人为你安排好的路。

509. 测试你能否处变不惊

结果分析：

选择A：你不敢再喝，还想到防止别人误饮，赶快把问题橘子汁丢掉，这样的人思维敏捷，反应迅速，即使面对危险，也能顾及别人。

选择B：你任何事情都会自行处理与应对，但对危机的应对手法单纯，想法过于简单，成功率不高。

选择C：你是粗中有细的人，你看似粗枝大叶，其实甚为冷静理性。你很清楚这一点。

选择D：你是非常神经质而不堪受到压力的人，一旦面对危险，形成压力，常有防御过当，杞人忧天的情形。

510. 你是一个容易感情用事的人吗

结果分析：

A. 感情用事。你是一个爱幻想的人，总会有些奇怪而且不切实的看法；富于幻想，有时非常不务实，缺乏耐性与恒心，不喜欢接近粗犷的人、做笨重的工作。在团体活动中，常常由于不着实际的看法和行动而影响团体的工作效率。最好避免从事接触实际的工作。

B. 较理智、现实。一般情况下能够冷静地处理身边发生的事情，会比较客观地去分析事情的后果，但有时难免也会出现不理智的行为，只要能够驾驭自己的情感，并无大碍。

C.理智，注重实际。你理智，注重现实，多以客观、坚强、独立的态度处理当前的问题，有时可能会表现得过分骄傲、无情，缺乏激情的一面。

511. 你承受孤独的能力有多强

结果分析：

选择A的人：尽管孤独的时候你的眼泪会顺颊而下，但你却执著于这种无助的寂寞。你总会在一段时间后给自己一个独处的机会，你是一个彻彻底底的性情中人，会无来由的痛哭流涕，可能是因为你过去的生活中有着因爱情或友情而自己无法打开的死结，但这个死结又是你无法割舍的，所以你情愿沉浸在孤独中，不想醒来。

选择B的人：你平时一定是一个繁忙的没有时间思考的人，像闹钟一样时刻不停地旋转。当你独处的时候，你一开始会觉得很舒服，可是一旦沉浸在回忆中，就会轻易地被回忆所累，很难解脱。别太沉重，放轻松点吧。

选择C的人：寂寞是你最忌讳的，一沾上寂寞，你的所有悲伤、凄苦都会蜂拥而至，让你无法抵挡，无处躲藏。其实人生本来就是酸甜苦辣、悲欢离合同在的。你不可能总是一个人，也不可能有人时时刻刻守在你身边。不要给自己创造不快乐的机会，如果你能在梦中得到一双翅膀，那就在梦中尽情地飞吧！

512. 你想打破目前的状态吗

结果分析：

选择A：如果不是发生太大的意外，你的生活便不会有太大的变化。你习惯把责任揽在自己身上，越是紧张就越会加强你的这种心理反应。你在日常生活中控制不满，但也可能只是一时的假装，暂时将不满压制下来，但心中还是充满了不公。可你总是没有办法打破这种状态。

选择B：你会随着事情的自然发展来改变你的生活状态，明知道苹果熟了，你也不会去摘，而是等它自己落下来。你总是能把握住最佳的时机去做一些改变。

你会冷静找出原因来解决问题，不将责任归咎于外界或自己，你是懂得善于应用消除不平等或不满情绪的成熟型人，即使在工作场所或与人交往时，有令你不满的情况发生，你也会加以控制。到了一定的时机，你的生活状态就会发生使你满意的改变。

选择C：你是想要除去造成阻碍的外在因素，而变得具有攻击性。当你遇到讨厌或令你不安的事时，你会将对该事的不公或不满表现于外。你的生活状态很可能会在较短的时间内发生较大的改变，不过这种改变并不一定都是按照你的预定计划进行。你可要小心哦！

513. 你能走出人生的低潮吗

结果分析：

选择A的人：争强好胜型。由于人生不服输的个性，即便是陷入低潮时，也能尽最大的努力，替自己争取到相当利益。因此，可以先为将来早做准备，多充电或结交各种朋友，或许在你摆脱低潮的时候，这些都能对你有很大的帮助。

选择B的人：坚强自省型。此种人一旦陷入低潮时，会耐心等待恢复正常，或是研究最好的对策。与其勉强想挣脱困境，倒不如静待心情慢慢转好。人生总是会遇到挫折，相信在逆境中得到的启示必能发挥最大的作用。

选择C的人：善解人意型。此种人一旦陷入低潮时，有感而发，反而更能包容别人的弱点和缺点。他们能透过自己的困境，培养对他人的包容力。因此，他们可以把人生的低潮当成成长的契机。

514. 你有依赖性吗

结果分析：

选择A的人：你很想什么事都自己去做，不想有求于人，而且凡事也表现出一副我自己能行的潇洒样子。事实上，你有点依赖他人，比较在意他人的看法。也许对方说什么你不一定会接纳，但是你总会征询别人的意见，会给自己的人际关系增加一些润滑剂。

选择B的人：你总是那么人见人爱！你非得将闹钟放在耳旁，才能觉得自己可以按时起床，才能安心入睡。你容易依赖别人，同时由于这个特质，你会比较容易地融入一个群体，容易让人产生亲切感和保护你的愿望。

选择C的人：你在一个团体中大都能够自然发挥你过人的领导能力，能够镇定自若，很容易出众。但树大招风，你也是最容易成为众矢之的的那种人。你做事干脆，不喜欢依赖他人，热爱自己，有自己独特的风格。根据统计，将闹铃放得越远的人，越不容易亲近。

515. 测试你的心理弱点

结果分析：

选择A的人：你是个完美主义者，相信虚幻胜过现实。当事实不如你意时，你会不顾一切地逃避，甚至完全不顾对方的感受，伤害到对方。但是这类人比较直接、爽朗，这是你可爱的一面，但有时也需要婉转。

选择B的人：比较适宜当今社会的要求，让自己冷静之后，就能平衡心理状态，这类人的心理素质相当好，就算今后自己喜欢的人做了不如自己意的事情，也会理智地处理，不会怒火中烧，那会害了自己也伤害别人。

选择C的人：你对事、对人态度平和，非常可爱。交际面广，人缘好。但面对现实爱抱有幻想，会理解他人。总体上说，你是很会处理事件的高手。就算今后自己喜欢的人做了对不住自己的事情，也会理智地处理，给别人留有余地。

选择D的人：你的做法比较怪，虽然对自己将要做的事情的后果有强烈预感，但最终却南辕北辙，背道而驰，只能说你心智还不够成熟。当你学会表里如一，或者真实隐藏内心感受时，你的社交能力会更强。

516. 你的性格保守吗

结果分析：

选择A：你是一个比较保守的人，不会做出格的事情。但若想在事业上有所成就的话，你必须在各方面寻求自我突破。不过，你的潜意识却害怕如此，因而产生矛盾的心态。建议你不妨慢慢调整自我，而不要突然地做太大的转变。

选择B：选此答案的人比较像一个爱贪便宜的市井小民。在你的观念里，成功不等于自己的立场。事业的成功对你来说也不是最大的诱惑。因此，你对工作似乎也不太起劲，不过还是会完成自己分内的工作。

选择C：表示有依赖性或逃避责任的心理。选此答案的人，具有拒绝长大的倾向。因为你有不愿成为大人的心态，害怕面对成年人所必须面对的事情。所以，你在无意识中会认为成功等于必须为工作负责。建议你不妨冒险为自己的事业做一番赌注，或许会为你带来意外的转变。

517. 你有洞悉人性善恶的本事吗

结果分析：

选择A的人：你很容易识别善恶，也很容易进入戒备状态。如果有一个可疑的人在你的面前出现，你会采取很引人注意的防御行动，让大家都知道你的态度。虽然你的观察力不错，可是容易冲动行事，打草惊蛇，反而将自己的想法泄露给对方，明枪易躲，暗箭难防啊！

选择B的人：你能洞悉人性的复杂和险恶，但不会随便怀疑别人，因为你有强烈的好奇心，也喜欢和人相处，相信人性有美好的一面，久而久之，便见识到了各种人的嘴脸，并且能和不同的人处理好关系，能在喧闹的人群中游刃有余、怡然自得。

选择C的人：有没有听过人家这样骂你："笨蛋！这么幼稚，人家把你卖了你还帮人家数钱呢。"说真的，这是值得你好好想一想的问题，因为你纯真善良的本性根本无法辨识人心的真伪善恶，总把所有的事情都想得很美好，会很容易受伤的。

选择D的人：真佩服你的精明，你的警觉性很高，一点点不对劲的状况马上就能引起你的注意，很少有人能唬得住你。而你也有精确的判断力，能迅速掌控全局，马上就把对方的底细探得一清二楚。再聪明的骗子一见到你那锐利的眼睛，也只有望而兴叹了。

518. 你能控制对别人的忌妒心吗

结果分析：

选择A：击中森林，这时火苗可能窜向其他树木。选择这个答案的人可能一旦忌妒心起，妄想症就起，说不定会常打电话给对方，但却又不出声，其实内心时刻处于不安的状态。这类型的人很可能一不小心就被自己的忌妒心控制。建议你遇事最好先调查清楚，否则你的忌妒之火会烧伤你自己的。

选择B：枯木使人联想起死亡。选择这个答案的人虽然不会将自己忌妒的范围无端扩大，但容易将忌妒转为憎恨，而且对对方产生敌意。在不知不觉中憎恨愈来愈大，到最后只想向对方报复。如果你是这样的人，有必要改变自己，化忌妒为前进的动力，这或许会有大的收获。

选择C：选择此答案的人，其忌妒心不易膨胀。你感到忌妒时，会承认自己的失败是自身的能力不足，而经由这一段反省之后，你得到自我成长的经验，也能将忌妒化为提升自我的动力。你最让人钦佩的是可以及时地浇灭自己内心的忌妒之火。

519. 测试你的忧郁指数

结果分析：

0~4分，没有忧郁症；

5~10分，偶尔有忧郁情绪；

11~20分，有轻度忧郁症；

21~30分，有中度忧郁症；

31~45分，有严重忧郁症，并需要立即治疗。

假如你有BDC忧郁症状，说明你患有中度或严重的忧郁症，我们建议你赶紧去接受专业帮助，因为当你需要援助而没有及时寻求援助时，你可能会被疾病所击毁。心理的疾病比生理的疾病更可怕。

520. 你处理危机的能力如何

结果分析：

选择A的人：一肩扛起全部责任。遇到紧急状况时，你会独自一人扛起全部的责任，独立去处理问题，不会把责任推卸给他人。你挺身面对困难的态度虽然很英勇，但是却有其顽固的一面。建议你不妨把问题对朋友全盘说出来，或者是多听取他人的意见。这些都很重要哦！

选择B的人：手足无措干着急。当发生麻烦时，你会立刻拜托他人，自己无法冷静地做出妥善处理。这样的你虽然老是让周围的人担心，但幸好你还算坚强，能够很快地振作起来。建议你不要总是依赖别人帮忙，自己要学会独立面对任何麻烦事。

选择C的人：容易虎头蛇尾。你的外表看起来很坚强，但实际上却是个脆弱的人。一旦发生事情时，虽然心里想着要靠自己的力量来处理事情，但是结果通常都是不了了之。这种半途而废的处理方式，往往是造成麻烦悬而不决的主要原因，要特别留意啊！

选择D的人：先管面子再管里子。你是一个无论如何都要先保住自己面子的人，不管发生任何事情，你首先考虑的是自己的自尊。由于自尊心过强，你宁可去死也不愿意让自己下不了台，即使因此而伤害他人也在所不惜。这种态度容易给人际关系带来裂痕，你要小心啊！

521. 面对竞争，你会轻易服输吗

结果分析：

选择A的人：你是一个不服输的人。你最好不要反常地故作镇静，那样反而会让你白白丧失成功的最佳时机。无论对何事何人，你都毫不掩饰你的竞争心理，要求一决胜负。你往往过分狂热，这不能不说是你的缺点。但是你的专心致志有时却能够令你发挥出巨大的力量。

选择B的人：在潜意识里，你往

往以竞争为乐。你的特点是，只享受竞争的过程，不太看重竞争的结果。你属于愈有问题或麻烦就愈来劲的人。在这种状态下，你的竞争心理之强令人瞠目结舌。你的成功带有很大的机遇性。

选择C的人：你注重的是事情最终的结果，你不太喜欢竞争本身，却也不甘心认输。总之，你的性格比较难对付，嫌麻烦却又不肯服输。当事情的结果让你一时无法接受时，你有可能会走向极端或干脆采取一些不合理的方式。假如用体育运动来界定的话，你适合参加集体比赛。你擅长聚众结党互相挑战，并依靠周围人的努力取得胜利。

选择D的人：你没有竞争意识，跟这个社会很不协调。你属于极端不愿意破坏和谐的人。你心地善良，即便自己失败了，也会为胜利者大声呐喊助威。但是，人生在世，必定会有一决胜负的时候。摆在你面前的课题是：面对竞争时，你该怎么办？难道要束手就擒，不战而败！

522. 你适合怎样的减压法

结果分析：

选择A的人：你最好是到一个人少的地方去散散心。建议到山上或海边等自然风光优美的地方。对于这种在平时与人接触较多、精神上比较紧张的人，在完全放松的状态下，要尽情地享受大自然的怀抱。这样可以消除疲劳，使身心得到完全的休息。

选择B的人：你可以与朋友打网球，与家人一起去游乐场，总之，只需充满活力的运动，即可将紧张心理驱散得无影无踪。尽情地动、尽情地笑，这就是消除你紧张心理的要诀。你消除紧张情绪的最好方法就是进行比较激烈的体育运动，因为你平时可能有太多的压力让你无法释放。

选择C的人：你目前的愿望可能就是不需要考虑时间，大睡一场。看来，目前的你肉体上的紧张比精神上的紧张还严重。你是否经常开夜车并为不熟悉的工作倾心尽力呢？如果是，你首先应该生活得悠闲一些，向上司请求一个长假，彻底轻松地待上几天，你就能重新找回精力充沛的感觉。

选择D的人：你最好是经常参加一些大型的聚会或者去舞厅之类喧闹的场所彻底地宣泄一下，在众多朋友的簇拥下尽情地放松，或者在吵闹的气氛中向朋友诉说对公司的不满，或者在卡拉OK中心大声唱歌，这样，烦闷的心情就会在不知不觉中灰飞烟灭。新的一天又会向你展开灿烂的笑容。

523. 你的交际能力如何

结果分析：

分数为25~30分：你非常善于交际，你的伙伴们非常爱你，你总是面带笑容，为别人考虑的比为自己考虑的要多，朋友们为有你这样一位朋友而感到幸运。

分数为15~25分：你不喜欢独自一个人待着，你需要朋友围在身边。你非常喜欢帮助别人，如果这不花费你太多精力的话。

分数在15分以下：注意，你置身于众人之外，仅仅为自己而活着。你是一位利己主义者。要想知道为什么你的朋友这样少，那就从你的贝壳中走出来吧。

524. 你是否会让别人产生敌对情绪

结果分析：

选A的人：你总是认为朋友只是暂时的关系，而真正可以给你安全感的，是摸得到、看得到的财富或物质。在你的观念中，朋友不会比你心爱的东西来得重要。正因如此，你的朋友到最后都会成为你的敌人。因此，你的人际关系在心理防线上就有点偏差，即使现在你的敌我意识不是很强，但你的朋友都会觉得不受尊重而慢慢离开你。如果你的观念还是不改，当然你的对手会愈来愈多。

选B的人：你在处理人际关系的心态上，有点委曲求全，可能是你怕和别人形成敌对的状态。所以你宁可退一步，以求大局和平，在表面上你只能自认倒霉，但在心底你却会愤怒不已，而又不敢表现出来。

像这种用压抑自己来成全人际关系的做法，对你自己是一种伤害。为了怕得罪别人而压抑自己，你可能会渐渐地脱离人群，自我封闭起来。到时候，全天下的人都会视你为异物，你会觉得更孤立，还是快些改变吧。

选C的人：你觉得你和所有的朋友都是处于对等状态，没有谁该怕谁、谁该让谁的说法。因此，你的态度很客观，也很中立。你这样的处理方式，应该是让大多数人可以接受的做法。不过，要是遇到一些自我意识较强的人，就会认为你太不讲人情，因而得罪对方。

选D的人：你是一个老好人，你很尊重对方的自尊和价值，让对方感受到他是一个很受重视的人。因此，他除了感谢你之外，还会以对等的态度回报你，将你当成最好的朋友。

在你处理人际关系的观念中，知道它的价值是重过一切的。因此你在处理事情的时候，会不自觉地以客观的立场来考虑利害得失。就是因为你这样重视朋友，给朋友面子，所以你的人际关系是很圆满的。当然，你的敌人也不会出现。你真是太好了，绝对不会有人对你有敌意，除非他脑筋有问题。

525. 你是个讨人喜欢的人吗

结果分析：

选A：你可是个挺讨人喜欢的小伙子哟。你喜欢奉承老年人，你知识丰富，想法周密，个性开朗且具有幽默感，能适应社会，并能从生活中体会独到的乐趣，是女性所喜欢的类型。

选B：在有些人面前你是让人喜欢的，但只是局限于有些人，因为你是个心直口快的人。你还是爽快的人，答应别人的事情不会丢三落四，也绝不疑神疑鬼、夸张事实。你只做自己想做的事，不关心其他，个性独立而意志坚强，是可以信任的类型 。

选C：你总是能考虑到别人喜欢听什么话，也能考虑到他人的实际需要。你能体会到生活的乐趣，但更多的是考虑现实的生活问题。你会给自己带来实际，也会给别人带来实际，所以还是挺讨人喜欢的。

选D：你是个能满足现状的老实

人。不必说谎也能过得很好，心地善良有爱心，是受人欢迎的类型，只是要注意别上当哦。

526. 你会给人留下什么样的第一印象

结果分析：

选A：不易给人强烈的印象，稍不留神，你就会被混入人群，看不见踪影。

选B：男孩：不会给人留下好的印象，过于女性化。女孩：具有诱人的魅力，总想引起别人的注意，也往往会取得成功。

选C：在人群中总是突出的，因为你有着厉人的气质，会在你的一举一动中体现。

选D："俯首甘为孺子牛"，你有着惊人的耐力，不达目的誓不罢休。但是你的牛脾气也往往会成为别人无法忍受之处。

527. 你的交际弱点在哪里

结果分析：

选择A的人：这个选择其实就是自我缺陷的自然暴露。你一有什么不如意的事就会"歇斯底里"，不是大声四处叫嚷，就是突然大声哭泣……你这种自我表现的方式也许太过幼稚。而且很容易引起别人的情绪疲劳。为了使人际关系更加融洽，你必须对周围的人多一份爱心，同时要注意克制自己的情绪。

选择B的人：你具有带领周围人勇往向前的统率能力，在集体中往往起到决定性的作用。但是你需要有多吸取一些人意见的谦虚态度，否则，最终有可能谁也不会再顺从你!你的缺点就是很少听取他人的意见和建议。

选择C的人：你可能有一些心理恐慌症的表现。你的交际范围容易往纵向深入，而很难向横向扩展。你往往把自己讨厌的人彻底排除在外，似乎只愿意与某一个特定的人建立更好的关系。所以，你属于不善扩大交际圈的一类人。你甚至会要求与你关系亲近的友人"不要与你不喜欢的人交往"。你要懂得博爱的内涵。

选择D的人：你这样的处世方式是很危险的。你的缺点是动辄变得粗暴无礼。你的问题不仅表现在行为上，而且语言暴力也很激烈。假如是因为对方态度恶劣导致你正当防御还情有可原，而你往往却是稍不如意就出手或出口伤人。一定要注意控制自己的情绪，你很容易会和不了解你的人产生激烈的矛盾。

528. 你是个有耐心的人吗

结果分析：

选择A的人：你有点讨厌麻烦的事，所以遇到一些突如其来的意外，会显得格外不耐烦，也有一点点担心不能处理得当。若是给你很规律固定的工作，你通常都可以做得很好。可是一碰上别人对你临危受命，你就开始慌张起来。所以一定要有人陪在身边，你才会有安全感，有信心把事情完成，所以你的抗压性稍微弱了点，只有68%。

选择B的人：这种人很不甘示弱，常用一些词藻来掩饰内心的不充实。如果是男士，喜欢控制别人；如果是女性，则争强好胜，敢于竞争。

选择C的人：遇到压力时，你会

找其他管道来舒缓紧绷的情绪，让自己不会那么沉重，然后，等到心情平静下来，慢慢思考解决方法，顺利渡过逆境。所以，别人多半会误以为你一直过得很平顺，无风无雨，却不知你已经面对过不少阵势，是运用经验来闯过每一次关卡。你的抗压性是86%。

529. 你的性格会对别人有何影响

结果分析：

选择A：现实生活中的你，容易和邻居、同事发生龃龉，人际关系欠佳。喜欢置身在这种恶劣的气氛中，表示你是那种愤世嫉俗、反抗心理十分强烈的人。赶紧改变自己的心态吧！否则，连你的至亲好友都会因为无法继续忍受你的个性而纷纷避开，那时你就真的是个可悲的孤家寡人了。

选择B：在性格上你可说是个另类的人，很容易产生失望的情绪，此外，多愁善感更是你给人的第一印象；你很适合当作家、艺术家等，即从事需要创意的工作；离群的你很难与别人交流，因为你的想法总是和别人不一样。

选择C：你就像是一个没落的英国贵族阶层的人物，有着绅士般的从容和坚定。你的道德观念远比欲望更坚强。所以，你的言行举止总是规规矩矩，不敢越雷池一步。然而，若不幸生在道德观念日益淡薄的21世纪，则会有惴惴不安之感，你对旁人大胆的言行总是惶惶难以终日。你真的需要改变了，旁人的生活习性你要试着去接受。

选择D：别人总会感觉到你的浪漫与激情。这种激情会无法遏止的从你的内心散发出来。即使身陷杳无人烟的雪地，你仍能自得其乐，对于爱情永远保持期望但不强求的态度。

选择E：你向往着清晰明朗的世界，可能你现在的生活状态正乌云密布。你是否正和爱人的关系陷入泥沼、混沌不清？还是婚姻亮起了红灯？走出目前的混沌状态，你才能看到万里无云的天空。

530. 你会为人处世吗

结果分析：

选择答案A的次数最多者：当人们起初了解你的时候，也许会同情你，但时间长了又会对你产生反感。因为你处世态度过于消极，只是害怕与人相争，实际上心中并不一定服气。对任何有争议的事，你都不愿意表态，希望他人自觉承担责任。你不介入的原因并不是你不喜欢争名夺利，而是你害怕失败而故意做出一种所谓的高姿态。切忌凡事都以“自我为中心”。

选择答案B的次数最多者：这种人往往属于好斗型。你处世能力较差，不善于待人接物。表面看来，你好像占了上风，其实得不到他人对你的尊重，结果往往使人因厌恶和害怕而躲开你。遇到不顺心的事你容易暴跳如雷，甚至粗鲁地骂人。时间不长你就会发现周围人对你的不满。就算你是好意，往往也达不到预期的效果。

选择答案C的次数最多者：说明你有一定的处世所需要的克制能力，比较理智清醒，能把怨气或不满情绪隐藏起来，比前面两种人更善于处理人与人之间的关系，只是有时为人不够真诚坦率，结果是使人们对你有虚伪的印象而不能真正理解你。为人可不能显得太过圆滑，否则会起到相反的效果。

选择答案D的次数最多者：说明你有积极的处世态度，遇事清醒，有较强的克制能力，尊重他人，对人诚恳坦率，不喜欢虚假和装模作样，结果是人们尊重你，愿意和你交往，建立和谐互助的双边关系。即使有的时候需要别人的帮助或者需要双方的互相利用，别人也会很乐意与你合作，甚至无条件地帮助你。

531. 你能与朋友相处得和谐融洽吗

结果分析：

选择A：你的个性十分地爽直，做事从不拖泥带水，也不会像一些敢怒不敢言的变色龙那样心口不一，颇具“将相本无种，男儿当自强”的气魄。可是这种性格最显著的缺点就是不给自己和别人留后路，容易得罪人。

选择B：你的方式总是很特别，而且你很容易和周围的人打成一片。这个“打”字有两种意义，第一是热情的意思，第二是真的“打”起来。无论如何，你的开放性格，是这个社会动力的源泉，值得提倡。不过要注意场合和分寸，方式不能太过激。

选择C：你总是喜欢故作神秘状，别人知道你爱讽刺人，但只是心照不宣，幸好，你善于和颜悦色，颇有人缘。你的危险之处在于说话时流露出的恶意的讽刺，这样很容易伤人。

选择D：你总是很含蓄，不肯表达对别人的看法，让人觉得很冷。不善人际关系是你的隐忧，因为你的本质较为内向，行事太过保守，不能给他人特别的帮助，不过本性是非常善良的。

选择E：你始终不能和亲戚朋友以不拘小节的方式进行沟通，人际关系虽好，但不见得真实。即使是再亲密的朋友，你总给人一种刻意经营的感觉，不够自然、不够真实。乍看，你好像是真心对待朋友，时间久了，就会让人产生疏离感。

532. 你是个圆滑的人吗

结果分析：

选A的人：重视人际关系，为人圆滑世故，很少与人为敌，但是对事对人没有热情，容易被同事敬而远之。

选B的人：性格直率，会把自己的想法和意见毫无保留地倾吐，是个交心的好伙伴，但是太直有时候会坏了事，容易被认为桀骜不驯。

选C的人：最圆滑，既给上司留了面子，又能表明自己的意见，一举两得。不过这些人会隐藏着优柔寡断、逆来顺受的性格，要小心。

533. 你能跟上不断变化的时代吗

结果分析：

选择A：你一向自认为是个优雅的人，有个人独特的品位和生活步调，不从众随俗，也不屑和其他人一窝蜂地去赶流行。新潮的东西，比如网络，对你来说并没有太大的诱惑力。所以当网络的热潮席卷而来时，你完全不为之所动，甚至于有一点点要超脱的心态。可是，当你发现自己能从中得到需要的资讯，还是会愿意"触网"的，你可以接受通过这种方式带给你的便利。

选择B：举凡大大小小的事务，你一定都要了解，所以你决不会被社会淘汰。倒是你自己有太深的焦虑症，有时还挺严重。你会不停地努力以求更好地跟时代同步，不然就会觉得空虚，无所适从。

选择C：你对于学习完全是个实用主义者，只要是对你有帮助的，你就会很认真地去学。可是纯粹凭着自己的判断，或许会慢人家半拍，等到整体环境已经改变，你才开始意识到要加快脚步，很可能差一点就赶不上风起云涌的发展狂潮。不过以你的努力劲头是不会被时代淘汰的，因为你会加快步伐不停留。

534. 你是一个多疑的人吗

结果分析：

如果你的分数是10～15分，你是个非常容易对别人产生信任感的人。你认为人基本上都是可靠的，你会把你的信任建立在一个很薄弱的基础上，这样你容易获得友谊。当然，你可能会因此而常常失望。有些人甚至会利用你的这种天性而故意欺骗你。不过，像你这样的人通常会活得比较快乐些。不过，只要你坚持自己的心态，未尝不是一件好事。

如果你的分数是5~9分，你已经开始怀疑人性中美好的成分，你本来很清澈的心因为一些不好的记忆而多了一些复杂的成分。你本来是很信任别人的，然而经验告诉你，这个世界上仍有许多不诚实者的存在，所以你的信任中往往带有怀疑的成分。

如果你的分数是4分以下，你是一个非常多疑的人。这样的心理会让你失去很多本来很容易拥有也很美好的东西，如果你继续保持状态而不试着去做一些改变，迟早你会成为一个偏执狂。

535. 你是否会被别人左右

结果分析：

选择A：你的光彩可以照亮周围的黯淡，因为你的个性很强，非但不受影响，在逆境中反而能显示自己最独特的东西，勇敢地选择大丈夫该走的路。

选择B：你有着很强的自我意识，但温和而女性化的人会使你马上受影响，个性强的人反而不易影响你。你憧憬美好，是个富有浪漫气质的人，喜欢沉浸在自我的世界里。

选择C：你深爱感性的事物，不被感情左右，但服从理论，是个以理论事的人。这种率直是你的魅力。

选择D：你只要碰到同类型的人，就能马上将对方同化，而使彼此更亲近，更了解。同样的，你的生活也会和别人紧紧维系。

536. 你会"说话"吗

结果分析：

22~27分：你不太会"说话"或者你本来就有"语言排斥"的倾向。这表示你只有在极需要的情况下才同别人交谈或者你与对方有强烈的志同道合的感受，觉得相见恨晚。通常，你不会通过语言的形式去发展友谊。除非对方愿意主动频频跟你接触，否则你便总处于孤独的个人世界里。你有些自闭倾向。

15~21 分：你是个外冷内热的人，其实交谈也是你的强项，只是你不会轻易显露。你大概比较热衷跟别人做朋友。如果你与对方不太熟知，你开始会表现得很内向，不太愿跟对方交谈。但时间久了，你便乐意常常搭话，彼此谈得来。如果你的得分越高，则表示越接近孤僻的性格。

9~14分：你是一个非常会“说话”的人。你非常懂得交际，能够营造一种热烈气氛，鼓励人家多开口，让别人觉得同你谈得来，彼此十分投合。像你这种能把死人说活的人，是非常讨人喜欢的，你知道什么时候该说，什么时候不该说。

537. 你能不能在E时代沟通自如

结果分析：

13~15 分：你仍然有良好的与人沟通的能力，当有困难的时候，你总是有办法，因为你懂得如何表达自己的思想和情感，从而进一步获得别人的理解和支持，保持了同事之间、上下级之间的良好关系。在现实社会中你同样可以做得很好。

9~12 分：你已经在处理问题的时候暴露出了一些不当之处。当遇到沟通障碍的时候，你也很想解决问题，但是方法就没有那么得当了。你经常采用直接的方法，虽然真诚有余，但效果一定不佳。你还是处事灵活一些吧！虚幻和现实是有差距的。

5~8 分：你需要赶紧提升自己的沟通能力。你的沟通技巧比较差，常常让人产生误会，而自己还浑然不知，给别人留下不好的印象，甚至无意中还对别人造成伤害。有时你无法准确地表达或者根本不屑表达自己的想法和观点，这可不太好。

538. 你有团队合作精神吗

结果分析：

11~12 分：你有沟通的习惯和观念，表示你很适合团体工作。当然你的人际关系也会因你这种合群的观念而拓展顺利。但是你也不需为了要讨好同事，而委屈自己的本意。因为这样一来，你的主见和个性便会荡然无存，埋没在一个团体之中，既不起眼，也不受尊重。这应该不是你所想要的吧！

9~11 分：你是一个很有主见、对自己很有信心的人。或许因你太自信、太主观、自我意识太强烈，使你成为不站在别人立场设想的自大狂。

你的自信或许是你成功的条件和本钱，但也非常有可能是你人际关系的致命伤。因此，你最好多听听别人的意见，即使要坚持己见，也要通过沟通让别人心服口服。你是一个很在意别人对你有何看法的人。你希望你的人际关系能得到大家的肯定，而不是以你自己的主观意识在欺骗自己。因此，你一旦犯了错，也会以诚恳的态度来寻求大家的肯定。

6~8 分：你这种放弃自己主见和权益的做法，会让人家觉得你根本不重视这个工作，也不尊重团体中的参与者。你的心态可能是怕和别人形成一种对立状态，加上本身又不善于处理这种对手关系，所以你选择了退缩让步的做法，来逃避这种紧张关系。

你之所以会有这种表现，暗示你的人际关系非常薄弱，决不能有任何不好的行为，使得大家对你留下不好的印象。为了维护自己的人际关系，你会设法减轻自己的过失，好挽救自己的人际关系。或许这种做法能减轻别人对你的敌意，却不能挽回你的形象。

3~5分：以第三者的角度来评断，应该算是个比较客观，且不涉及个人主观意识之争的最好方法；而且也可以避免对立的两方直接面对面地对抗，产生敌对的状态。

如果你选择这种方式来说服对方，可以看出你是一个很有智慧，并且是个很有度量的人。你的人际关系正因为你淡化个人的主观意识，而让人觉得你不是一个很自大、很专制的人。这种做法不仅有利于团体作业，相对的，也会提升你的公信度，日后就不会有人针对你个人而大加批评了。你的自我防卫系统，似乎是受了什么刺激，才会有这么激烈的反应。

基本上，你把过错完全推给别人，最主要的目的，就是保护自己。但你这种不敢担当、找替死鬼的做法，对你的人际关系，有非常大的伤害。第一，被你诬赖的人，一定是你的当然敌人，而且定是恨死你了，这个仇怕是解不开了。第二，你明明做错了，却又把错推给人，这绝对会造成大家的反感，慢慢地，也将所有人全都得罪了。本来，你是想保护自己，避免你的人际关系被孤立，然而，却害你得罪更多人。这是一个最笨的方法。

第六部分

快速反应思维游戏

做过前面五部分专业的思维游戏，你是否已经觉得晕头转向了呢？好了，这部分就是要你放松的趣味急转弯游戏，来吧，给你的大脑做一个消遣SPA！

539 快速抢答

一辆小汽车有4个车胎，每个车胎由4个大螺丝固定在轴上。一天早上，皮特发现他的小汽车的一只车胎被小偷偷走了，当然连4个螺丝也拿走了。（现在可有不少小偷专门偷车胎，如果你有车，可要当心哟！）还好，车内还有一只备用车胎。皮特想了一个办法，将车安全地开到了附近的汽修厂。你知道他用的是什么办法吗？

540 都喜欢听的字母

26个英文字母中哪两个字母很多人都喜欢听呢？

541 奇怪的偷车贼

一天，一个偷车贼在四处无人时看到一辆跑车，但他却没有偷。为什么？

542 共同点

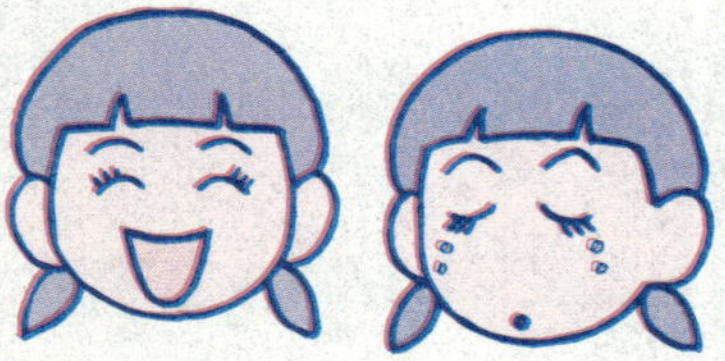

哭和笑有什么共同之处？

543

不怕雨淋的人

天空突然下起了暴雨，在田里劳作的人们都纷纷避雨，却有一个人依然在原处不动。请问为什么？

544

哪一个比较长

“水蛇”、“蟒蛇”、“眼镜蛇”哪一个比较长？

545

越热越高

什么东西天气越热，它爬得越高？

546

标签的作用

明明是放砂糖的罐子，却贴着一张写着“盐”的标签，这样用意何在？

547

毛毛虫的梦想

冬天快来了，毛毛虫终于鼓起勇气对爸爸说了一句话，但爸爸听完当场就晕倒了。你猜毛毛虫说了一句什么话？

548

一举两得

张爷爷用捕鼠笼在家抓老鼠，第二天一早发现笼子里关着一只活老鼠，而笼子外面却有两只四脚朝天的死老鼠。为什么？

549

酒鬼的决定

一个酒鬼看到一本书上写着喝酒对身体有害处，于是他做出了一个决定，这个决定是什么呢？

550

圣诞老人的工作

今年圣诞夜，圣诞老人首先放进袜子的是什么东西？

551

蚂蚁为什么没有死

蚂蚁在地上爬，玲玲一只脚从蚂蚁身上踩过去，蚂蚁却没有死。为什么？

552

看不到脚印

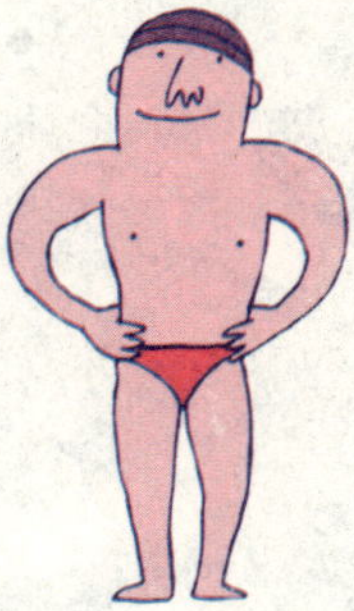

一个人在沙滩上行走，为什么回头看不见自己的脚印？

553

拔腿就跑的猫

一只凶猛的猫，看见了一只老鼠后拔腿就跑了。你猜为什么？

554

平安无事

某地发生了大地震，伤亡惨重，收音机里不断播报受灾情况以及寻人启事，一位老大爷一直在注意收听收音机的报道。有人问他：“收音机里播放过你孙子的消息吗？”他回答说：“没有。”接着他又说：“但我知道我孙子肯定平安无事。”请问：他是怎么知道的？

555

看什么病

医生问病人：“感冒了？”病人摇头。“肚子疼？”病人摇头。“神经痛？”病人还是摇头。那么,究竟他是来看什么病的？

556

什么关系

一位警察带着一个小孩子过马路，路人问警察：“他是你的儿子吗？”警察说是。路人又问那个小孩子：“这位警察是你爸爸吗？”小孩子说不是。这是为什么？

557

躲在哪里

动物园里有两只狮子，它们趁管理员忘记把笼子上锁的机会逃了出来，人们一边避险，一边找管理员，而管理员却躲到一个很安全的地方，那个地方在哪里呢？

558

问什么问题

大勇向伙伴们吹嘘说：“昨天上操的时候，老师提了一个问题，全班除了我没有一个能答对。”你猜老师问的是什么问题？

559

圆心在哪儿

这个圆内有多条同方向的弧线，但是只有一条弧线通过了这个圆的圆心，在不使用任何测量工具的情况下，你能判断圆心是在哪一条弧线上呢？

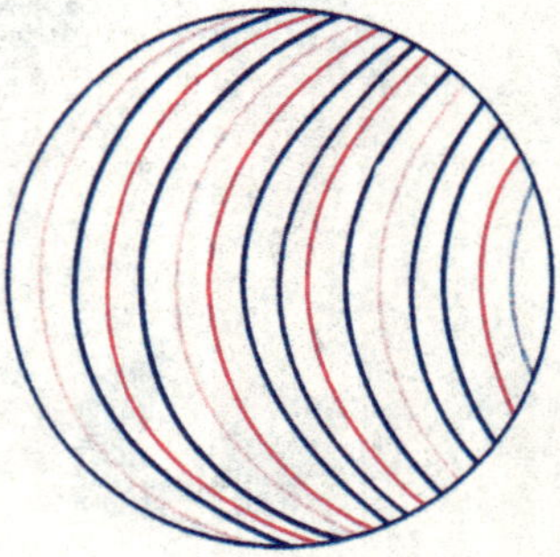

560 技术高超的化装师

一个逃犯进了一位化装师家，逼着化装师为他化装，以便逃出这个城市。化装很成功，连逃犯自己也不认识自己了，但逃犯一走上大街就被捉住了。为什么？

561 奇怪的撞车事件

一位卡车司机撞倒了一个骑摩托车的人，结果是卡车司机受重伤，而骑摩托车的人却没事。这是为什么？

562 谁跑得快

在一个家庭比赛中，小牛的爸爸不如小马的爸爸跑得快，名列第二。你猜为什么？

563 获奖感言

记者问汽车大赛的冠军：“您每次比赛都是倒数第一，这次却一举夺魁，请问有什么诀窍？”冠军的回答让记者很失望。你猜他说了什么？

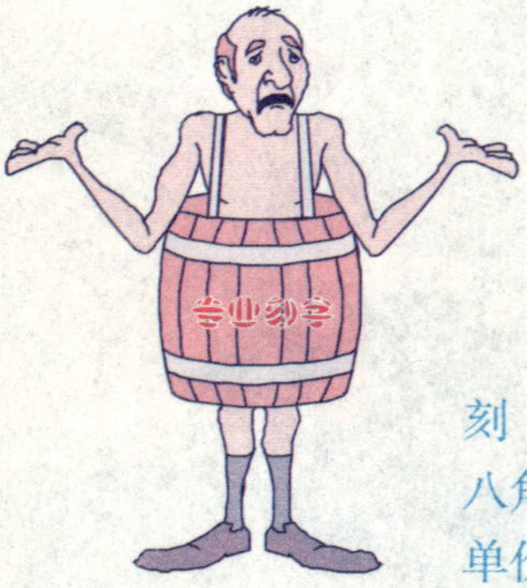

564 刻字

有一位刻字先生，他挂出来的价格表是这样写的：刻“隶书”四角，刻“仿宋体”六角，刻“你的名章”八角；刻“你爱人的名章”一元二角。那么，他刻字的单价是多少？

565 怎么灭蚊

夏天，一个老太婆在院子里乘凉，有一只蚊子来吸她的血，她没用手也没用脚，就把那只蚊子弄死了，她是怎样灭蚊的？

566 为什么能安全行驶

天上没有星星，也没有月亮，马路上的路灯也没有打开，为什么有一辆汽车没开灯却能快速安全地行驶着？

567 不实用的布

有一种布很长、很宽，也很好看，但是没有人用它来做衣服，也不可能做成衣服。这是什么布？

568

为什么没有受伤

有一个人被从几千米的高空掉下来的东西砸在头上，却没有受伤。为什么？

569

同时进行

有一种东西，上升的同时会下降，下降的同时会上升。这是什么？

570

最想得到的杯

什么杯不能装水，但很多人都想得到它？

571

小王的绝技

小王一边刷牙，一边悠闲地吹着口哨。她是怎么做到的？

572

袋鼠与猴子赛跑

袋鼠与猴子比赛跳高，为什么猴子还没开始跳，袋鼠就输了？

573

脱帽子

冬天，李大爷怕冷，到了屋里也不肯脱帽。可是他见到一个人后，很快就脱下帽子。那人是谁？

574

没有上锁的房间

小张被关在一间并没有上锁的房间里，可是他用尽力气也不能把门拉开。这是怎么回事？

575

夫妻的共同点

每对夫妻在生活中都有一个绝对的共同点，那是什么？

576

叫什么

小明的爸爸有三个儿子，一个叫大毛，一个叫小毛，第三个叫什么？

577

伤心的管理员

动物园的大象死了，为什么管理员哭得那么伤心？

578

如何补救

阿代喝下药后，才想起自己忘了把药摇匀。可医生说，不摇匀药效达不到最佳效果。他该如何补救呢？

579

动作迅速的蜗牛

蜗牛从上海到北京只用了一分钟。为什么？

580

旅行

小风说，他将在太阳和月亮在一起时去旅行。你说可能吗？

581 不等于3

在什么时候1+2不等于3?

582 不收病人的医院

市里新开张了一家医院，设备先进，服务周到。但令人奇怪的是：这里竟一位病人都不收，你猜为什么?

583 尾巴朝向哪儿

有一头头朝北的牛，它向右转三圈，然后向左转三圈，接着再往右转两圈。这时候它的尾巴朝向哪儿?

584 蛋属于谁

王先生养了一只很漂亮的孔雀。有一天，王先生的孔雀在张先生的花园里生了一只蛋。请问这只蛋应属于谁?

585

金鸡独立

小枫可以金鸡独立地站两小时以上，为什么双脚却无法在一张报纸上站一分钟？

586

查明死因

有一只公狗在沙漠中突然死掉了，经过检查发现，它并非死于饥饿和干渴，也不是因为疾病。你猜它为什么会死？

587

哪里可以看到长颈鹿

除了在动物园和非洲，还有什么地方可以看到长颈鹿？

588

干什么

一位学生把硬币抛向空中，说：“正面朝上就去看电影，背面朝上就去打台球，如果硬币立起来……”你猜，他说他去干什么？

589

可怜的小狗

小狗波波不小心吞下了1元钱，主人把它倒过来拍，却吐出10元钱。这时，主人该怎么办呢？

590

改时态

老师叫小王把“我哥哥去学校”这句话改为将来时。你猜小王是怎样改的？

591

不能再生的蚯蚓

老师说蚯蚓切成两段仍能再生，小东照老师的话去做，蚯蚓却死了。为什么？

592

睡美人的担心

睡美人最怕的是什么？

593

小猪为什么会死

一只小猪跑了，主人拿一根棍子赶它，院子特别大，可是小猪却撞死在树上了。为什么？

594

比目鱼的眼睛

世界上两眼距离最近的鱼是比目鱼，那什么动物的两眼距离比比目鱼双眼的距离还近呢？

595

好人和坏人

一条船上有15位坏人（B）和15位无助的好人（G）。由于人多船小，旅程充满了危险，于是大家决定把坏人抛入大海，以免小船沉没。一只动物去执行这个任务，但是它无法分辨谁是坏人。动物只知道把大家围成一圈，把数到9的人抛入大海，应该怎样排座，才能保证被扔下去的是坏人呢？

596

落荒而逃的鬼

在一个夜黑风大的夜晚，小明遇见一个鬼，小明显得很镇定，那个鬼却落荒而逃。为什么？

597

最大的愿望

三更半夜回家才发现忘记带钥匙，家里又没有其他人在，这时你最大的愿望是什么？

598

哭笑不得的回答

老师布置一篇课堂作文，题目是《假如我是一位经理》。这时，绝大部分学生马上埋头写作，只有一位学生靠在椅子上无动于衷。老师问他为什么不写，他给了老师一个哭笑不得的回答。你猜，他的回答是什么？

599

吃鱼的好处

有人说吃鱼可避免患近视眼，你知道为什么吗？

600

沙沙的绝招

沙沙声称自己是辨别母鸡年龄的专家，其绝招是牙齿。你猜为什么？

答案及解析

539.快速抢答

他从其他3个轮胎上各取下1个螺丝，安在备用车胎上。

540.都喜欢听的字母

CD。

541.奇怪的偷车贼

因为那辆车是他自己的。

542.共同点

两个字的笔画都是十笔。

543.不怕雨淋的人

因为它是稻草人。

544.哪一个比较长

“眼镜蛇”长，其他都是两个字。

545.越热越高

温度计。

546.标签的作用

骗蚂蚁用的。

547.毛毛虫的梦想

毛毛虫说：“爸爸，我要买鞋。”

548.一举两得

子外的两只老鼠看到同伴竟然笨得被抓住而活活笑死。

549.酒鬼的决定

从此不再看书了。

550.圣诞老人的工作

自己的脚。

551.蚂蚁为什么没有死

玲玲穿的是高跟鞋。

552.看不到脚印

因为他倒着走。

553.拔腿就跑的猫

因为老鼠先跑，而猫是去追老鼠的。

554.平安无事

他的孙子就是那个播音员。

555.看什么病

他来看一直摇头不停的毛病。

556.什么关系

警察是小孩的妈妈。

557.躲在哪里

他躲到狮子笼里去了。

558.问什么问题

老师问：“大勇，你为什么又迟到了？”

559.圆心在哪儿

在中间紫色的弧线上。

560.技术高超的化装师

化装师是照着另一个通缉犯的照片帮他化装的。

561.奇怪的撞车事件

卡车司机在步行。

562.谁跑得快

因为马本来就跑得比牛快。

563.获奖感言

我的刹车坏了！

564.刻字

每个字两角钱。

565.怎么灭蚊

用皱纹夹死的。

566.为什么能安全行驶

因为是白天。

567.不实用的布

瀑布。

568.为什么没有受伤

掉下来的是雪花。

569.同时进行

跷跷板。

570.最想得到的杯

奖杯。

571.小王的绝技

她在刷假牙。

572.袋鼠与猴子赛跑

袋鼠双脚起跳，违反了比赛规则。

573.脱帽子

理发师。

574.没有上锁的房间

推开门就行。

575.夫妻的共同点

同年同月同日结婚。

576.叫什么

小明。

577.伤心的管理员

他想："什么时候才能挖好坑呀？"

578.如何补救

不停地翻跟头。

579.动作迅速的蜗牛

蜗牛在地图上爬行。

580.旅行

可能，是"明天"。

581.不等于3

算错了的时候。

582.不收病人的医院

这是一家兽医院。

583.尾巴朝向哪儿

朝地。

584.蛋属于谁

孔雀。

585.金鸡独立

因为报纸贴在墙上。

586.查明死因

因为它找不到电线杆和大树这种撒尿的地方。

587.哪里可以看到长颈鹿

考场。

588.干什么

去学习。

589.可怜的小狗

继续喂它1元钱。

590.改时态

小王改为"哥哥的儿子去学校"。

591.不能再生的蚯蚓

小东是竖着将蚯蚓切开的。

592.睡美人的担心

失眠。

593.小猪为什么会死

因为小猪不会急转弯。

594.比目鱼的眼睛

小比目鱼。

595.好人和坏人

如下图所示：动物从圆圈顶部的好人开始数即可。

596.落荒而逃的鬼

因为它脑袋里进水了。

597.最大的愿望

忘记了锁门。

598.哭笑不得的回答

我在等我的秘书。

599.吃鱼的好处

谁见过猫戴眼镜？

600.沙沙的绝招

亲口把母鸡吃了就能辨认老嫩。